高等职业院校文化素质教育改革创新教材

中国古典诗词赏析实践教程

ZHONGGUO GUDIAN SHICI SHANGXI SHIJIAN JIAOCHENG

主审 牟岩

主编 刘琳 王洁漪

副主编 邵珍 蔡明玉 卜繁燕 倪旖

参编 王晓霞 邢恬怡 李惠 林平 姜新民 宋琅琅

中国教育出版传媒集团

高等教育出版社·北京

内容提要

本书是高等职业院校文化素质教育改革创新教材。

本书共分为 5 个模块，15 个单元。从德美、志美、智美、行美、情美五个方面，赏析古典诗词中蕴含的情思与智慧，从中汲取养分，提高修养，激发壮志，启迪智慧，积极处世，热爱生活。本书每个单元有启发式导语；每篇诗词都有学习任务书和课前课后测试题，引导学生自主学习，逐步掌握文化知识；启发学生积极思维，不断提升人文素养和审美能力。为了利教便学，部分学习资源（如自测题、视频）以二维码形式提供在相关内容旁，可扫描获取。此外，本书另配有教学课件等教学资源，供教师教学使用。

本书适合作为高等职业院校公共基础课教材，也可作为社会人士的兴趣读物。

图书在版编目（CIP）数据

中国古典诗词赏析实践教程 / 刘琳，王洁漪主编. --
北京 ：高等教育出版社，2025. 8. -- ISBN 978-7-04
-064492-0

Ⅰ. I207.2

中国国家版本馆 CIP 数据核字第 20259YQ711 号

| 策划编辑 | 赵力杰 | **责任编辑** | 赵力杰 | 王晨宇 | **封面设计** | 张文豪 | **责任印制** | 高忠富 |

出版发行	高等教育出版社	网　　址	http://www.hep.edu.cn
社　　址	北京市西城区德外大街 4 号		http://www.hep.com.cn
邮政编码	100120	网上订购	http://www.hepmall.com.cn
印　　刷	浙江天地海印刷有限公司		http://www.hepmall.com
开　　本	787 mm×1092 mm　1/16		http://www.hepmall.cn
印　　张	22.50		
字　　数	502 千字	版　　次	2025 年 8 月第 1 版
购书热线	010 - 58581118	印　　次	2025 年 8 月第 1 次印刷
咨询电话	400 - 810 - 0598	定　　价	50.00 元

前　言

习近平总书记在 2018 年给中央美术学院老教授的回信中指出:"做好美育工作,要坚持立德树人,扎根时代生活,遵循美育特点,弘扬中华美育精神,让祖国青年一代身心都健康成长。"

美育对提高学生审美水平、培养审美能力,陶冶高尚情操、塑造美好心灵有着不可替代的重要作用,有"以美化人、以美育人、以美培元"的重要意义。坚持立德树人,是中华美育精神的优良传统,也是当代中国美育的宗旨。

本书以《关于全面加强和改进新时代学校美育工作的意见》为纲领,以中国古典诗词品读为载体,以挖掘古诗词中的德美、志美、智美、行美、情美为主线,将古诗词中饱含的"厚德载物、志美行厉、明理启智、知行合一、情深意挚"等"求真、向善、尚美"的情怀品德和情趣意志与职业道德、工匠精神、责任担当、价值引领、内涵提升有机结合,引导学生思考古典诗词与现实生活的关系,激发学生对中华优秀传统文化的关注和热爱。在内容上不仅注重知识传授,更强调实践应用。通过学习指南、诗词浸润、参考译文、知人论世、文学鉴赏、人文启迪、主题实践活动等环节,让学生在学习与实践中感受诗词之美,提升审美素养,引导学生将诗词学习与现实生活相结合,培养分析问题和解决问题的能力,实现以美育人的目标。

本书由刘琳、牟岩、王洁漪总体设计,刘琳、邵珍、蔡明玉、王洁漪、倪旖、卜繁燕分别完成五个模块内容和微课脚本的编写,山东网梯学航网络科技有限公司参与微课制作,其他团队成员分别参与微课制作和幕后工作,最后编写组统一校对完成。

在编写过程中,我们参阅了大量的著作和文献,借鉴了部分专家学者的观点,在此向各位作者表示衷心的感谢。由于编写组能力有限,加之时间紧迫,书中一定存在欠妥之处,敬请各位专家、同行和读者朋友们批评指正。

我们衷心希望,本书能够成为广大读者在古典诗词学习道路上的良师益友,陪伴大家在诗词的海洋中畅游,感受古典诗词的无穷魅力,汲取传统文化的丰富营养,提升自身的人文素养和审美能力。让我们一起走进古典诗词的世界,聆听古人心声,探寻诗意人生,共同传承和弘扬中华优秀文化,让古典诗词在新时代绽放出更加绚丽多彩的光芒。

编　者

目　录

绪 论

含英咀华 诗词育美

在浩如烟海的中华文化遗产中，中国古典诗词是一颗璀璨的明珠，以其凝练的文字、和谐的韵律、深远的意境、丰富的情感，流传千古，涵育世人。那些诗词杰作是超越时空的经典，是民族的文化瑰宝，是人类文明的财富，影响着历代人民的价值观念、人格修养、美学追求。

一、诗词蕴美

微课：总序

古典诗词以其无与伦比的光彩和魅力，闪耀在中华文化的长廊，展示出一幅幅生动画卷。经典诗词蕴含着深刻的情感、哲思和丰富的人生体验，抒发了作者对生命、情感、自然、历史等主题的感慨与思考，带领读者在一个既真实又超脱的艺术空间中感受山水之美、人情之真、哲理之深，品味人生百味、境界万千，领略诗词的独特韵味与美感。

二、诗词育美

古典诗人词人以其细腻的笔触和深沉的情感，书写了一首首或畅达或悱恻的动人佳作，表达出对生活的热爱、对人间的关怀、对生命的尊重、对自由的追求、对民众的同情以及对社会不公的控诉，歌颂真、善、美，批判假、恶、丑，让我们感受到求真、向善、尚美这些人类文学史上永恒的主题，激发着我们的情感共鸣，指引着我们人生的前行方向。

古典诗词中蕴含的哲理，引导我们从不同角度去思考和探索人生，面对生活的起伏与变迁，平衡内心的矛盾与欲求，在纷繁复杂的世界中定位和塑造自我，以更为理性和智慧的态度去认识和感知世界。

三、诗词传美

古典诗词中蕴含着的厚德载物、志美行厉、明理启智、知行合一、情深意笃等精神内涵，是民族精神的重要体现，并通过诗词等文化经典的传承而代代相传。通过品味古典诗词，我们不仅能感受到诗人深沉的情感和对生活的热爱，更可以从中汲取到强大的民族精神力量。同时，古典诗词所传递的思想、情感和美跨越了国界和文化差异，中国古典诗词是人类文明的共同财富。如《诗经》《楚辞》中的经典篇章，唐诗、宋词中的传世佳作等，不仅在中国历史上产生了深远影响，也在世界文化史上留下了浓墨重彩的一笔。

在文化多样性日益凸显和文化交流日趋密切的今天，中国古典诗词作为民族文化的瑰宝和人类文明的共同精神财富，应该得到更广泛的传承和发扬，以推动不同文化间的相互理解和交流，为世界文化的繁荣和发展作出重要贡献。

四、内容概述

《中国古典诗词赏析实践教程》是"古典诗词赏析"大学美育课程和智慧职教、学

银在线在线开放课程的配套教材，旨在引导学习者走进古典诗词的世界，品读诗词经典，品味诗词华彩，在欣赏古典诗词的同时，体悟诗词的深层意境和情感，深入挖掘诗词之美，感受中国古典诗词的独特魅力，让心灵得到滋养和升华。

（一）学习目的

中国古典诗词彰显着先民的智慧、品格、襟怀和修养，凝聚着中华文化的理念、志趣、气度和神韵。通过学习古典诗词的基本知识和赏析技巧，理解诗词背后的文化内涵和人文精神，可以更好地领略古典诗词的艺术魅力，了解诗人的情感意蕴、审美情趣与思想境界，提高对古典诗词的鉴赏能力和审美情趣，拓展文化视野、涵养精神世界。

（二）学习意义

古典诗词是中华文化的瑰宝，具有独特的艺术魅力和审美价值，涉及文学、历史、哲学、政治、艺术、社会等多个领域。通过学习古典诗词，可以使我们深入了解中华民族的文化传统和历史底蕴，传承和弘扬中华民族优秀传统文化，增强民族自信心和自豪感，提高审美和创新能力，培养文学素养和文化认同，提升学生综合素质，促进德智体美劳全面发展。

（三）学习思路

内容学习以经典品读为主体，以美育挖掘为重点，以实践引导为手段，注重对诗词艺术价值和思想内涵的理解；通过实践活动的参与和指导，提高学习者的审美能力和实践能力；与配套数字化资源相结合，开展师生、生生互动，营造良好的学习氛围，增进学习效果。

中国古典诗词作为中华民族优秀传统文化的代表，孕育着民族精神的根和魂。品读诗词之文、感受诗词之美，不仅有助于个人的成长和发展，更能促进对民族文化的传承和弘扬。让我们一起领略古典诗词的文化内涵和人文精神，共同学习经典、传承优秀传统文化。

模块一　厚德载物

第一单元

秉德无私　忠贞不移·

微课：第一
单元导入

如果用一个字来概括整个中华文明的人文核心，那便是"德"。《世说新语》中说："百行以德为首。"朱熹曰："德者，行道而有得于心也。"德是立身处世的根本。厚德之人，积德虽不能立显，但天长万物可载。

　　古往今来，行走在明德之路上的先贤为后人谱写了不胜枚举的范本。屈原借橘树表白了自己扎根故土、忠贞不移的爱国情感和特立独行、怀德自守的人生理想；阮籍借壮士之志彰显了向往建功立业的政治抱负和为国效力的崇高追求；骆宾王以蝉寓己展示了不以世俗更易秉性、纯洁无瑕的报国诚心和高洁品行；文天祥以史明志亮出了"嗟哉人生翕欻云亡，好烈烈轰轰做一场"的人生哲学和视死如归的精神气节；于谦借石灰表达了不避任何困难以保持忠诚清白品格的宝贵精神……凡是过往，皆为序章；明德在心，未来可期。

微课：橘颂

诵读：橘颂

橘　颂

屈　原

《橘颂》课前
习题

✏️ **学习指南**

一、学习目标

1. 把握屈原和《楚辞》相关文化常识，了解《橘颂》的创作背景。

2. 理解诗歌大意，学习咏物诗托物言志的艺术手法。

3. 体会屈原热爱故土、独立不迁、矢志不渝的家国情怀，激发扎根故土、志存高远的格局和情怀。

二、学习建议

1. 课前自主查询关于屈原和《楚辞》相关的文化常识，了解《橘颂》创作的时代背景。

2. 课前自主欣赏《橘颂》诵读视频，梳理《橘颂》诗歌大意，了解咏物诗的基本特点。

3. 课中扫码检测自主学习成果，分享交流诗歌主题和艺术特点。

4. 课后观看《典籍里的中国——〈楚辞〉》，体会屈原热爱故土、独立不迁、矢志不渝的家国情怀，并完成思考与练习作业。

📖 **诗词浸润**

后皇嘉树①，橘徕服兮②。

受命不迁③，生南国兮④。

深固难徙，更壹志兮。

绿叶素荣⑤，纷其可喜兮⑥。

曾枝剡棘⑦，圆果抟兮⑧。

---

① 后：后土。后土是古人对土地的尊称，大地在古人心目中地位极为崇高，是具有神性、神格的。

② 徕：通"来"。服：习惯，适应。

③ 迁：迁移，迁徙。橘是南方特有的植物，所以说"不迁"。

④ 南国：泛释之为南方之义。在屈原的时代南方即楚国之地。

⑤ 素：白。荣：花。

⑥ 纷：这里形容橘树花叶茂盛的样子。

⑦ 曾：层层叠叠。剡（yǎn）：尖，锐利。棘：刺。

⑧ 抟（tuán）：圆。

青黄杂糅①，文章烂兮②。

精色内白③，类可任兮④。

纷缊宜修⑤，姱而不丑兮⑥。

嗟尔幼志⑦，有以异兮。

独立不迁，岂不可喜兮？

深固难徙，廓其无求兮⑧。

苏世独立，横而不流兮⑨。

闭心自慎⑩，不终失过兮⑪。

秉德无私，参天地兮⑫。

愿岁并谢⑬，与长友兮。

淑离不淫⑭，梗其有理兮。

年岁虽少，可师长兮。

行比伯夷⑮，置以为像兮⑯。

（选自《楚辞》，林家骊译注，中华书局 2016 年版）

---

① 青黄：橘的果实未成熟时外皮呈青色，成熟时则呈黄色。杂糅：各种不同的东西混杂在一起，这里指青、黄两色交织混杂。

② 文章：文采，错综华美的色彩或花纹。文同"纹"。章，文采。烂：色彩鲜明灿烂。

③ 精色：指橘实外表皮色明亮。内白：指橘实内部瓤肉色泽洁白。

④ 类可任兮：如同肩负重任的君子。当依洪兴祖、朱熹等校语作"类任道兮"。类，似，好像。任，承担，担任，肩负。

⑤ 纷缊：纷繁茂盛，是针对橘树枝、叶、花、果各个方面而言的。宜修：修饰得宜，恰到好处。

⑥ 姱（kuā）：美好。

⑦ 嗟：表示感叹语气的虚词。

⑧ 廓：广大，空阔。这里指橘树的心境、品格阔大。引申为超脱旷达的意思。

⑨ 横：充满。不流：不随波逐流、媚俗从众、与世沉浮。

⑩ 闭心：将心灵关闭，如此排除外界诱惑与干扰，保持自身内心世界的纯净。

⑪ 不终失过：当作"终不失过"，即始终不犯错误。

⑫ 参：三。这里指与天地相配，合而成三。

⑬ 谢：离去，这里指岁月流逝。

⑭ 淑离：鲜明美好的样子。

⑮ 伯夷：商代末年孤竹国国君的长子，因与弟叔齐互相谦让王位而双双去国弃位，来到周国。后谏阻周武王伐纣，武王不纳其言，遂双双逃隐于首阳山，耻食周粟而饿死在山里。

⑯ 置：建立，树立。像：法式，榜样。

参考译文

你是天地养育而成的橘树，生来就习惯这里的水土。禀受天命不迁徙，永远生长在楚国。你深深扎根难以迁移，志向专一。碧绿的叶子白色的花，花叶茂盛缤纷可喜。层叠的枝叶间虽长有尖刺，但圆满果实却一团一团。青色黄色错综相映，色彩灿若云霞的光辉。橘皮色泽明亮，橘肉色泽洁白，如同肩负重任的君子。橘树纷繁茂盛恰到好处，十分美好。南国的橘树啊，从小就立志与众不同。你独立于世不肯迁移，这种气节难道不令人欣喜。你深深扎根难以迁移，胸怀宽广无所欲求。你远离浊世超然独立，志节充盈不随波逐流与世沉浮。你保持内心纯净，不曾有什么过错。你无私的品行，可以和天地相配。我愿在万物凋零的季节，与你结为知己。你善良美好不放纵，枝干坚挺纹理清晰。虽然你年岁轻轻，却可以做令人钦佩的师长。你的品行可以与伯夷相比，种在这里作为我的榜样。

知人论世

屈原（约前340—约前278），名平，字原，战国时期楚国诗人。屈原出身于楚国一个贵族家庭，博学多识，曾辅佐楚怀王，担任左徒、三闾大夫等职务。任职期间，屈原提倡选贤任能，主张彰明法律，提出联合齐国抗衡强秦。可惜这些主张没有被采纳，反遭谗害，被迫离职。在顷襄王统治期间，屈原被放逐到楚国的边远地区，长期流浪于沅水和湘水一带。其后楚国每况愈下，面对日益衰落的国家，屈原无力又无望，最终选择了自投汨罗江，以身殉国。其文学作品，如《离骚》《九章》《天问》等，自述身世背景，表达了理想志趣；同时也揭露了时政的黑暗与混乱，批判了统治阶级的腐朽昏聩，深刻体现了屈原对国家和人民的关怀，以及为理想献身的精神。

文学鉴赏

《橘颂》是文学史上的咏物名作。屈原深情赞美了家乡的柑橘树，同时以"橘树"自比，借橘树赞美坚贞不移的品格和自己愿意以橘树为师、与之生死相交的愿望，抒发

了自己的追求与理想，表现了诗人忠于楚国，为理想献身的精神。

《橘颂》全文分为两部分，第一部分重在描绘橘树俊美可亲的外在美。屈原用心描写橘树鲜亮碧绿的叶子、洁白素雅的花朵、防御外来侵害的尖刺和香甜圆美的果实。这一节淋漓尽致地表现了屈原对楚地橘树的赞美喜爱之情。

屈原笔下的橘树不仅有着俊美可亲的外在形态，更具有令人钦佩的内在精神。诗歌第二节，屈原的笔触便从对外在形象的描绘转向了对内在精神的讴歌。虽然橘树很年轻，但是它很早就树立了坚定不移的志向，不管外部环境有多恶劣，不论遇到多大的困难，橘树始终能够"横而不流""淑离不淫"，展现出了不随波逐流的坚定意志和不轻易屈服的宝贵精神。这种坚韧不拔的高尚姿态也正是诗人的自我写照。

作品以"行比伯夷，置以为像兮"作结，全诗境界顿时得到升华。在志士楷模的遥相辉映下，屈原笔下的"橘树精神"便成为无数身处困境、独立不迁的仁人志士精神之象征，同时也体现了一种历史的传承和文化的积淀。

从现在所能见到的诗作来看，《橘颂》堪称中国诗歌史上的第一首咏物诗。屈原以其独特的艺术手法，从橘树的色、形、状、味以及生活习性出发，通过类比联想，把它与人的内在追求和精神品格相关联，实现了物我合一，融汇了古今。自从有了屈原的《橘颂》，南国之橘便成为古今仁人志士情牵故土、"独立不迁"的形象写照。屈原的这种创作手法和思想深度，不仅仅在当时是一种创新，更对后世产生了深远的影响。所以宋代诗人刘辰翁称赞屈原为千古"咏物之祖"。

《橘颂》课后习题

📖 人文启迪

青年：文化创新与传承的中坚力量

青年是社会的未来，他们充满活力，富有创新精神，在文化传承与创新中扮演着举足轻重的角色。他们不仅承载着传承中华优秀传统文化的使命，更肩负着推动国家创新发展的重任。

在传承中华优秀传统文化方面，青年人通过多种形式进行实践。他们积极参与传统文化的学习和培训，深入了解中华文化的精髓和内涵。同时，他们还利用现代科技手段，如数字化、网络化等方式，将传统文化以更加生动、直观的形式展现给更多人。通过举办文化讲座、展览、演出等活动，青年人将传统文化的魅力传递给社会各界，让更多人感受到中华文化的博大精深。

在创新中华优秀传统文化方面，青年人更是敢于尝试、勇于探索。他们结合现代社会的需求和特点，对传统文化进行创新和改造。他们通过重新诠释传统文化元素、引入现代审美观念、运用新技术等手段，创造出具有时代特色的新型文化产品。这些产品不仅保留了传统文化的精髓，还融入了现代元素，使传统文化焕发出新的生机和活力。青年人的创新精神和创造力，为中华优秀传统文化的传承和发展注入了新的动力。

总之，青年人在传承与创新中华优秀传统文化中发挥着重要作用。他们通过不断学习和实践，将传统文化的精髓传承下去，并通过创新让传统文化焕发出新的光彩。未来，随着社会的不断发展和进步，青年人将继续在文化传承与创新中发挥更加重要的作用。

咏怀（三十九）

阮　籍

✏ **学习指南**

一、学习目标

1. 了解阮籍人物生平，把握诗歌《咏怀八十二首》（三十九）创作背景。

2. 理解诗歌思想内容，把握诗歌艺术特色。

3. 体会诗人忠义在心、气节有常的价值追求，学习其忠贞不移的高洁品行。

二、学习建议

1. 课前自主查询阮籍人物生平，自主观看纪录片《竹林七贤》，了解《咏怀》（三十九）创作的时代背景。

2. 课前自主梳理《咏怀》（三十九）诗歌大意，欣赏《咏怀》（三十九）诵读视频，领会诗歌主旨。

3. 课中扫码检测自主学习成果，分享交流诗歌主题和艺术特点。

4. 课后完成思考与练习作业。

📖 **诗词漫润**

壮士何慷慨，志欲威八荒①。

驱车远行役②，受命念自忘③。

良弓挟乌号④，明甲有精光⑤。

临难不顾生，身死魂飞扬。

岂为全躯士，效命争战场。

忠为百世荣，义使令名彰⑥。

---

① 八荒：八方的荒远之地。《说苑·辨物》："八荒之内有四海，四海之内有九州，天子中州而制八方。"八荒与四海对举，通常即指天下。

② 远行役：远征。

③ 受命：受到国君的任命，通常指武将接到统军征伐的任命。念：私念。

④ 乌号（háo）：良弓的名字。

⑤ 明甲：即明光铠，一种良甲。

⑥ 令名：美名。

垂声谢后世，气节故有常^①。

（选自《汉魏六朝诗鉴赏辞典（新一版）》，吴小如等撰写，上海辞书出版社 2016 年版）

参考译文

　　壮士们的士气多么高昂啊，他们的志向威震四方。驾驭着战车，远赴边疆，为了国家的利益，他们舍弃了个人的私念。腰间佩带着精良的弓箭，身披闪耀着明光的铠甲，在紧要关头，不顾生死，为国捐躯，灵魂高扬。他们宁愿战死沙场，也不做苟且偷生、只求自保的人。他们的忠魂将永垂不朽，他们的侠义之心将传颂千古。他们留下的英名将告诫后人，高尚的节操定能流芳百世。

知人论世

　　阮籍（210—263），字嗣宗，出生于陈留郡尉氏县（今河南省开封市），是三国时期魏国的杰出诗人，"竹林七贤"之一。他崇尚老庄哲学，政治上力求谨慎避祸。作为"正始之音"的重要代表人物，阮籍留下了《咏怀八十二首》和《大人先生传》等作品，其著作收录于《阮嗣宗集》一书中。

　　《咏怀》（三十九）创作于三国时代魏国后期，其时魏王朝已经十分腐朽，代表门阀世族利益的司马氏集团篡权夺位后，极力迫害阮籍，政治环境已是极度黑暗。崇尚老庄、放浪形骸的阮籍，对司马氏集团极度不满，但是又无力改变。司马氏父子执政时期政治的险恶，更使他愤怒不已，而又不敢直言。在这样一个政治和个人自由都遭受极端压制的氛围下，阮籍难以施展其才华，也无法实现其救国济世的理想抱负。因此，诗人借助这首诗中塑造的"临难不顾生"的英雄形象，寄托了自己绝望中的愿望：那些胸怀壮志的人总是希望将他们的名声传之后世，让他们的高尚情操永垂不朽。

驱车行远役

①　垂声：留名。谢：告。

文学鉴赏

本首诗歌是阮籍《咏怀》诗的第三十九首，激情飞扬，具有很强的鼓动感。作品赞颂了壮士们征战沙场、为国捐躯的英雄壮举，颂扬了他们志向高远、为国捐躯的爱国主义精神，同时也隐含了诗人自己想要为国效力、流芳千古的强烈愿望。

"壮士何慷慨，志欲威八荒。"诗歌开头描写了壮士们雄赳赳、气昂昂的出征场面，起调高亢有力，声震五岳。"慷慨"和"威八荒"点明了壮士们的伟大志向，"八荒"指四面八方遥远的地方，即天下各地。诗歌首句气势磅礴，气吞山河，造语雄奇，诗意坚挺。

"驱车远行役，受命念自忘。"转写壮士们都是热血男儿、忠勇之士，一接到出征的命令，便抛开一己私利，义无反顾地选择保卫国家，一切服从社稷大业。"驱车"二字体现了壮士们公而忘私、心系国家、义无反顾的奉献精神和担当意识。

"良弓挟乌号，明甲有金光。"接下两句着重描写了壮士们武器的精良、戎装的飒爽。闪光的铠甲，精致的宝弓暗示了他们身手不凡、武艺超群，也会令人联想到战斗的激烈和紧张，可谓一笔多用。

"临难不顾生，身死魂飞扬。岂为全躯士，效命争战场。"国难当前，壮士们毫不退缩，奋不顾身，宁愿牺牲在战场，也绝不苟且偷生。这与屈原《国殇》中的"身既死兮魂以灵，子魂魄兮为鬼雄"和曹植《白马篇》中的"捐躯赴国难，视死忽如归"歌颂的那种壮烈精神别无二致。

"忠为百世荣，义使令名彰。垂声谢后世，气节故有常。"面对如此英勇无畏的壮士们，诗人毫不吝啬赞美之情。如此忠心报国、视死如归的壮士们，他们身上这种宝贵的忠义精神当可与日月争辉，与山河同在，万古流芳，成为世世代代学习的榜样。从中我们也不难看出诗人向往建功立业的政治热情和崇高追求。

人文启迪

立大志　行大道

《咏怀（三十九）》课后习题

树立远大的志向，怀揣崇高的理想，做一个不断奋斗的青年。在人生的道路上，我们要立志成为像鸿鹄一样展翅高飞的志士，不满足于现状，勇往直前，追求卓越。做一个充满激情和活力的青年，用实际行动去实现自己的梦想，不断努力，不断拼搏，不畏艰难险阻，勇攀高峰。在奋斗的过程中，我们要保持坚定的信念，不被外界的诱惑和困难所动摇，始终保持一颗积极向上的心。只有这样，我们才能在未来的日子里，成就一番辉煌的事业，成为一个对社会有贡献的人。同时，我们也要明白，奋斗不仅仅是为了个人的成就和荣耀，更是为了社会的进步和发展。作为新时代的青年，我们要有责任感和使命感，关注国家的命运和民族的未来，积极参与社会公益事业，用自己的力量为社会做出一份贡献。

在奋斗的过程中，我们还需要注重自我提升和成长。通过不断学习新知识、新技能，提高自己的综合素质和能力水平，为未来的挑战做好充分的准备。同时，我们还要保持谦逊和开放的心态，接受他人的意见和建议，不断完善自己，成为一个更加优秀的人。

立鸿鹄之志，做奋斗青年，是我们每个人应有的追求和信念。让我们携手并进，共同为实现中华民族的伟大复兴而努力奋斗！在未来的日子里，无论遇到什么困难和挑战，我们都要保持坚定的信念和勇气，勇往直前，不断追求更高的目标和更美好的未来！

微课：在狱咏蝉

诵读：在狱咏蝉

在狱咏蝉

骆宾王

✏ 学习指南

一、学习目标

1. 了解骆宾王生平经历和《在狱咏蝉》的创作背景。

2. 把握格律诗创作特点，理解诗歌大意，学习咏物诗托物言志的艺术手法。

3. 体会诗人不以世俗更易秉性，纯洁无瑕的报国诚心和高洁的品行。

二、学习建议

1. 课前自主查询骆宾王的人物生平，了解《在狱咏蝉》创作的时代背景。

2. 课前自主观看纪录片《骆宾王》，梳理《在狱咏蝉》诗歌大意，把握咏物诗的基本特点。

3. 课中扫码检测自主学习成果，分享交流诗歌主题和艺术特点。

4. 课后观看纪录片《唐之韵》(第二集：独振新风)，体会初唐四杰敢为唐诗展开新天地的伟大气魄，不以世俗更易秉性的独立人格，纯洁无瑕的报国诚心和高洁的品行，并完成思考与练习作业。

《在狱咏蝉》
课前习题

📖 诗词漫润

余禁所禁垣西①，是法厅事也②，有古槐数株焉。虽生意可知，同殷仲文之古树③；而听讼斯在，即周召伯之甘棠④。每至夕照低阴，秋蝉疏引⑤，发声幽息⑥，有切尝闻⑦。岂人心异于

---

① 垣：墙。

② 法厅事：听讼断案之处。

③ 这句借用殷仲文的典故，殷仲文看到大司马桓温府中的老槐树，叹曰："此树婆娑，无复生意。"意思是槐树虽然看上去枝叶繁茂，但实际上已经没有生机了。

④ 周召伯之甘棠：周代的召伯到民间巡视，为不打扰百姓，在甘棠树下审理案件。《诗经·召南·甘棠》歌颂的就是此事。

⑤ 疏引：声音悠扬。

⑥ 幽息：声音低沉。

⑦ 有切尝闻：比过去听到的蝉鸣声更加凄切。

曩时①，将虫响悲于前听②？嗟乎，声以动容，德以象贤。故洁其身也，禀君子达人之高行；蜕其皮也，有仙都羽化之灵姿。候时而来，顺阴阳之数；应节为变，审藏用之机③。有目斯开，不以道昏而昧其视④；有翼自薄，不以俗厚而易其真。吟乔树之微风，韵姿天纵；饮高秋之坠露，清畏人知⑤。仆失路艰虞⑥，遭时徽纆⑦。不哀伤而自怨，未摇落而先衰⑧。闻蟪蛄之流声⑨，悟平反之已奏⑩。见螳螂之抱影⑪，怯危机之未安。感而缀诗⑫，贻诸知己。庶情沿物应⑬，哀弱羽之飘零⑭；道寄人知⑮，悯余声之寂寞。非谓文墨，取代幽忧云尔。

西陆蝉声唱⑯，南冠客思侵⑰。

不堪玄鬓影⑱，来对白头吟⑲。

露重飞难进，风多响易沉⑳。

无人信高洁，谁为表予心。

（选自《骆临海集笺注》，陈熙晋笺注，中华书局 2016 年版）

参考译文

深秋时节西墙外面传来了阵阵蝉鸣，无尽的蝉声把我这个囚徒的忧愁带到了远方。

怎么能够忍受在这正当年的美好年华，独自吟唱《白头吟》般凄凉的诗句。

---

① 曩（nǎng）时：前时。

② 将：抑或。

③ 藏用：指人的隐和仕。

④ 昧：暗，不明。

⑤ 清畏人知：不愿意他人知道自己清廉的操守。《晋书·良吏·胡威传》载，晋武帝颇看重荆州刺史胡质的清廉，曾问胡质的儿子胡威说："卿孰与父清？"胡威回答道："臣不如也。臣父清恐人知，臣清恐人不知。"

⑥ 艰虞：处境艰难。

⑦ 纆（mò）：系囚徒用的绳索，此指受到囚禁。

⑧ 未摇落而先衰：谓自己年纪不大就先衰老了。宋玉《九辩》："悲哉！秋之为气也，萧瑟兮草木摇落而变衰。"

⑨ 蟪（huì）蛄（gū）：蝉名。

⑩ 平反之已奏：相传汉隽不疑为京兆尹时，其母十分关切他审案时给无辜的囚徒平反的事情，每次听到隽不疑说"平反已奏"，就非常高兴。

⑪ 螳螂之抱影：谓螳螂见到蝉的身影后欲捕获之。

⑫ 缀诗：写诗。

⑬ 庶：希望。情沿物应：情感因外物（指蝉）而兴起。

⑭ 弱羽：蝉。

⑮ 道寄人知：把自己的想法告诉别人。

⑯ 西陆：指秋天。

⑰ 南冠：楚国的帽子，这里指囚徒。客思：家乡之思。侵：侵袭。

⑱ 玄鬓：指蝉的黑色翅膀，比喻壮年的人。

⑲ 白头吟：乐府曲名。

⑳ 露重二句：以秋蝉所遭遇的艰难环境，比喻自己作为囚犯无人辩冤的困境。

秋日露水沉重，寒蝉翅膀薄弱，想要飞翔却力不从心，秋风呼啸淹没了微弱的蝉鸣。

没有人相信我如秋蝉般高洁清廉，有谁能替我表达冰清玉洁的心声？

知人论世

骆宾王（约638—约684），字观光，曾任临海丞，世称骆临海，婺州义乌人，是唐代著名文学家及诗人。他出生于一个普通家庭，七岁便能赋诗，被誉为神童。在高宗永徽年间，骆宾王担任道王李元庆的府属官，后历任武功、长安主簿。仪凤三年（678），他被任命为侍御史，但因事入狱，次年获赦免。调露二年（680），骆宾王被任命为临海丞，但因不得志而辞官。武则天光宅元年（684），骆宾王为起兵扬州反对武则天的徐敬业撰写了《代李敬业传檄天下文》。徐敬业起兵失败后，骆宾王的下落便成了一个谜。

骆宾王与王勃、杨炯、卢照邻并称"初唐四杰"，其文才在当时享有盛誉。骆宾王的一生充满了理想与现实、才华与挫折的冲突，这些矛盾塑造了他刚正不阿的性格和积极向上的生活态度。骆宾王的诗文洋溢着丰沛的激情和强烈的自我意识，风格激昂豪壮。其骈文体现了"经世致用"的思想深度、"顺时而行"的生活哲学、高尚正直的人格追求、建功立业的爱国情怀和仕途坎坷的哀怨。在从齐梁文学向盛唐文学过渡的历史进程中，骆宾王扮演了承上启下的关键角色。

《在狱咏蝉》创作于唐高宗仪凤三年（678）。这一年，骆宾王在官场中沉浮多年后，刚刚晋升为侍御史，却因直言进谏触怒了武则天，被诬陷而入狱。骆宾王幼承家教，把廉洁正直看得比生命都重要，因此他无法忍受他人的污蔑。即便是刑讯逼供，他依然不肯屈服。一天夜晚，身陷囹圄的骆宾王忽然听到外面传来阵阵凄切的蝉鸣，不禁引发了他对秋蝉的强烈共鸣，由此写下了这首《在狱咏蝉》。

文学鉴赏

诗歌首联以蝉鸣开篇，描写了秋末冬初之际，生命即将终结的蝉那凄切的叫声。骆宾王，这位身陷囹圄的诗人，耳闻蝉鸣，不禁感慨万千，心生哀伤。这两句对仗工整，韵律和谐。

颔联中的"不堪"与"来对"相互映衬，诗人从蝉的境遇联想到自身，倾吐了内心的忧伤和对朝廷腐败的不满之情。"白头吟"是古代乐府中的名篇，它描绘了一位被爱人遗弃的女子的哀怨，表达了她对忠贞爱情的渴望。这里诗人借此自比，暗示自己屡遭贬谪、仕途多舛、青丝渐染霜华的凄凉境遇。在狱中，诗人目睹窗外秋蝉依旧"玄鬓"，反观自身，不禁悲从中来。多年来，他为功名劳碌不已，刚刚晋升为侍御史，却再次遭诬陷，抑郁之情难以抑制。这两句抒发了诗人被朝廷冷落，降罪入狱后的悲愤之情。

颈联表面上描绘了蝉的境遇，实则借物抒怀，巧妙地展现了诗人多年来的曲折经历。两句充分运用比喻的艺术手法："露重"和"风多"象征着周围环境的糟糕；"飞难进"隐喻了诗人在官场中难以施展抱负的困境；"响易沉"则暗示了自己独到的见解和主张遭到了压制。

全诗结尾以设问的形式作结，尽管诗人具备蝉一般的高洁情操，却无辜地身陷囹圄，字里行间流露出深深的怨愤之情。

《在狱咏蝉》全诗流畅自然，艺术手法精妙。诗人既赞美了蝉的高洁品质，又通过蝉的意象抒发了自己的情感，寄托了深远的寓意。诗中之蝉与诗人仿佛融为一体，抒发了诗人虽然品行高洁却遭遇不幸的哀怨与悲伤，展现了诗人坚守本性，不随波逐流的报国之心和高尚品德，同时也表达了澄清无辜、昭雪冤屈的强烈愿望。全诗情感真挚，比喻贴切，用典得当，寓意深远，实现了从物到人、从人到物的完美转换，达到了物我合一的高妙境界，堪称咏物诗中的杰作。

《在狱咏蝉》
课后习题

📖 人文启迪

新时代青年人的责任担当与价值追求

在新时代的背景下，青年人不仅肩负着重要的责任和担当，更有着独特的价值追求。他们作为国家的未来和希望，承载着推动社会进步和发展的重要使命。

在责任担当方面，青年人要积极投身于国家建设，努力学习科学文化知识，提升自身综合素质，以适应时代发展的需求；应当树立正确的价值观和人生观，坚定理想信念，为实现中华民族伟大复兴的中国梦贡献自己的力量。青年人还要勇于担当，敢于面对各种困难和挑战，不畏艰难，勇往直前；要积极参与社会实践，通过实际行动践行社会主义核心价值观，传播正能量，为社会的和谐稳定作出贡献。

同时，新时代青年人的价值追求也体现了他们独特的时代精神。他们注重个人成长与自我实现，追求个性化、多元化的发展路径。在追求事业成功的同时，他们也关注家庭、朋友和社会责任，努力实现个人价值与社会价值的统一。青年人还积极倡导创新精神和创造力，不断挑战自我，突破传统思维的束缚，为社会的进步和发展贡献新的思想和力量。

此外，新时代青年人也更加关注社会问题和公益事业。他们关心弱势群体，积极参与扶贫济困、环境保护等公益活动，为构建和谐社会贡献自己的力量。他们积极弘扬正确的消费观念，倡导绿色低碳的生活方式，为保护环境和可持续发展贡献自己的力量。

综上所述，新时代青年人的责任担当与价值追求紧密相连、相辅相成。他们不仅肩负着国家建设和发展的重任，更在追求个人成长和价值实现的过程中，不断推动社会的进步和发展。

微课：沁园春·题潮阳张许二公庙

诵读：沁园春·题潮阳张许二公庙

沁园春·题潮阳①张许二公②庙
文天祥

✏️ **学习指南**

一、学习目标

1. 了解文天祥生平经历及《沁园春·题潮阳张许二公庙》的创作背景。
2. 理解诗歌大意，把握诗歌主旨，学习以史明志的创作手法。
3. 体会文天祥不媚俗、不屈服的高尚气节，以及身处逆境而矢志不渝的崇高品格。

二、学习建议

1. 课前自主查询文天祥的人物生平，自主观看纪录片《文化大百科·文天祥篇》，了解《沁园春·题潮阳张许二公庙》创作的时代背景。
2. 课前自主梳理《沁园春·题潮阳张许二公庙》诗歌大意，把握诗歌主旨。
3. 课中扫码检测自主学习成果，分享交流诗歌主题和艺术特点。
4. 课后完成思考与练习作业。

《沁园春·题潮阳张许二公庙》课前习题

📖 **诗词浸润**

为子死孝，为臣死忠，死又何妨。自光岳气分③，士无全节；君臣义缺④，谁负刚肠⑤。骂贼张巡，爱君许远，留取声名万古香。后来者⑥，无二公之操⑦，百炼之钢⑧。

---

① 潮阳：今广东省汕头市潮阳区西北。
② 张许二公：张巡，许远，唐代爱国将领。
③ 光岳气分：指时衰世乱，国土分裂。光指日月星，岳指五岳，气为天地正气。
④ 君臣义缺：指君臣之间欠缺大义。
⑤ 负：具有。刚肠：指坚贞的节操。
⑥ 后来者：指以后的士大夫。
⑦ 操：节操。
⑧ 百炼之钢：喻其坚。

人生翕歘云亡①。好烈烈轰轰做一场②。使当时卖国，甘心降虏，受人唾骂，安得流芳。古庙幽沉③，仪容俨雅，枯木寒鸦几夕阳。邮亭下④，有奸雄过此，仔细思量。

（选自《全宋词》，唐圭璋编，中华书局1965年版）

参考译文

作为儿子若能因坚守孝道而死，作为臣子若能因忠于国家而亡，那么即便面对死亡又有何惧？战乱爆发，正义之气土崩瓦解，君臣之间缺乏大义，有多少人能坚守住坚贞的节操。张巡怒斥贼寇，许远温文尔雅、效忠君主、坚守死节。他们的名声万古留香。后世之人已难以企及他们那般高尚的品德，那种经过千锤百炼的忠诚。

人生转瞬即逝，生离死别不过是弹指之间。更应该为国家和人民做一番轰轰烈烈的事业。如果当时他们出卖国家，心甘情愿投降，那么一定会被人唾骂，又怎能万古留芳呢？古老的庙宇幽深沉静，英雄的仪容肃穆典雅，夕阳映照，寒鸦栖息于枯木之上，象征着万物易逝，而古老的庙宇却依旧屹立不倒。邮亭之下，若有奸雄路过，面对先烈的遗迹，理应深思熟虑，反观自省。

知人论世

文天祥（1236—1283），初名云孙，字宋瑞，自号浮休道人、文山，江南西路吉州庐陵县（今江西省吉安县）人，南宋末年杰出的政治家、文学家、民族英雄，与陆秀夫、张世杰并称"宋末三杰"。宋少帝赵昺祥兴元年（1278）十一月，文天祥以少保右丞相、信国公兼枢密使的身份驻扎于潮阳（今属广东省）。潮阳有座张许双庙，该庙是为了纪念唐代的爱国将领张巡和许远而建。在唐代安史之乱期间，张巡和许远在睢阳（今河南省商丘市）英勇抵抗叛军，为江淮地区筑起了一道屏障拖延叛军前进步伐；其后二人被俘，最终宁死不屈，壮烈牺牲。唐代文学家韩愈曾撰写《张中丞传后叙》来表彰张、许两人的功绩。韩愈曾被贬为潮州刺史，在任期间政绩卓著，后来潮阳人民为纪念韩愈建立了书院和庙宇，均以韩愈的名字命名。他们还将韩愈视为张许二人的知己，并为张许二人建立了双庙。文天祥对张许二人的事迹深感敬仰，曾特地前往潮阳东郊的东山山麓，拜谒张许双庙，并作词一首，表达其为国家献身的伟大志向。

① 翕歘（xī xū）：即倏忽，如火光之一现。云亡：死去。"云"字无义。
② 做一场：干一番事业。
③ 古庙：即潮阳祭祀张巡、许远的双庙。
④ 邮亭：古代设在沿途、供给公家送文书及旅客歇宿的馆舍。

张巡和许远誓死守城

文学鉴赏

这是一首通过咏史来表达爱国情怀的激昂词作。作品通过咏史，展现了文天祥在南宋末年力图挽救国家危亡、不惧生死的壮志豪情。词的上片气势恢宏，开门见山地阐明了词人的价值追求；词的下片转而说理，掷地有声，鞭辟入里。

咏叹"人生自古谁无死？留取丹心照汗青"的文天祥，在这首《沁园春》开篇表达了一种达观豁达的生死观："为子死孝，为臣死忠，死又何妨。"为人之子、为人之臣，如果是为父母尽孝、为君主尽忠而死，那就死得其所，没有什么可遗憾的。这两句体现了儒家的忠孝观，儒家认为"孝"是道德的根本，是不忘生命本源的重要体现。"忠"实质上是一种大孝，是"孝"的延伸。而且，文天祥的忠孝并非忠于一家一姓刻板的愚忠愚孝，而是忠于民族、忠于国家。"死又何妨"一句，让人顿觉一股视死如归的浩然正气扑面而来。

"自光岳气分，士无全节；君臣义缺，谁负刚肠。骂贼张巡，爱君许远，留取声名万古香。"七句追叙史事，歌颂张巡、许远二人的崇高气节。唐玄宗天宝十四载（755）冬天，安禄山起兵叛变，攻城略地，洛阳失守，13万大军围攻睢阳，张巡和许远率领的7千余名士兵坚守数月之久。然而，由于粮草耗尽，兵力枯竭，睢阳最终沦陷。张巡及50余名部将壮烈牺牲。而许远被叛军俘虏至洛阳，宁死不屈。睢阳保卫战成功遏制了叛军的进攻势头，保护了江淮地区百姓的生命和财产安全，为唐军的反攻争取了宝贵时间。因此，张巡、许远等人的英勇事迹受到了百姓的高度赞扬和传颂。

"后来者，无二公之操，百炼之钢。"宋朝亡国之际，选择投降叛国的人不在少数，鲜有张巡、许远这样的忠义之臣，这令作者感慨良多。

"人生翕歘云亡。好烈烈轰轰做一场。"两句紧承上意，表达了作者的儒家人生哲学：人生很短，稍纵即逝，所以更应该为国家、为百姓干出一番轰轰烈烈的事业。这两

句与"人生自古谁无死，留取丹心照汗青"表达的人生信念异曲同工。

"使当时卖国，甘心降虏，受人唾骂，安得流芳。"四句展开假设：倘若当时张巡、许远二人背叛国家、贪生怕死，就一定会被人唾骂，绝不会万古流芳。选择不同，则结局不同。国难当头，该何去何从，不言而喻。

"古庙幽沉，仪容俨雅，枯木寒鸦几夕阳。"这三句是对张、许二公庙的具体描写。"枯木""寒鸦""夕阳"三组意象把张、许二公庙的衰败凄凉形象地点染了出来。前来庙宇祭拜的人寥寥无几，暗示出后人已慢慢淡忘张、许二人可贵的精神气节。由于年代久远，庙宇长期失修，光线昏暗幽沉，但张、许二人的塑像看起来依然端庄肃穆、富有神韵，表现了文天祥对二人的高度敬仰，也隐含了庙宇虽荒凉，但张、许二公的气节精神将永存之意。

"邮亭下，有奸雄过此，仔细思量。"最后三句词人告诫那些背叛国家的人，如果路过张、许二公庙，必当愧然自省，同时也把写作此词的用意点了出来，铿锵有力。

综观全词，作者以儒家的伦理道德为旨归，通过颂扬张许二人的忠贞气节和高尚品德表达了自己的人生观。全篇以议论立意，同抒情结体，词风慷慨激昂，寓意深刻，洋溢着浓厚的爱国主义精神。

人文启迪

《沁园春·题潮阳张许二公庙》课后习题

将爱国情怀融入日常生活

爱国不仅仅是一种宏大的情感表达，更是一种在日常生活中可以践行的实际行动。我们可以将这份对国家的热爱体现在生活的方方面面，体现在每一件小事上。无论是遵守社会公德，还是积极参与社区建设，抑或是通过自己的专业技能为国家的发展贡献一份力量，这些都是将爱国情怀融入日常生活的方式。

在日常生活中，我们可以从身边的小事做起，比如节约用水用电，减少资源浪费，这不仅有助于环境保护，也是对国家可持续发展战略的支持。此外，我们还可以通过学习历史，了解国家的文化和传统，增强民族自豪感，从而在内心深处培养更深厚的爱国情感。

在工作和学习中，我们也可以将爱国情怀转化为实际行动。努力提升自己的专业素养和技能，为国家的科技进步和经济发展贡献自己的力量。在国际交流中，积极传播中国的文化和价值观，展示国家的良好形象，这也是对国家的一种支持和贡献。

总之，爱国情怀不仅仅是一种抽象的情感，更可以通过具体的行动在日常生活中得以体现。每个人都可以在自己的岗位上，以自己的方式，为国家的繁荣富强贡献一份力量。通过这些看似微不足道的小事，我们共同汇聚成强大的爱国力量，推动国家不断向前发展。

微课：
石灰吟

诵读：
石灰吟

石灰吟①

于　谦

学习指南

一、学习目标

1. 了解于谦生平经历及《石灰吟》的创作背景。

2. 理解诗歌大意，把握诗歌主旨及托物言志的创作手法。

3. 体会诗人不避千难万险、勇于自我牺牲、忠诚清白进取的可贵精神。

二、学习建议

1. 课前自主查询于谦的人物生平，把握《石灰吟》创作背景。

2. 课前自主梳理《石灰吟》诗歌大意，把握诗歌主旨。

3. 课中扫码检测自主学习成果，分享交流诗歌主题和艺术特点。

4. 课后观看《百家讲坛——救时宰相于谦》，体会诗人迎难而上、积极进取、大无畏的凛然正气，并完成思考与练习作业。

《石灰吟》
课前习题

诗词漫润

千锤万击出深山②，

烈火焚烧若等闲③。

粉骨碎身浑不惜④，

要留清白在人间⑤。

（选自《于谦集》，魏得良点校，浙江古籍出版社 2013 年版）

参考译文

经过无数次的捶打，石灰石才得以从深山中开采出来。烈火焚烧被它看作是很平常的事情。即便面临粉身碎骨的危险，它也毫不畏惧，甘愿把一身清白留在人间。

---

① 石灰吟：赞颂石灰。吟，吟颂，指古代诗歌体裁的一种名称（古代诗歌的一种形式）。

② 千锤万击：也作"千锤万凿"，指无数次锤击开凿，形容开采石灰非常艰难。千、万，虚词，形容很多。

③ 若等闲：好像很平常的事情。等闲，平常，轻松。

④ 粉骨碎身：也作"粉身碎骨"。浑：亦作"全"。惜：也作"怕"。

⑤ 清白：双关语。指石灰洁白的本色，又比喻高尚的节操。

知人论世

于谦（1398—1457），字廷益，号节庵，浙江钱塘（今杭州）人，明朝民族英雄，杰出的军事家和政治家。他曾担任山西、河南、江西等地的巡抚，并官至兵部尚书。在担任地方官员期间，于谦积极推行改革，兴利除弊，因此赢得了极高的声望。当时，北方蒙古的瓦剌部族不断威胁边疆和首都地区。明英宗正统十四年（1449），瓦剌首领也先侵犯大同，明英宗亲自带兵出征，却在土木堡遭遇惨败并被俘虏。朝廷内外一片混乱。面对主张放弃北京南迁的提议，于谦坚决反对，并果断拥立英宗的弟弟为皇帝，即明景帝，并且亲自负责军事指挥，调动大军，亲自督战，成功击退也先的军队，使局势转危为安。然而不幸的是，八年后英宗复辟，于谦竟被诬陷以"谋逆罪"而遭到杀害。直到万历年间，他才得以昭雪，并被追谥为"忠肃"。其著作《于忠肃集》流传至今。他与岳飞、张煌言并称为"西湖三杰"。《明史》赞誉他"忠心义烈，与日月争光"。

于谦祠雕像

于谦自幼勤奋好学，志向高远。相传有一天，他偶然漫步至一座石灰窑旁，目睹了工匠们炼制石灰的过程。那些青黑色的巨石，在炽热火焰的炙烤下，最终化为洁白的石灰。这一幕深深触动了他，经过短暂的沉思，他挥笔写下了这首诗。据说当时的于谦年仅十二岁而已，《石灰吟》这首诗不仅描绘了石灰的锻造过程，也预示了于谦自己未来的人生追求。

文学鉴赏

《石灰吟》通过吟咏石灰的锻造过程，展现了诗人不畏艰难险阻，勇于自我奉献，以保持忠诚与清白品质的高尚精神。

作品开篇第一句"千锤万击出深山"描绘了开采石灰石的艰辛。第二句"烈火焚烧若等闲"，"烈火焚烧"指的是石灰石的烧炼过程。"若等闲"三字，一方面描述了烧炼石灰石的场景，另一方面也象征着有志之士面对严峻考验时视若平常的从容态度。第三句"粉骨碎身浑不惜"，生动地刻画了石灰石被烧成石灰粉的过程，而"浑不惜"三字则蕴含了诗人不惧牺牲的果敢决心。最后一句"要留清白在人间"，诗人直抒胸臆，立志要做清白高洁之人。《石灰吟》无疑是他一生和高尚人格的生动写照。

《石灰吟》全诗一气呵成，直抒胸臆，言在物，而意在人。作为一首咏物诗，诗人以对石灰的吟咏为中心，先后用"千锤万击""烈火焚烧""粉骨碎身"等词语生动描绘了石灰炼制过程中的艰辛；同时，字里行间也淋漓尽致地展现出青年于谦炽热的报国情怀和忠贞不渝的人格光辉。结合诗人的生平经历，在民族危难之际，于谦能够不畏艰险，力挽狂澜，但终以"谋逆罪"而被诬杀，诗中所写的"粉骨碎身浑不惜，要留清白在人间"的铿锵诗句，让人倍感一股激荡人心的浩然正气扑面而来。这种可贵的精神追求，将永远激励后人。

《石灰吟》
课后习题

📑 人文启迪

弘扬英雄精神　培育英雄文化

一个民族，如果在其历史长河中未曾诞生过令人敬仰的英雄人物，那么这个民族无疑是不幸的，同时也是令人感到可悲的。因为英雄是一个民族精神的象征，是民族自豪感和凝聚力的源泉。然而，更为严重和令人担忧的情况是，当一个民族孕育出了自己的英雄，却不懂得去推崇、珍惜和捍卫这些英雄，任由英雄的精神和情怀逐渐衰弱，甚至被遗忘，那么这个民族的未来必然是黯淡无光，甚至可以说是不可救药的。在我们共同为实现中华民族伟大复兴的中国梦而奋斗的进程中，我们必须自觉地去塑造、记录、学习和珍爱那些为国家和民族作出巨大贡献的英雄人物。我们要让弘扬英雄精神成为一种深入人心的文化自觉和自信，这就要求我们必须大力培育和传承英雄文化，让英雄的事迹和精神在每一个国民心中生根发芽，代代相传。只有这样，我们的民族才能在未来的道路上走得更远，更坚定。在培育英雄文化的道路上，我们需要从多个层面入手。

首先，教育是基石。我们应当在学校教育中融入英雄事迹的教育，通过生动的课堂讲述、历史书籍的阅读，以及实地参观英雄纪念馆等方式，让孩子们从小就能感受到英雄的伟大与崇高，激发他们的爱国热情和民族自豪感。

其次，媒体也扮演着举足轻重的角色。电视、网络、报纸等媒体平台应当积极传播英雄的故事，用真实、感人、有深度的报道，让更多人了解英雄背后的艰辛与付出，感受他们不屈不挠、勇于担当的精神风貌。同时，媒体也应当承担起监督社会风气、倡导正确价值观的责任，防止对英雄人物的歪曲和抹黑。

此外，政府和社会各界也应当共同努力，为英雄人物提供更多的关爱和支持。我们可以设立专门的基金来表彰和奖励那些为国家和民族作出突出贡献的英雄人物，为他们提供必要的生活保障和医疗服务；我们也可以在公共场所设置英雄雕像和纪念碑，让人们在日常生活中能够时刻感受到英雄的存在和力量。

最后，我们每个人都要成为弘扬英雄精神的践行者。在日常生活中，我们要以英雄为榜样，学习他们无私奉献、勇于担当的精神品质，将这种精神融入到自己的工作和生活中去。同时，我们也要勇于站出来，对那些诋毁和污蔑英雄的行为进行坚决的抵制和斗争，维护英雄的尊严和荣誉。

总之，弘扬英雄精神、培育英雄文化是一项长期而艰巨的任务。但只要我们齐心协力、共同努力，就一定能够让英雄的精神在中华大地上熠熠生辉，为实现中华民族伟大复兴的中国梦提供强大的精神动力。

单元实践
"扎根故土，爱我家园"主题情景剧

一、任务书

授课日期：		活动班级：	
学习团队：		团队成员：	

（一）任务描述

以小组为单位，以"扎根故土，爱我家园"为主题，构思、编写一出情景剧，并组织演绎该情景剧。任务要求：

1. 故事情节合理，主题思想积极向上，有一定的警示教育意义。

2. 故事人物性格鲜明，标明道具，演出切实可行。

3. 每位组员都要参与剧本创作或演出、剧务等活动。

（二）任务实施

1. 做好准备工作

（1）确定情景剧的题目。

（2）构思故事主线。

（3）敲定角色。

2. 设计并分配情景剧角色

（1）设计人物外貌特征和性格特征。

（2）分配角色。

3. 设计故事情节，完善人物形象

（1）按照开端、发展、高潮、结局的大体脉络设计具体故事情节。

（2）完善打磨人物形象的设计。

4. 完善剧本

（1）设计场地、道具。

（2）确定出场顺序。

（3）完善关于人物的动作、语气、表情等的设计。

5. 排练

有计划地组织小组成员进行排练，直到完全熟练。

6. 演出

二、评价表

（一）团队评分表					
项　目	主　题	结　构	仪容仪表	课堂展示	累　计
分值（分）	20	30	20	30	100
自评（50%）					
师评（50%）					
总分					

（二）组内互评表						
评价标准	姓　名					
团队贡献	20					
沟通能力	15					
配合程度	15					
学习态度	30					
整体表现	20					
总分						

（三）文化感悟

微课：
第二单元
导入

亢仓子有言："君子检身，常若有过"，即君子要时常审视自身，好像常有过错一样。言外之意，修身律己、常思己过并非一日之功，而要成为时时处处的自觉。对于自身缺点，"贤者见之宽恕而不言，小人暴爱而溢言，亲戚怜嫉而贰言"（《亢仓子》）。自己有了过失，别人未必能发现，即便察觉到了也不见得会说出来。这时，主动"检身"就格外重要。道理人人都懂，但并非人人都能时刻践行。可见，遇事克己自省、直面己过，并不容易。

"君子检身"贵在主动，难在自觉。回望历史，众多古代圣贤都将"吾日三省吾身"视为提升自我的有效途径。面对无人知晓的山中清泉，储光羲道出"恬澹无人见，年年长自清"，自省于平静中守住本心；面对四处流亡、无家可归的百姓，韦应物感慨"身多疾病思田里，邑有流亡愧俸钱"，反思自己的责任与作为；看着炎炎烈日下辛苦劳作的农民，白居易"念此私自愧，尽日不能忘"，反省自身享受俸禄却未能亲历民苦；面对被贬的处境，刘禹锡高唱"沉舟侧畔千帆过，病树前头万木春"，检视个人失意与世间无常；面对高耸入云的飞来峰，王安石言明"不畏浮云遮望眼，自缘身在最高层"，以高远的心境检视迷茫与局限。"内省不疚，夫何忧何惧?"他人的批评提醒固然可贵，但起决定性作用的还是内因。由此可见，自省不仅是圣贤的修身之道，更应成为我们人生的一门必修课。

微课：
咏山泉

诵读：
咏山泉

咏山泉

储光羲

✏️ 学习指南

一、学习目标

1. 了解储光羲生平经历及《咏山泉》的创作背景。

2. 理解诗歌大意，把握诗歌主旨及托物言志的艺术手法。

3. 体会诗人自守清操、恬淡自得的人生志趣，学习其淡泊名利、常年如一的精神品性。

二、学习建议

1. 课前自主查询储光羲的人物生平，把握《咏山泉》创作背景。

2. 课前自主梳理《咏山泉》诗歌大意，把握诗歌主旨。

3. 课中扫码检测自主学习成果，分享交流诗歌主题和艺术特点。

4. 课后完成思考与练习作业。

《咏山泉》
课前测验

📖 诗词漫润

山中有流水，借问不知名①。

映地为天色，飞空作雨声②。

转来深涧满③，分出小池平。

恬澹无人见④，年年长自清。

（选自《全唐诗》，［清］彭定求等编，中华书局 1960 年版。）

📝 参考译文

　　山野之中有一处泉水。向他人探询其名，却无人能答。泉水映照着碧空，宛如水天相接；泉水从高耸的山崖倾泻而下，犹如雨滴作响。泉水蜿蜒流淌，充盈了山谷和溪流，其分支亦灌满了小池。尽管山泉的宁静与淡泊未被世人所见，但它依旧年复一年地保持着那份纯净。

---

① 借问：犹询问。古诗中常见的假设性问语。

② 飞空：飞入空中。

③ 深涧：两山中间很深的水。

④ 恬澹：同"恬淡"。清静淡泊。

知人论世

储光羲（约707—约762），润州延陵（今江苏丹阳）人，唐代官员，亦是田园山水诗派的杰出代表之一。他的诗作多以描绘农家生活和田园风光为主题，抒发个人情感和朋友间的深厚情谊，其文风朴实无华、自然流畅且生动形象。《咏山泉》是储光羲咏物诗中的佳作，尽管关于其创作的具体时间与动机等背景资料并不详尽，但通过品味诗歌本身，我们能清晰地感受到诗人笔下那股恬淡而清澈的山泉似乎寄托了某种深远的价值追求。因此，《咏山泉》不仅是一首咏物诗，更是一首寓意深远、托物言志的诗篇。

文学鉴赏

《咏山泉》是一首托物言志的五言律诗。"山中有流水，借问不知名"，首联开门见山，紧扣"泉"字。静寂的山间有一泓清泉徐徐流动，诗人想知道它的名字，结果却无从知晓。从正面来看，诗人写了无名山泉不被人们所关注；从侧面来看，这里其实也隐晦地暗示了自己没有名气被人所冷落。但是，山泉并没有因"不知名"而不流动，诗人自己也并不因"不知名"而不进取。

"映地为天色，飞空作雨声。"颔联紧随前文，生动地勾勒出山泉清澈与活泼的超凡形象：泉水映照着天空，宛如明镜般将蔚蓝的天穹完整地映入水底；山巅之上，泉水跃入空中，其声似春雨般潇潇，景象壮观。此联景致描绘清晰，细节刻画细腻，想象大胆，将飘逸的山泉描绘得栩栩如生。

"转来深涧满，分出小池平。"颈联写无私的山泉从深山中兜兜转转流出，默默地填满了小溪和山涧，注满了一个个小池塘，这种"善利万物而不争"的默默奉献、不计回报的品质也许正是诗人自身的写照和追求。

"恬澹无人见，年年长自清。"尾联关合全诗，由叙而议，点明诗旨：山泉的淡泊恬静无人关注，可它仍然年复一年保持着一尘不染的秉性。一个"清"字，是对山泉品质最好的诠释，也是诗人对自己人格的标准和要求。

《咏山泉》作为一首描绘自然风光的诗作，在艺术手法上堪与王维的《山居秋暝》相媲美，全诗生动形象，画面清新脱俗，将山间清澈活泼的泉水真实地呈现给读者。此外，《咏山泉》也是一首借物抒怀的佳作，诗人寓情于景，看似信笔道出的诗句，恰恰是自己经心着意之笔，寄托了其自守情操、淡泊恬淡的人生志趣。总之，《咏山泉》将赞美自然与表达心志完美结合，使得这首诗作格调高远，意趣深远，情感深邃，言辞简练。

《咏山泉》
课后习题

📖 人文启迪

以自己的方式走自己的路

在人生的广阔舞台上，我们每个人都是独一无二的主角，拥有着各自独特的天性、优长与梦想。尊重自我天性，不仅是个人成长的基石，更是实现自我价值的必由之路。这不仅仅意味着接纳自己的天生特质，更在于深入挖掘并珍视那些潜藏于心的独特光芒。正如每一颗星星都有其独特的闪烁方式，我们也应勇敢地展现自己的光彩，不畏惧他人的眼光，不拘泥于世俗的框架。

发扬自己的优长，是通往成功的重要阶梯。每个人在成长过程中都会逐渐发现自己的擅长领域，这些优长或许源自天赋，或许源于后天的努力与坚持。无论何种来源，我们都应珍惜并努力培养这些优势，使之成为我们人生道路上的锋利武器。正如古人所言："尺有所短，寸有所长。"在认清自己的长处后，我们便能更加自信地面对挑战，勇往直前。

坚守自我节操和原则，是人格魅力的体现。在这个纷繁复杂的世界中，诱惑与压力无处不在。唯有那些能够坚守内心信念、不为外界所动的人，才能赢得他人的尊重与敬仰。他们如同高山上的青松，任凭风吹雨打，依然屹立不倒。这种坚韧不拔的精神品质，不仅是我们个人的宝贵财富，更是社会进步的基石。

在追求梦想的过程中，我们还需要有选择性、有所不为。这意味着我们要学会拒绝那些与我们的价值观和人生目标不符的诱惑与机会。只有这样，我们才能确保自己的精力与资源得到最有效的利用，从而更快地实现自己的梦想。同时，这种选择性的态度也能帮助我们保持内心的纯净与宁静，避免被世俗的喧嚣所干扰。

无论幸与不幸、无论成败得失、无论毁誉加身，我们都需要保持清醒的认识与坦然接受的态度。这是因为人生本就是一个充满变数的旅程，我们无法预知未来的一切。但只要我们保持一颗平常心、以积极乐观的心态去面对生活中的一切挑战与变故，便能从中汲取到成长的力量与智慧。正如那句古话所说："宠辱不惊，看庭前花开花落；去留无意，望天上云卷云舒。"只有这样我们才能真正地享受到生命的美好与宁静。

微课：寄李
儋元锡

诵读：寄李
儋元锡

寄李儋元锡 ①

韦应物

 学习指南

一、学习目标

1. 了解韦应物生平经历及《寄李儋元锡》的创作背景。

2. 理解诗歌大意，感受学习诗歌的艺术表现力和语言技巧。

3. 体会诗人思念友人的真挚情感和清正廉洁却有志无奈的矛盾心绪。

二、学习建议

1. 课前自主查询韦应物的人物生平，了解《寄李儋元锡》的创作背景。

2. 课前梳理《寄李儋元锡》诗歌大意，把握诗歌语言技巧。

3. 课中扫码检测自主学习成果，分享交流诗歌主题和艺术特点。

《寄李儋元
锡》课前
习题

4. 课后观看纪录片《人文地图诗词之旅——独怜幽草涧边生》，深入了解韦应物传奇经历和诗意人生，并完成课后作业。

📖 **诗词漫润**

去年花里逢君别，今日花开又一年。

世事茫茫难自料，春愁黯黯独成眠 ②。

身多疾病思田里 ③，邑有流亡愧俸钱 ④。

闻道欲来相问讯 ⑤，西楼望月几回圆。

（选自《韦应物诗集系年校笺》，孙望校笺，中华书局 2002 年版）

 参考译文

　　去年花开之际我们依依不舍地告别，而今又到花开时节，我们已分别整整一年。

---

① 李儋（dān）元锡：李儋，曾任殿中侍御史，为作者密友；元锡，字君贶，为作者在长安鄠县时旧友。

② 黯黯：低沉暗淡。

③ 思田里：想念田园乡里，即想到归隐。

④ 邑有流亡：指在自己管辖的地区内还有百姓流亡。愧俸钱：感到惭愧的是自己食国家的俸禄，而没有把百姓安定下来。

⑤ 问讯：探望。

世事难料，个人的命运难以预料，唯有春日的忧愁让我夜不能寐。

病弱之躯让我渴望隐居于田园，目睹流离失所的百姓，我深感愧对国家给予的俸禄。

早有耳闻你即将来此与我相会，我登上西楼看见了圆圆的明月。

知人论世

韦应物（约737—约791），字义博，因曾出任过苏州刺史一职而被称为"韦苏州"。出生于京兆杜陵（现为陕西省西安市），唐朝著名的山水田园派诗人。韦应物其人仁义与侠气并举，颇有潇洒狂放之风范。他的诗作风格恬淡而高远，擅长描绘自然景观和隐逸生活，因此在诗坛上享有盛誉。

《寄李儋元锡》是韦应物晚年担任滁州刺史期间所作。唐德宗建中四年（783）春末夏初，韦应物离开长安，于秋天抵达滁州履职。李儋和元锡是韦应物的诗友，他们在长安分别后，曾委托他人向韦应物致以问候。第二年春天，韦应物便创作了这首诗作以回赠。在韦应物赴任滁州的那一年中，他亲见百姓的生活状态，对朝廷的混乱、军阀的跋扈、国家的衰弱以及民生的困苦有了更为深刻的理解。就在那年冬天，长安爆发叛乱，朱泚自立为帝，号称大秦，唐德宗被迫匆忙出逃，直至次年五月长安才得以收复。在此期间，韦应物曾派遣使者北上探听消息。在创作这首诗时，使者尚未返回滁州，可以想象诗人当时的心情是何等焦虑和忧虑。

文学鉴赏

《寄李儋元锡》是一首寄赠给挚友的诗作，既表达了离别之苦，也袒露了诗人内心的矛盾情感。开篇的两句"去年花里逢君别，今日花开又一年"指出了自去年在长安与

好友离别后，时光已悄然流逝整整一年。去年今日，花虽相同人却异处，诗人内心深处寂寞孤独的感情由此流露出来。颔联"世事茫茫难自料，春愁黯黯独成眠"从回忆拉到现实。"世事茫茫"是指国家以及个人的前途。"难自料"表达了诗人内心的无力和彷徨。时间倏忽而逝的感叹和世事渺茫的无助都在春日里生长。前两联最终落到"春愁"上。在这种愁怨里，诗人既感叹时光易逝，佳友难寻，又有对国家、个人前途无信心、无希望的情绪。这种情况下，选择"退隐"还是"入仕"，诗人的良心和责任感在不停地纠结，于是就有了颈联"身多疾病思田里，邑有流亡愧俸钱"。颈联充分展现了诗人无奈和责任心之间的矛盾。疾病缠身使他萌生了隐居山林的念头；然而，目睹百姓的贫困生活和自己未完成的职责，他深感对国家和人民有所亏欠，又无法决然离去。这种仕与隐的矛盾心态是古代知识分子的传统观念和真实心态的典型表现。无奈和沉闷中诗人希望能"有朋自远方来"。尾联"闻道欲来相问讯，西楼望月几回圆"中，诗人得到朋友可能来自己所在地的消息，非常期盼，登楼望月，等待朋友到来。登高的举动，在这里不仅表现出诗人对友人的期盼，也有望月时的自我排遣，情感的复杂和矛盾自然地流露出来。

《寄李儋元锡》在艺术表现手法和语言技巧上虽未展现出显著的独创性，然其思想境界却是非常高的。特别是"身多疾病思田里，邑有流亡愧俸钱"这两句，自宋代以来便广受赞誉。范仲淹对此诗的评价为"仁者之言"，而朱熹则盛赞其为"贤矣"。在诗歌中，韦应物以诚恳的态度展现了一位清廉正直的封建官员内心的矛盾与苦闷，真实地反映了这种有志无奈的典型情感，具有深刻的现实意义和鲜明的时代特征。

《寄李儋元锡》课后习题

🀫 人文启迪

社会理想的精神力量

社会理想决定了一个社会的存在境界。与时代精神相契合的社会理想既高尚又实际，能够为社会的发展注入强大的精神动力。它之所以值得追求，是因为它与人的本性相契合，反映了人们对美好生活的渴望；它之所以能够实现，是因为它根植于社会经济发展的内在需求，并且基于历史演变的客观规律，体现了现实的可能性。当然，这样的社会理想不仅是个人追求的集合体，更是集体意志的体现，它引领着社会成员共同努力，朝着共同的目标迈进。在这个过程中，社会理想不仅激发了个体的潜能，也促进了社会的整体进步。

为了实现这一社会理想，我们需要有明确的行动计划和坚定的信念。行动计划包括制定合理的政策、推动科技创新、加强教育普及、促进社会公平等多个方面，这些都是实现社会理想不可或缺的环节。同时，我们还需要营造一种积极向上的社会氛围，让每个人都能够感受到追求社会理想的荣耀和使命，从而更加积极地投入到实践中去。

值得注意的是，社会理想并非一成不变，它会随着时代的发展和社会的进步而不断演变。因此，我们需要保持敏锐的洞察力，时刻关注社会变化，及时调整和完善我们的社会理想，确保它始终与时代精神相契合，为社会的持续发展提供强大的精神支撑。

总之，社会理想是社会存在和发展的精神支柱，它激励着我们不断追求更加美好的生活。在实现社会理想的过程中，我们需要保持坚定的信念和积极的行动，共同为社会的进步和发展贡献自己的力量。

观刈^①麦

白居易

微课：
观刈麦

诵读：
观刈麦

学习指南

一、学习目标

1. 了解白居易生平和《观刈麦》的创作背景及相关文化常识。

2. 理解诗歌大意，把握讽喻诗的艺术特色。

3. 体会白居易关心人民疾苦、反对阶级剥削、敢于自我反省的情怀和格局。

二、学习建议

1. 课前自主查询关于白居易和《观刈麦》相关的文化常识，了解《观刈麦》的创作背景。

2. 课前自主欣赏《观刈麦》诵读视频，梳理诗歌大意，了解讽喻诗的基本特点。

3. 课中扫码检测自主学习成果，分享交流诗歌主题和艺术特点。

4. 课后观看纪录电影《白居易在龙门》，深入了解白居易完整却鲜为人知的情感经历和生命历程，并完成课后作业。

《观刈麦》
课前习题

诗词漫润

田家少闲月，五月人倍忙。

夜来南风起，小麦覆陇黄^②。

妇姑荷箪食^③，童稚携壶浆^④，

相随饷田去^⑤，丁壮在南冈^⑥。

足蒸暑土气，背灼炎天光，

---

① 刈（yì）：割。

② 陇：同"垄"，这里指农田中种植作物的土埂，这里泛指麦地。

③ 妇姑：媳妇和婆婆，这里泛指妇女。荷箪食：用竹篮盛的饭。荷（hè）：背负，肩担。箪（dān）食：装在箪筐里的饭食。

④ 浆：古代一种略带酸味的饮品，有时也可以指米酒或汤。

⑤ 饷（xiǎng）田：给在田里劳动的人送饭。

⑥ 丁壮：青壮年男子。南冈（gāng）：地名。

力尽不知热，但惜夏日长^①。

复有贫妇人，抱子在其旁，

右手秉遗穗^②，左臂悬敝筐^③。

听其相顾言^④，闻者为悲伤^⑤。

家田输税尽^⑥，拾此充饥肠。

今我何功德，曾不事农桑。

吏禄三百石^⑦，岁晏有余粮^⑧。

念此私自愧，尽日不能忘^⑨。

（选自《白居易诗集校注》，谢思炜校注，中华书局 2006 年版）

参考译文

　　农家少有轻松闲适的时候，尤其是在五月，人们更是忙得不可开交。一夜之间，南风拂过，成熟的小麦铺满了麦田，使田野都变成金黄色。妇女们肩挑着装满饭菜的竹篮，孩子们手提着盛有汤水的壶，他们相互跟随，为田间辛勤劳作的家人送去食物。南冈上收割小麦的壮年们正忙碌着。他们的双脚被地面的热气蒸腾，脊背则被炽热的阳光炙烤。尽管疲惫不堪，但他们似乎忘记了炎热，只盼望着夏日天长。我还看见一位贫穷的妇女，怀里抱着孩子，跟在割麦人的后面，右手拾起遗落的麦穗，左手臂上挂着一个破旧的篮子。听她望着别人说话，旁人听了都为她忧伤。她家的田地早已因缴税而卖光，只能靠捡拾麦穗来勉强果腹。如今我有何功德，从未参与过农业生产，每年却能领到三百石米的俸禄，年底还有剩余。想到这些我觉得非常羞愧，终日难以释怀。

知人论世

　　白居易（772—846），字乐天，号香山居士，华州下邽（今陕西渭南）人，唐代现实主义诗人。白居易出生时，唐朝虽然平定了安史之乱，但地方上藩镇割据，朝廷中宦

---

① 但：只。惜：盼望。
② 秉（bǐng）：拿着。
③ 敝（bì）筐：破篮子。
④ 顾：视，看。
⑤ 闻者：白居易自指。为（wèi）悲伤：为之悲伤（省略"之"）。
⑥ 输：送达，引申为缴纳，献纳。
⑦ 吏禄：官吏的俸禄。
⑧ 岁晏（yàn）：一年将尽的时候。晏，晚。
⑨ 尽日：整天，终日。

官专权，普通百姓的生活负担日益加重。作为唐代最伟大的诗人之一，白居易没有遇到盛唐气象，对他个人来说，实属不幸；但白居易的出现，却是中唐时代的一大幸事，因为他让李白、杜甫之后的诗坛不至于后继乏人，也让9世纪的中国历史在文化艺术上多了一抹亮色。白居易通过诗笔，为我们呈现出了一幅唐代由长安、洛阳到苏州、杭州，从帝王将相到普通民众的生活全景。

《观刈麦》大约创作于白居易担任盩厔（今陕西省周至县）县尉期间的元和二年（807），是他早期一首反映当地百姓劳动艰苦、生活贫困的讽喻诗。县尉是唐代县级政府中的重要官员，其职掌包括行政、司法、财政等各个方面，是具体负责庶务的官员。白居易在任期间经常到民间查访。在查访中，他看到当地的老百姓尤其是贫苦妇女的悲惨遭遇，深表同情，不禁对自己不参与实际农业生产却能饱足深感惭愧，有感而发写下了这首《观刈麦》。

妇姑荷箪食

文学鉴赏

《观刈麦》形象展现了古代农民在田间劳作时的场景。诗歌开头首先交代了此时正处于收割小麦的农忙五月。男人们在田间割麦，妇女和孩子们赶着去田间送饭。农忙的五月，天气炎热，农民们因割麦累得筋疲力尽却不舍得休息，反而希望这夏日再长一些，这样才能多干点农活。寥寥几笔就将农民在田间劳碌繁忙的情景展现了出来。

接下来诗人笔锋一转，描绘了一个怀里抱着小孩、提着破篮子的穷苦妇人，跟在割麦人旁边捡遗落的麦穗的情景。后来得知妇人家中田地为了缴税被卖掉了，如今无田可种的她为了生存只能来这里靠捡麦穗为生。

到这里，前后两个不同的场景形成了鲜明的对比，在无言之中融入了强烈的讽刺意味。看到田间辛苦忙碌却因繁重的赋税而不能保证生计的农民，诗人感到非常的惭愧，内心久久不能安宁。

白居易在文学创作上提倡"文章合为时而著，歌诗合为事而作"。在这首诗中，诗人的心弦被所见所闻的悲惨景象所触动，因此挥笔直抒胸臆，字字句句都流露出对劳动者的深切同情与怜悯。在诗歌的创作过程中，白居易不仅将劳动人民的贫苦善良同封建国家的暴虐进行了鲜明对比，同时还把自己的安逸与劳苦百姓的艰辛进行了对照，这种新颖而警醒的视角实属难能可贵，从而使得诗歌的思想深度也更胜一筹！

《观刈麦》
课后习题

📖 人文启迪

认识自己　推己及人

在新时代的浪潮中，大学生们站在人生的十字路口，面对着无限的可能性与挑战。他们不仅要在为人处世中展现出新时代青年的风采，更要在成长成才的道路上不断自我提升，最终在实现理想的征途上留下自己的足迹。这一切的起点，都始于对自我的正确认识。只有深刻理解自己的优势与不足，才能在复杂多变的社会环境中找到自己的定位，才能在人生的道路上坚定不移地前行。

在认识自我的基础上，大学生们需要学会推己及人，将个人的思考和感悟转化为对他人的理解和关怀。这种能力不仅能够帮助他们在人际交往中建立和谐的关系，还能在团队合作中发挥出更大的作用，共同为社会的进步贡献力量。在成长成才的道路上，推己及人是一种智慧，它要求我们不仅关注个人的发展，也要关心他人的成长，从而在相互支持和鼓励中实现共同进步。

在实现理想的过程中，推己及人的原则更是一种责任。大学生们应当将个人的理想与国家的需求相结合，将个人的发展与社会的进步相统一。在实现个人价值的同时，不忘回馈社会，为国家的发展贡献青春力量。这样的青年，不仅能够成就一番事业，更能在新时代的征程中，书写属于自己的辉煌篇章。

微课：酬乐
天扬州初逢
席上见赠

酬①乐天②扬州初逢席上见赠③

刘禹锡

✏️ 学习指南

一、学习目标

1. 了解刘禹锡人物生平，把握诗歌《酬乐天扬州初逢席上见赠》的创作背景。

2. 理解诗歌大意，把握诗歌主旨。

---

① 酬：答谢，酬答，此处指用诗歌赠答。
② 乐天：指白居易，字乐天。
③ 见赠：送给（我）。

3. 体会诗人坚韧不拔的意志，学习其积极乐观的精神。

二、学习建议

1. 课前自主查询刘禹锡人物生平，自主观看纪录片《正气贯古今》(第四集：傲骨铮铮——刘禹锡)，全面深入了解刘禹锡及其诗歌创作背景。

2. 课前自主梳理《酬乐天扬州初逢席上见赠》诗歌大意，欣赏《酬乐天扬州初逢席上见赠》诵读视频，领会诗歌主旨。

3. 课中扫码检测自主学习成果，分享交流诗歌主题和艺术特点。

4. 课后完成思考与练习作业。

诵读：酬乐天扬州初逢席上见赠

📖 诗词漫润

> 巴山楚水凄凉地，二十三年弃置身[①]。
>
> 怀旧空吟闻笛赋[②]，到乡翻似烂柯人[③]。
>
> 沉舟侧畔千帆过，病树前头万木春。
>
> 今日听君歌一曲，暂凭杯酒长精神[④]。

(选自《刘禹锡全集编年校注》，陶敏、陶红雨校注，中华书局 2019 年版)

《酬乐天扬州初逢席上见赠》课前习题

📖 参考译文

自我被贬至巴山楚水这等荒僻之地，屈指算来，已历二十三载。独自吟咏着《闻笛赋》怀念着故友，久别归来发现世事已大变，往昔的光景不复存在。翻覆的船只仍有无数帆影在旁穿梭，枯木前亦有无数林木生机勃勃。今日聆听你为我吟诵的诗篇，不禁感慨万千，姑且以这杯佳酿振奋心神。

💬 知人论世

刘禹锡(772—842)，字梦得，河南府洛阳县(今河南洛阳)人，是唐代杰出的文学家和哲学家，被誉为"诗豪"。曾任太子宾客、检校礼部尚书、秘书监等职，世称"刘宾客"，又称"秘书刘尚书"。他的诗作和散文都极为出色，题材涉猎广泛，创作了诸如《陋室铭》《竹枝词》《杨柳枝词》《乌衣巷》等众多脍炙人口的名篇。著有《刘梦得文集》《刘宾客集》。

---

① 弃置身：指遭受贬谪的诗人自己。置：放置。弃置：贬谪。

② 怀旧：怀念故友。闻笛赋：指西晋向秀经过亡友嵇康的旧居，听见邻人吹笛，不胜悲叹，写下了《思旧赋》。闻笛赋即指此。

③ 翻似：倒好像。烂柯人：指晋人王质。相传晋人王质上山砍柴，看见两个童子下棋，就停下观看。等棋局终了，手中的斧柄(柯)已经烂掉。回到村里，才知道已过了一百年。

④ 长(zhǎng)精神：振作精神。长：增长，振作。

　　刘禹锡在经历王叔文集团政治改革的失败后，遭贬至外地任职。唐敬宗宝历二年（826），他被召回京城。那年冬天他途经扬州时，偶遇同样被贬的白居易。二人相聚时白居易即兴赋诗一首《醉赠刘二十八使君》，以此表达对刘禹锡的慰问："为我引杯添酒饮，与君把箸击盘歌。诗称国手徒为尔，命压人头不奈何。举眼风光长寂寞，满朝官职独蹉跎。亦知合被才名折，二十三年折太多。"在这首诗中，白居易表达了对刘禹锡不幸遭遇的同情和不平。作为回应，刘禹锡也创作了《酬乐天扬州初逢席上见赠》一诗，以答谢白居易。

文学鉴赏

　　《酬乐天扬州初逢席上见赠》展现了刘禹锡对世事无常和官场沉浮的豁达态度，彰显了他坚贞不渝的信念和积极向上的精神风貌。同时，诗中蕴含着深刻的哲理，暗示着新事物终将取代旧事物。

　　作为一首答谢诗，刘禹锡在《酬乐天扬州初逢席上见赠》中接续了白居易的诗意，重点表达了在特定环境下的个人情感。白居易在赠诗中提到了刘禹锡的艰难历程："亦知合被才名折，二十三年折太多。"这既表达了对刘禹锡不幸经历的同情，也赞扬了他的声望与才学。刘禹锡在白居易的诗句之后，以自己的笔触继续创作："巴山楚水凄凉地，二十三年弃置身。"描述了自己被贬至偏远的巴山楚水，已经长达二十三年之久。这种互动展现了两位诗人之间坦诚相待的深厚友情。因此，诗人不禁感慨："怀旧空吟闻笛赋，到乡翻似烂柯人。"在外漂泊的二十三年，宛如隔世，物是人非，许多老友已经离世，如今他只能独自吟咏《闻笛赋》来寄托哀思。这里引用"王质烂柯"的典故，不仅暗示了自己贬谪岁月的漫长，也反映了世事的变迁和归来后的陌生与失落，寓意深远。

"沉舟侧畔千帆过，病树前头万木春"，这两句诗是对白居易赠诗中"举眼风光长寂寞，满朝官职独蹉跎"所表达的同情的回应。船只翻覆了但依旧有无数帆船驶过，树木枯萎了但依旧有无数树木欣欣向荣。尽管经历了二十三年的贬谪生活，刘禹锡并未因此变得消沉颓废。面对世事的变迁和官场的沉浮，他虽有惆怅，却也表现出超然的达观态度，反而安慰白居易不必为自己的不幸经历而忧伤，展现了他宽广的胸怀。正如他在其他诗作中所言："莫道桑榆晚，为霞尚满天。"由于这两句诗非常形象生动，至今仍被人们广泛引用，并赋予了新的含义，象征着新事物终将取代旧事物。

"沉舟"一联突然振起，尾联顺势而下："今日听君歌一曲，暂凭杯酒长精神。"直接点明了诗人回应白居易题赠的主旨。两位经历相似的诗人相互慰藉、相互激励，重新点燃了对未来的希望与信心。

尽管《酬乐天扬州初逢席上见赠》整首诗充满了深沉的感慨，但读来却让人感到振奋而非消沉。特别是"沉舟侧畔千帆过，病树前头万木春"一句，一扫伤感低沉的氛围，展现出一种激昂乐观的气势。全诗情感真挚，沉郁中透露出昂扬，不仅表达了诗人重新拥抱生活的愿望和坚韧不拔的意志，也反映了深刻的人生哲理，具有极强的艺术感染力。

《酬乐天扬州初逢席上见赠》课后习题

 **人文启迪**

突破自我　敢为人先

在人生的旅途中，勇敢地追求梦想、勇于超越自我、持续挑战极限，是掌握未来的钥匙。实现突破需要真正的热爱，敢于领先，不畏惧失败，并且愿意付出辛勤的努力。

在追求梦想的路上，每一步都充满了未知与挑战。但正是这些挑战，塑造了我们的坚韧与毅力。真心热爱，是我们不断前行的动力源泉。当我们对某个目标或梦想怀有深厚的情感时，那份热爱会驱使我们克服一切困难，勇往直前。

敢为人先，则意味着我们要有勇气成为第一个吃螃蟹的人。在创新的道路上，往往需要有人敢于迈出第一步，去尝试那些看似不可能的事情。只有敢于突破常规，我们才能创造出新的可能，为自己和他人开辟更广阔的天地。

不怕失败，是我们在追求梦想时必须具备的心态。失败并不可怕，可怕的是失去再次尝试的勇气。每一次失败都是一次宝贵的经验积累，它们让我们更加成熟、更加坚强。只有敢于面对失败，并从中汲取教训，我们才能更快地成长，更接近成功。

肯吃苦，则是实现梦想不可或缺的品质。成功往往不会轻易降临到我们的头上，它需要我们付出辛勤的汗水和不懈的努力。在追求梦想的过程中，我们可能会遇到各种各样的困难和挑战，但只要我们肯吃苦、肯付出，就一定能够战胜一切困难，最终实现自己的梦想。

总之，勇于追求梦想、敢于突破自我、不断挑战极限并具备真心热爱、敢为人先、不怕失败和肯吃苦的品质是我们在人生道路上赢得未来的关键。让我们以坚定的信念和不懈的努力去追寻自己的梦想吧！

微课：登飞
来峰

诵读：登飞
来峰

登飞来峰

王安石

 学习指南

一、学习目标

1. 了解王安石生平经历及《登飞来峰》的创作背景。

2. 理解诗歌大意，把握诗歌主旨。

3. 体会王安石高瞻远瞩的格局，学习其不畏奸邪的勇气和决心。

二、学习建议

1. 课前自主查询王安石的人物生平，自主观看纪录片《王安石》，深刻感受王安石的人格魅力以及《登飞来峰》创作的时代背景。

2. 课前自主梳理《登飞来峰》诗歌大意，把握诗歌主旨。

3. 课中扫码检测自主学习成果，分享交流诗歌主题和艺术特点。

4. 课后完成思考与练习作业。

《登飞来峰》
课前习题

诗词漫润

飞来山上千寻塔①，

闻说鸡鸣见日升。

不畏浮云遮望眼②，

自缘身在最高层③。

（选自《王安石诗笺注》，［宋］李壁笺注，［宋］刘辰翁评点，中华书局 2021 年版。）

参考译文

飞来峰山顶有一座高耸入云的塔，听闻在鸡鸣破晓之际可以看到旭日的初升。不畏惧层层叠叠的浮云挡住我远眺的视线，因为我立足于飞来峰之巅，站在了最高层。

① 千寻塔：很高很高的塔。寻，古时长度单位，八尺为寻。
② 望眼：视线。
③ 缘：因为。

知人论世

王安石（1021—1086），字介甫，号半山，抚州临川（今江西抚州）人，北宋政治家、文学家、思想家、改革家，"唐宋八大家"之一。其散文雄健峭拔，其诗擅长于说理与修辞，其词风格高峻。有《临川集》等著作存世。

《登飞来峰》是王安石初入官场时的作品，其确切的创作时间却难以考证。关于诗中提及的飞来峰究竟位于何方，历来众说纷纭。根据历史资料记载，飞来峰位于绍兴的说法似乎最为可靠。在宋仁宗皇祐二年（1050）夏天，诗人王安石结束了在浙江鄞县知县的任期，返回江西临川的家乡途中，路经杭州，这首诗很可能是在这次旅途中创作的。当时的王安石正值壮年，胸怀壮志，通过攀登飞来峰，抒发了自己的豪情壮志，展现了其宽广的胸怀和远大的志向。

文学鉴赏

诗歌的开篇"飞来山上千寻塔"，飞来山，即飞来之山之意。"千寻塔"则源于古代度量单位，一寻通常指六尺（有时为七尺或八尺），因此，千寻之塔是相当之高的，可见其雄伟。诗人巧妙地运用"千寻"这一夸张的表达，不仅描绘了山巅古塔的巍峨，也隐喻了自己站得高望得远的境界。

紧接着，"闻说鸡鸣见日升"，由于塔相当之高，足以在鸡鸣之时看到壮丽的日出。旭日东升的辉煌景象，展现了诗人乐观积极、志向远大，以及对未来的无限信心，奠定了整首诗积极向上的情感基调。

诗歌的后两句"不畏浮云遮望眼，自缘身在最高层"巧妙地从描绘景物过渡到议论抒情，赋予了诗歌生动性和深邃的内涵。古人常以"浮云"比喻奸佞小人，但诗人在前面使用了"不畏"二字，彰显了其在政治领域的远见卓识和面对邪恶势力时的无畏勇气与坚定决心。通过这样的表达，诗人那高瞻远瞩、坚不可摧的形象跃然纸上。这两句是全诗的点睛之笔，蕴含了深刻的哲理：只有掌握了正确的观点和方法，并且认识达到了一定的高度，我们才能洞悉事物的本质，不被表面的假象所蒙蔽。

在写作技巧上，《登飞来峰》开篇即描绘了飞来峰的险峻地势，凸显其巍峨；继而描写了极目远眺的旭日，彰显其辽阔；第三句中"不畏"二字，气势磅礴；第四句以"身在最高层"提升诗的意境，展现出诗人高瞻远瞩的胸怀，足见王安石构思之精妙，用意之匠心。

《登飞来峰》整首诗开篇便充满奇趣，生动而挺拔，后续诗句如同劲竹破土而出，节节攀升。诗人的慷慨气质与诗歌的刚健质朴相得益彰，构成一个和谐的整体。

《登飞来峰》
课后习题

📖 人文启迪

保持清醒　直面困惑

世界纷繁复杂，我们如同航行在浩瀚大海上的船只中最坚定的舵手，面对波涛汹涌的未知要保持清醒的头脑。这不仅仅是对个人而言的警醒，更是对整个中华民族未来命运的深切关怀。我们深知，在历史的长河中，任何一个伟大的民族都曾在挫折中磨砺，在困境中崛起，而这一切的基石，便是那份永不言败、自强不息的精神。

首先，我们要深刻认识到自身的不足。古人云："知人者智，自知者明。"在快速发展的今天，我们取得的成就举世瞩目，但与此同时，我们也应清醒地看到，在科技创新、社会治理、环境保护等多个领域，我们仍与世界先进水平存在差距。这些不足，既是挑战，也是机遇，它们激励着我们不断向前，追求卓越。

其次，我们要坚决摒弃骄傲自大的心态。历史无数次证明，骄傲是失败的前奏。当我们站在一定的高度，享受着成功的喜悦时，更应保持一颗谦逊的心，虚心向他人学习，尤其是那些在我们所不擅长的领域里取得卓越成就的人。正如孔子所言："三人行，必有我师焉。"在全球化日益加深的今天，我们更应具备开放包容的心态，积极吸收借鉴世界各国的优秀文化和科技成果。

再者，我们要善于学习别人的长处。这不仅仅是一种学习态度，更是一种生存智慧。在这个信息爆炸的时代，知识更新的速度超乎想象。只有不断学习，才能跟上时代的步伐，不被时代所淘汰。我们要像海绵一样，不断吸收来自四面八方的养分，充实自己，提升自己。同时，我们也要学会批判性思维，在学习的过程中，去伪存真，去粗取精，形成自己独到的见解和判断。

面向未来，尽管我们面临着诸多挑战和困难，但只要我们民族自强不息的精神不丢，我们就有了克服一切艰难险阻的力量。只要我们保持清醒的头脑、善于发现自己的不足、不骄傲自大、善于学习别人的长处、勇于自我超越和改革，我们就一定能够克服前进道路上的各种困难和挑战。因为我们相信：自强不息的民族精神将永远照亮我们前行的道路！

单元实践
"认识自我，规划人生" 主题活动

一、任务书

授课日期：		活动班级：	
学习团队：		团队成员：	

（一）任务描述

古人云："有志不在年高，无志空活百岁。"其实人生何需百年？只要我们能像阿基米德寻找地球支点一样给我们的灵魂一个支点，那么实现理想还不是易如反掌吗？这个支点就是规划人生。遗憾的是我们往往不能或者不敢给人生一个规划。前路迷茫，没有人生规划这座灯塔的指引，我们能找到前进的方向吗？扑面而来的风风雨雨，我们能挺得过去吗？

正确认识自己，为自己人生做一个正确的规划，是十分必要的。正如莎士比亚所说的："人生就是一部作品。谁有生活理想和实现的计划，谁就有好的情节和结尾，谁便能写得十分精彩和引人注目。"请结合实际情况，为自己的大学生涯撰写一份人生规划，并分小组讨论交流。

（二）任务实施

1. 自我认知

了解自己的兴趣、能力、性格特点等。

2. 目标设定

根据自身条件和职业发展方向，设定明确的目标。

（1）目标要具体明确，避免模糊性。

（2）目标要有明确的衡量标准，以便评估自己的进步。

（3）目标要具备可行性，能够通过自己的努力实现。

（4）目标要有明确的完成时限，以便提高执行力和效率。

3. 制定计划

制定实现目标的详细计划，并分解成切实可行的步骤。

4. 行动实施

按照计划开始行动，并不断进行调整和修正。

5. 持续学习

不断积累知识、技能，提升自我能力和竞争力。

6. 总结反思

二、评价表

（一）团队评分表					
项　目	自我认知	目标设定	仪容仪表	课堂展示	累　计
分值（分）	20	30	20	30	100
自评（50%）					
师评（50%）					
总分					

（二）组内互评表								
评价标准		姓　名						
团队贡献	20							
沟通能力	15							
配合程度	15							
学习态度	30							
整体表现	20							
总分								

（三）文化感悟

崇善仁爱　心系苍生

微课：
第三单元
导入

在数千年的历史长河中，中华文明之所以屡遭挫折而不衰，历经磨难而不馁，是因为每每在国家危难之时总有无数"先天下之忧而忧，后天下之乐而乐"的有志之士挑起了民族生死之重担。正是这些心系苍生的华夏人杰，中华文明才会遇强则强，越挫越勇。

　　"白骨露于野，千里无鸡鸣"，是曹操伤时悯乱的情怀；"君看石芒砀，掩泪悲千古"，是诗仙李白掩面而泣的奋笔；"不为困穷宁有此，只缘恐惧转须亲"，是杜甫宽厚仁爱的婉辞；"我愿君王心，化作光明烛"，是聂夷中发自肺腑的期望；"位卑未敢忘忧国，事定犹须待阖棺"，是陆游义不容辞的担当。

　　正如鲁迅先生所言："我们自古以来，有埋头苦干的人，有拼命硬干的人，有为民请命的人，有舍身求法的人。"我们始终坚信：中国的脊梁永远坚实挺拔！

蒿里行 ^①

曹　操

微课：
蒿里行

诵读：
蒿里行

学习指南

一、学习目标

1. 了解曹操人物生平，把握《蒿里行》创作背景。

2. 理解诗歌大意，把握诗歌主旨。

3. 体会诗人忧国忧民的情怀以及作为政治家、军事家的豪迈气魄和忧患意识。

二、学习建议

1. 课前自主查询曹操人物生平，自主观看纪录片《河南历史文化博览人物篇：曹操》，全面深入了解曹操及其诗歌创作背景。

2. 课前自主梳理《蒿里行》诗歌大意，欣赏《蒿里行》诵读视频，领会诗歌主旨。

3. 课中扫码检测自主学习成果，分享交流诗歌主题和艺术特点。

4. 课后完成思考与练习作业。

诗词浸润

《蒿里行》
课前习题

关东有义士 ^②，兴兵讨群凶 ^③。

初期会盟津 ^④，乃心在咸阳 ^⑤。

军合力不齐 ^⑥，踌躇而雁行 ^⑦。

势利使人争，嗣还自相戕 ^⑧。

淮南弟称号，刻玺于北方 ^⑨。

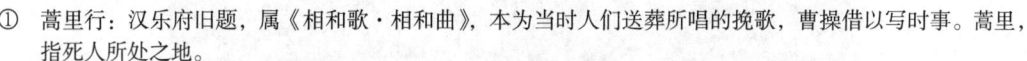

① 蒿里行：汉乐府旧题，属《相和歌·相和曲》，本为当时人们送葬所唱的挽歌，曹操借以写时事。蒿里，指死人所处之地。

② 关东：函谷关（今河南灵宝西南）以东。义士：指起兵讨伐董卓的诸州郡将领。

③ 讨群凶：指讨伐董卓及其党羽。

④ 初期：本来期望。盟津：即孟津。相传周武王伐纣时曾在此大会八百诸侯，此处借指本来期望关东诸将也能像武王伐纣会合的八百诸侯那样同心协力。

⑤ 乃心：其心，指上文"义士"之心。咸阳：秦时的都城，此借指长安，当时献帝被挟持到长安。

⑥ 力不齐：指讨伐董卓的诸州郡将领各有打算，力量不集中。

⑦ 雁行（háng）：飞雁的行列，形容诸军列阵后观望不前的样子。

⑧ 嗣：后来。还：同"旋"，不久。自相戕（qiāng）：自相残杀。

⑨ 玺：印，秦以后专指皇帝用的印章。

铠甲生虮虱①，万姓以死亡②。

白骨露于野，千里无鸡鸣。

生民百遗一③，念之断人肠。

（选自《先秦汉魏南北朝诗》，逯钦立编著，中华书局1983年版）

参考译文

　　关东的正义之士纷纷起兵，誓要讨伐那些残暴之人。他们原本期望各路将领能够联合起来，齐心协力征讨长安的董卓。但各路军队汇集之后却力不齐一、相互观望，阵列排开却迟迟不肯前进。各势力之间你争我夺，很快各路军队开始自相残害。袁绍的堂弟袁术在淮南自立称帝，袁绍谋立傀儡皇帝在北方私刻玉玺。由于连续战乱，士兵的铠甲里长满了虱虫，大量百姓因战争而失去生命。荒野上尸骨遍地，没有人收殓，方圆千里之内，鸡鸣之声绝迹。一百个百姓中仅剩一人存活，想到这些，不禁让人感到极度悲痛。

知人论世

　　曹操（155—220），字孟德，沛国谯（今安徽亳州）人，中国古代杰出的政治家、军事家、诗人，同时也是曹魏政权的奠基人。他的诗作多表达了其政治抱负，深刻反映了汉末时期百姓所遭受的苦难，风格雄浑悲壮，慷慨激昂，为建安文学风格的形成奠定了基础。其著作《魏武帝集》已经散佚，后人辑有《曹操集》。

曹操战场场景雕塑

---

① 虮（jǐ）：虱卵。
② 万姓：百姓。以：因此。
③ 生民：百姓。遗：剩下。

东汉末年，外戚与宦官之争十分激烈。大将军何进等谋诛宦官，不成，被宦官所杀；袁绍袁术攻杀宦官，朝廷大乱；董卓带兵进京，诛杀朝臣，独揽朝政。汉献帝初平元年（190）春，以袁绍为首的东方各地地方长官联合起来讨伐董卓。不久，董卓挟持汉献帝迁都长安。然而讨伐董卓的同盟军由于各怀野心，其后不久便自相残杀起来，从此开始了汉朝末年长期的军阀混战。连年战乱给社会和百姓带来了深重灾难，社会经济破坏严重，大量百姓失去生命。作者用纪实的写法再现了董卓之乱后十余年的战乱史实，抒发了自己伤时悯乱的情怀。

文学鉴赏

"关东有义士，兴兵讨群凶。初期会盟津，乃心在咸阳。"作品开头用了四句概述了当时的时代背景：董卓乱起，义士讨伐。一个"讨"字表达了作者对国家统一的渴望和对作乱之人的憎恨。关东义士们心向汉室，结成联盟，形势一片大好。起笔高屋建瓴，爱憎分明。

"军合力不齐，踌躇而雁行。势利使人争，嗣还自相戕。淮南弟称号，刻玺于北方。"接下来六句，笔锋急转直下，揭露了讨伐逆贼的义军内部心怀异志，互相残杀，使得整个中原地区陷入了军阀割据的混战之中。历史记载，袁绍因害怕董卓的强兵，犹豫不决，不敢前进，而其他"诸军兵十余万，日置酒高会，不图进取"，曹操非常失望，"窃为诸君耻之"（《三国志·魏书·武帝纪》）。"军合力不齐，踌躇而雁行"这两句，正是反映了这一历史事实。"争"和"戕"两个字尖锐地讽刺了军阀们各自怀有野心，互相残害的残酷现实，可谓是诛心之笔。"淮南弟称号，刻玺于北方"两句无情地揭露了袁绍兄弟密谋称帝、铸印刻玺，以讨伐董卓、拯救汉室为名，实际上是为了称王称霸的真相。作者在这里明确表达了反对分裂割据的政治立场。这一部分以叙述为主，概括了东汉末年重大的历史事件，同时作者将论断与褒贬寓于叙事之中，将诗人的纪事感怀与史家的秉笔直书相结合，艺术内涵极为深厚，笔力稳健，气势磅礴，展现了作者作为政治家的洞察力和风范。

"铠甲生虮虱，万姓以死亡。白骨露于野，千里无鸡鸣。生民百遗一，念之断人肠。"结尾六句，以同情的笔触再现了常年割据混战所造成的社会灾难，表达了对百姓苦难的深切同情。"铠甲生虮虱，万姓以死亡"的细节描写，既写出连年的战争使大量百姓被征从戎，不得休息，也点明了百姓流离失所、性命不保的根源。"白骨露于野，千里无鸡鸣"再现了一幅生灵涂炭的悲惨画面，从而使得作者"念之断人肠"。最后这六句真实质朴，生动形象，感人肺腑，为军阀混战的罪恶提供了异常真实的"罪证"，艺术感染力极强。

《蒿里行》继承了汉乐府"感于哀乐，缘事而发"的艺术传统，运用乐府旧题来表达时事。诗人在作品中不仅表达了对因战乱而遭受苦难的人民的深切悲愤和同情，还对那些导致人民痛苦的罪魁祸首进行了无情的揭露和抨击。全诗慷慨雄劲，悲壮苍凉，体现了曹操的独特文风，堪称"汉末实录"的"诗史"。

《蒿里行》
课后习题

人文启迪

人要为做人的使命感而活着

哲学家尼采曾说:"知道自己为什么而活的人,便能忍受任何一种生活。"这种对生活的深刻理解,正是源自于我们内心深处那份为做人的使命感而活着的坚定信念。

使命感,简而言之,是一种深刻认识到自己生命意义和目标,并为之不懈奋斗的精神力量。它超越了简单的生存需求,是对自我实现和社会贡献的更高追求。拥有使命感的人,往往能在逆境中坚韧不拔,在顺境中不忘初心,因为他们深知自己的存在不仅仅是为了个人的得失,更是为了那份能够照亮他人、温暖世界的使命。

使命感能够激发我们内在的潜能,让我们在挑战中不断成长,超越自我。面对困难和挫折,使命感成为我们坚持下去的动力源泉。拥有使命感的人,往往能够成为他人的榜样和引领者。他们通过自己的行动和言论,传递着积极向上的正能量,激励着周围的人共同前行。

要培养使命感,首先需要深入思考自己的价值观、兴趣和优势所在。通过自我反省和探索,明确自己的使命和目标。同时,使命感不是空洞的口号或理想化的幻想,它需要通过实际行动来体现,在实际行动中实现。因此,要勇于走出舒适区,积极投身到实践中去。通过不断尝试、学习和积累经验,你将逐渐发现自己的潜力和价值所在,并更加坚定自己的使命感。另外,要保持谦虚好学的心态,积极吸收新知识、新技能和新思想,注重培养自己的创新思维和批判性思维,以便更好地应对复杂多变的社会环境和挑战。

人要为做人的使命感而活着。这种使命感不仅是我们生命的意义所在,更是我们前进的动力源泉。让我们怀揣着对生命的敬畏和对未来的憧憬,勇敢地肩负起自己的使命和责任,用实际行动去书写属于自己的人生篇章。

微课:丁都护歌

诵读:丁都护歌

丁都护歌[①]

李　白

✏️ 学习指南

一、学习目标

1. 了解李白的生平经历和《丁都护歌》的创作背景及相关文化常识。
2. 理解诗歌大意,把握诗歌艺术特色。

---

① 都:一作"督"。

3. 体会李白对苦难百姓的深切同情之心和无可奈何之感。

二、学习建议

1. 课前自主查询关于李白和《丁都护歌》相关的文化常识，了解《丁都护歌》的创作背景。

2. 课前自主欣赏《丁都护歌》诵读视频，梳理诗歌大意。

3. 课中扫码检测自主学习成果，分享交流诗歌主题和艺术特点。

4. 课后观看纪录片《千古风流人物·李白篇》，深入了解李白传奇的生命历程，并完成课后作业。

《丁都护歌》
课前习题

📖 **诗词漫润**

云阳上征去①，两岸饶商贾②。

吴牛喘月时③，拖船一何苦④！

水浊不可饮，壶浆半成土⑤。

一唱都护歌⑥，心摧泪如雨。

万人系磐石⑦，无由达江浒⑧。

君看石芒砀⑨，掩泪悲千古。

（选自《李太白全集》，[清] 王琦注，中华书局 1977 年版）

📖 **参考译文**

乘舟自云阳北上，两岸商贾云集。在这酷热难耐的盛夏，即便是吴地的牛见到月亮也会喘息，更何况是那些拖拽船只的纤夫呢！江水浑浊至极，几乎无法饮用，壶中的水也混杂着半壶泥土。纤夫们在拉纤时吟唱着都护歌，内心充满了悲伤，泪水如雨般落下。尽管成千上万的人在努力凿取巨石，却无法将其运至江边。你看那些堆积如山的巨石，不知有多少人因此而掩面哭泣。

---

① 云阳：唐润州丹阳县，旧名云阳，在今江苏丹阳。运河流经该域。上征：指往北行舟。

② 饶商贾（gǔ）：多商人，指商业兴隆。饶，多。贾，商人。

③ 吴牛：江淮间水牛。典故出自刘义庆《世说新语》："臣犹吴牛，见月而喘。"

④ 一何：多么。

⑤ 壶浆：壶中的水。

⑥ 都护歌：一作"督护歌"。

⑦ 系：一作"凿"。

⑧ 江浒（hǔ）：江边。浒，水边。

⑨ 石芒砀（dàng）：形容又多又大的石头。芒，多貌。砀，大貌。

知人论世

　　李白（701—762），字太白，号青莲居士，是唐朝杰出的浪漫主义诗人，著有《李太白集》，后人尊称其为"诗仙"。李白一生游历了众多地方，其间他深切关注民众的苦难，并创作了大量描绘民间疾苦的诗歌。《丁都护歌》便是其中一首。关于这首诗的创作时间，黄锡珪在《李太白编年诗目录》和郁贤皓在《李白集》中均认为是天宝六载（747），当时李白在第二次漫游吴越期间，南下途中经过了云阳（今江苏丹阳）。也有观点认为这首诗创作于开元二十六年（738），当时润州（今江苏镇江）刺史齐澣开凿新河，李白目睹了云阳水路运输石头的场景，遂以当地古曲为题，写下了这首诗。

文学鉴赏

　　《丁都护歌》是一首风格沉郁的现实主义诗篇。"云阳上征去，两岸饶商贾"两句描写了作者乘船之所见：从云阳行舟北上，两岸商贾云集。诗歌开头便交代了诗人的行程和社会背景。经济繁荣之地更需要发达的交通，因此才会有很多拖船凿石的纤夫。

　　"吴牛喘月时，拖船一何苦。"这里巧妙地运用了"吴牛喘月"的典故。吴地酷夏，怕热的水牛在夜晚误将皎洁的月亮当作炽热的太阳，都会喘息不止，更不用说那些在烈日下拖拽着船只（运输货物）的纤夫了。纤夫工作之苦之累立刻跃然纸上，令人印象深刻。

　　"水浊不可饮，壶浆半成土。"本来炎热的天气已经够让纤夫们难受的了，可是又渴又累的纤夫连口干净的水都没得喝，劳作环境的艰苦恶劣可想而知。

　　"一唱都护歌，心摧泪如雨。"《丁都护歌》是吴地乐府古曲，是劳动人民在劳动中创作的凝结着汗水和血泪的作品，因此一唱起这首歌，纤夫们很容易动情，不禁泪如雨下。可见诗人对劳苦百姓的深切同情。

"万人系磐石，无由达江浒。"虽然有数以万计的人在凿取大石，却没有办法把它们运抵江边。由于河流两岸地势险峻，交通不便，只能依靠人力运输，此处点明了纤夫工作难度之大。

"君看石芒砀，掩泪悲千古。"那些又多又大且难以开凿运输的山石，给贫苦百姓带来了无穷的痛苦，不知有多少人为之掩面而泣。

《丁都护歌》以简洁生动的笔触勾勒出贫苦百姓在炎炎烈日下辛勤劳作的场景，深刻揭露了统治阶层的奢侈无度和对民众生死的漠视，同时展现了诗人对劳动人民悲惨命运的深切同情。在艺术手法上，该作品巧妙地将描绘与议论融为一体，运用现实主义技巧，微言大义，带有悲怆之感，具有极强的感染力。与诗人的浪漫主义作品相比，别是一种滋味。

《丁都护歌》
课后习题

人文启迪

穷则独善其身　达则兼济天下

"穷则独善其身，达则兼济天下"这一格言揭示了一个深刻的真理：一个真正具有善良品质的人，无论处于贫困或富有、顺境或逆境、困顿或显达，都不会怀有恶意或伤害他人。他的善良不受环境的影响，也不会因他人的态度而改变。他对于"善"的追求和忠诚是恒久不变、坚定不移的。而"独善其身"与"兼济天下"的区别，仅仅在于个人境遇的波动。在命运的波涛中，他的善良如同行舟，时隐时现。在隐忍时，他"独善其身"；在彰显时，他"兼济天下"。

在"独善其身"与"兼济天下"之间，其实并没有不可逾越的鸿沟。它们更像是同一枚硬币的两面，共同构成了完整的人性光辉。真正的善良，不仅仅是在自己能力范围内做好自己的事，更是在有能力之时，将这份善意传递给周围的人，乃至整个社会。

那些看似微不足道的"独善其身"，实则是构建"兼济天下"大厦的基石。每一次对自己内心的坚守，都是对这个世界的一次温柔以待。它们汇聚成海，最终形成了改变世界的力量。

而那些被称为"圣人"的伟大心灵，他们之所以伟大，并非因为他们没有弱点或不足，而是因为他们敢于直面自己的不完美，并以此为动力去不断追求更高的境界。他们用自己的行动证明了：真正的善良和伟大，不在于你拥有多少，而在于你愿意给予多少。

我们或许无法成为改变世界的英雄，但我们可以选择成为一个温暖的人。用我们的善良去温暖他人，用我们的力量去帮助他人。即使这份力量微不足道，但只要我们持之以恒、矢志不渝，就一定能够汇聚成改变世界的强大力量。

让我们铭记"穷则独善其身，达则兼济天下"的教诲，无论身处何种境遇，都保持一颗善良的心。让我们用自己的行动去诠释这份善良和伟大，让这个世界因为我们的存在而变得更加美好。

微课：又呈
吴郎

诵读：又呈
吴郎

《又呈吴郎》
课前习题

又呈^①吴郎^②

杜　甫

 学习指南

一、学习目标

1. 了解杜甫生平经历及《又呈吴郎》的创作背景。

2. 理解诗歌大意，感受诗歌蕴含的人民性和音乐美。

3. 体会诗人大胆揭露当时社会矛盾的勇气以及崇善仁爱的胸怀格局。

二、学习建议

1. 课前自主查询杜甫的人物生平，了解《又呈吴郎》的创作背景。

2. 课前梳理《又呈吴郎》诗歌大意，把握诗歌语言技巧。

3. 课中扫码检测自主学习成果，分享交流诗歌主题和艺术特点。

4. 课后观看BBC纪录片《杜甫：中国最伟大的诗人》，深入了解杜甫传奇经历和诗意人生，并完成课后作业。

诗词浸润

堂前扑枣^③任西邻^④，无食无儿一妇人^⑤。

不为困穷宁有此^⑥？只缘^⑦恐惧转须亲^⑧。

即^⑨防远客^⑩虽多事^⑪，使^⑫插疏篱^⑬却甚真。

---

① 呈：呈送，尊敬的说法。这是用诗写的一封信，作者以前已写过一首《简吴郎司法》，这是又一首，所以说"又呈"。

② 吴郎：系杜甫吴姓亲戚。杜甫将草堂让给他住。这位亲戚住下后，即有筑"篱"、护"枣"之举。杜甫为此写诗劝阻。

③ 扑枣：击落枣子。

④ 西邻：即下句说的"妇人"。

⑤ 妇人：成年女子的通称，多指已婚者。

⑥ 不为：要不是因为。

⑦ 只缘：正因为。

⑧ 转须亲：反而更应该对她表示亲善。

⑨ 即：就。

⑩ 防远客：指贫妇人对新来的主人存有戒心。远客，指吴郎。

⑪ 多事：多心，不必要的担心。

⑫ 使：一作"便"。

⑬ 插疏篱：是说吴郎修了一些稀疏的篱笆。

已诉征求贫到骨①，正思戎马泪盈巾②。

（选自《杜诗详注》，[清] 仇兆鳌注，中华书局 1979 年版）

参考译文

　　我默许西邻在草堂前打枣，因为她是一位没有饭吃且无依无靠的妇人。若非极度贫困，她怎会做出此等事情？正因担心她心生畏惧，所以更应以友善的态度对待她。她对新来的你存有戒心虽然是不必要的，但你一来就修上稀疏的篱笆似乎又过于认真了。这位贫困的妇人向我诉说，因沉重的赋税她已一无所有，这让我联想到战争给百姓带来的深重灾难，不禁潸然泪下。

知人论世

　　杜甫（712—770），字子美，自号少陵野老，是唐代杰出的现实主义诗人，被后人尊崇为“诗圣”，其诗作被誉为“诗史”。杜甫怀着“致君尧舜上，再使风俗淳”的宏伟志向，其思想的精髓在于仁政。唐代宗大历二年（767），杜甫客居于四川夔州，那时他栖身于瀼西的一座草堂。草堂前栽种着几棵枣树，邻近的一位妇人时常过来打枣，杜甫从未加以阻拦。后来杜甫将草堂转让给了姓吴的亲戚，自己则迁往东屯。然而，这位吴姓亲戚一到便筑起篱笆，禁止妇人打枣。妇人因此向杜甫诉说苦衷，杜甫便作诗劝诫吴郎。由于先前杜甫曾写过《简吴郎司法》，于是这首诗便题名为《又呈吴郎》。其实吴郎较杜甫年轻，但为了让吴郎乐于接受自己的建议，杜甫有意用了“呈”这个含有尊重对方之意的敬词，足见其煞费苦心。

文学鉴赏

　　首联“堂前扑枣任西邻，无食无儿一妇人”写了杜甫之前自己住在草堂时任凭西邻的妇人来打枣，因为她是一位无儿无女也没有粮吃的寡妇，借此打动吴郎。颔联“不为困穷宁有此，只缘恐惧转须亲”告诉吴郎如果不是万般无奈，她怎么会去打别人家的枣子呢？所以在她打枣的时候，我们应该表现得尽量和善。前两联对打枣妇人的处境极尽体谅和关怀，足见杜甫一腔菩萨心肠。颈联“即防远客虽多事，使插疏篱却甚真”视角由妇人转向吴郎，措辞十分委婉含蓄。“多事”“却甚真”，都是极力维护吴郎面子和自尊心的言词，希望吴郎能够把心放宽，体谅妇人，可谓用心良苦。尾联“已诉征求贫到骨，正思戎马泪盈巾”笔势宕开，委婉引导吴郎把格局放开，同时也指出了导致百姓陷于水深火热之中的社会根源之一是战乱。诗歌的结尾，杜甫由一件寻常小事关联至国家大局，既达到了开导点醒吴郎的目的，也流露了自己对国家和百姓的热爱之情。

　　《又呈吴郎》旨在劝诫开导吴郎，全诗构思细腻，言辞含蓄。诗人必须提及扑枣之

---

① 征求：指赋税征敛。
② 戎马：兵马，指战争。

事，但又不能过分纠结于此；必须表达自己的初衷，但又不能卖瓜自夸；必须谈论吴郎筑篱的事件，但又不能过于直接。杜甫巧妙地处理了这些微妙的关系，真正实现了以委婉之语传达委婉之情，使得全诗充满了委婉的意味和氛围。整首诗歌如同闲话家常，语气真挚，朴实感人，既展现了律诗的形式美和音乐美，又具备了散文的灵活性。同时，杜甫通过自己的实际行动启发对方，展现了对贫苦百姓的深切同情与关怀，使得作品具有了鲜明的人民性。

《又呈吴郎》
课后习题

📖 人文启迪

爱比生命本身更温暖

一个人的精神生命力，取决于他内心爱的活力。一个人心中爱的诚挚程度，决定了他的精神生命之坚韧；而爱的广度，则预示着他精神生命所能跨越的时空之辽阔。当一个人用爱心拥抱天下所有生灵，他的精神境界便趋近于不朽。这世上，唯有思想与爱，能够让人被滋润而获益。而所谓的"思想"，仍是对真理的深沉之爱。

这种对真理的深沉之爱，不仅塑造了个人独特的思想体系，更成为了推动社会进步的重要力量。思想家们以爱之名，探索未知，挑战权威，他们的思想如同璀璨星辰，照亮了人类前行的道路。

而爱，作为另一种不朽的力量，它超越了时间的限制，跨越了空间的距离，将人们紧密相连。它不分国界，不问出身，只关注人心的温度与情感的深度。在爱的滋养下，人们学会了宽容、理解和牺牲，这些美好的品质成为了社会和谐与进步的基石。

因此，我们可以说，一个人的精神生命之所以强大，正是因为他心中有爱，有对真理的追求。这种爱让他在面对困难和挑战时，能够坚持不懈，勇往直前；这种对真理的追求则让他在纷繁复杂的世界中，保持清醒的头脑，做出正确的选择。

无论是思想还是爱，它们都是人类最宝贵的财富。我们应该珍惜并传承这些财富，让它们在新的时代里继续发光发热，为人类的进步与发展贡献更大的力量。

微课：
咏田家

诵读：
咏田家

咏田家

聂夷中

✏️ 学习指南

一、学习目标

1. 了解聂夷中生平经历及《咏田家》创作背景。

2. 理解诗歌大意，把握诗歌主旨。

3. 体会诗人鲜明的爱憎之情和改良现实的渴望，感受诗人驾驭语言、节制感情的深厚功力。

二、学习建议

1. 课前自主查询聂夷中的人物生平，把握《咏田家》创作背景。

2. 课前自主梳理《咏田家》诗歌大意，把握诗歌主旨。

3. 课中扫码检测自主学习成果，分享交流诗歌主题和艺术特点。

4. 课后完成思考与练习作业。

《咏田家》
课前习题

📖 诗词浸润

二月卖新丝，五月粜新谷①。

医得眼前疮②，剜却心头肉③。

我愿君王心，化作光明烛。

不照绮罗筵④，只照逃亡屋⑤。

（选自《聂夷中诗》，中华书局 1959 年版）

📖 参考译文

二月蚕尚未吐丝结茧，人们便急于出售新丝以偿还债务；五月稻谷尚未成熟，又急忙出售新谷。（虽然）治愈了眼前的毒疮，却也剜去了自己的心头肉。希望君王之心能化作光亮的蜡烛，不再照亮富贵人家的盛宴，而只照亮那些贫苦百姓的空屋。

💬 知人论世

聂夷中，生于唐文宗开成二年（837），卒年不详，字坦之，唐末诗人。他的诗歌语言质朴，用词浅显而情感深沉。许多作品深刻揭露了封建统治者对民众的严酷剥削，并对广大农民的苦难表达了深切的同情。

唐朝末年，大量农民破产，大批农民遭受着更为严重的剥削，以至于颠沛流离，无法生存。《咏田家》就创作于这样残酷的时代背景之下。

---

① 粜（tiào）：出卖谷物。

② 眼前疮（chuāng）：指眼前的困难，眼前的痛苦。

③ 剜（wān）却：挖掉，用刀挖除。心头肉：身体的关键部位，这里喻指赖以生存的劳动果实。

④ 绮（qǐ）罗：贵重的丝织品。这里指穿绫罗绸缎的人。筵（yán）：宴席。

⑤ 逃亡屋：贫苦农民无法生活，逃亡在外留下的空屋。

🎐 文学鉴赏

　　《咏田家》是聂夷中的代表作，也是晚唐时期诗歌艺术中的典范。诗歌开头便展现了封建社会农村中的一种奇怪现象："二月卖新丝，五月粜新谷。"这便是所谓的"卖青"，即农民将尚未成熟的农产品以低价预先抵押出去。这种"卖青"行为，既是出于生计的无奈，也是因为沉重的赋税压力，实为一种不得已的选择。诗人随后运用了一个生动的比喻："医得眼前疮，剜却心头肉。""眼前疮"象征着迫在眉睫的困境，"心头肉"则代表了农民赖以生存的丝谷食粮。旧伤未愈又添新伤，贫困与死亡并存，这正是对当时广大农民所处绝境的精准概括和生动写照。"挖肉补疮"，前所未闻，但如此描述却能淋漓尽致地表达出高利贷者贪婪无度的本质和剥削农民的残酷现实。

　　"我愿君王心，化作光明烛。不照绮罗筵，只照逃亡屋。"诗歌后四句直抒胸臆，表达了诗人对解决当下社会矛盾的希望和设想。受时代和阶级的局限，诗人把解决矛盾的希望寄托在了君王身上。但是，另一方面也揭露了君王只代表贵族阶级的利益却不体恤民病。"绮罗筵"与"逃亡屋"此处运用反笔讽刺了君王昏聩不明，鲜明地反映了严峻的两极分化的社会现实，批判意味浓厚，不满之意溢于言表。

　　《咏田家》全诗语言质朴，感情真挚，真实再现了封建社会的残酷现实，反映了农民的贫苦生活，表达了诗人对平民百姓的深切同情与关切，具有高度的思想性和高超的艺术性，充分展现了诗人驾驭语言、节制情感的艺术功力。

📖 人文启迪

用良知磨砺心志

　　良知是衡量个人道德水准的标尺，由于道德与意志同出一源，良知亦成为锻炼意志与志气的工具。意志与志气，皆属于精神领域，是人的内在力量。作为一种无形的精神力量，良知能够精准地引导一个人的意志与志气达到至高境界。因此，良知是磨练个人意志与志气的磨石，助人抵御各种诱惑，避免一切恶行。大千世界，每个人的内心都如同一面镜子，映照出各自的道德与良知。那些心怀良知的人，他们的行动如同星辰般璀璨，照亮了自己前行的道路，也温暖了周围人的心房。

　　良知不仅是个人修养的体现，更是社会和谐的基石。它促使我们在面对诱惑与挑战时，能够坚守内心的信念，不为外界所动。当我们面临道德抉择时，良知就像是一位智慧的老者，引领我们做出正确的判断，让我们的行为更加符合社会公德与道德规范。

　　然而，良知的磨砺并非一蹴而就。它需要我们在日常生活中不断地反思与自省，勇于承认自己的错误与不足，并努力改正。同时，我们还需要从他人身上汲取正能量，学习他们的优秀品质与高尚情操，以此来提升自己的道德水平与良知境界。

　　在这个充满变化与挑战的时代，让我们携手并肩，共同守护内心的良知之光。让良知成为我们前行的动力与指南，引领我们走向更加美好的未来。同时，也让我们以实际行动去影响和感染身边的人，共同营造一个和谐、美好、充满正能量的社会环境。

微课：病起
书怀

诵读：病起
书怀

病起书怀^①

陆 游

学习指南

一、学习目标

1. 了解陆游生平经历及《病起书怀》创作背景。

2. 理解诗歌大意，把握诗歌主旨。

3. 体会陆游忧国忧民的爱国情怀，学习其百折不挠的精神和永不磨灭的意志。

二、学习建议

1. 课前自主查询陆游的人物生平，自主观看纪录片《千古风流人物·陆游篇》，深刻感受陆游的人格魅力以及诗歌创作背景。

2. 课前自主梳理《病起书怀》诗歌大意，把握诗歌主旨。

3. 课中扫码检测自主学习成果，分享交流诗歌主题和艺术特点。

4. 课后完成思考与练习作业。

《病起书怀》
课前习题

诗词漫润

病骨^②支离^③纱帽宽，孤臣^④万里客江干^⑤。

位卑未敢忘忧国，事定犹须待阖棺^⑥。

天地神灵扶庙社^⑦，京华^⑧父老望和銮^⑨。

《出师》一表通今古^⑩，夜半挑灯更细看^⑪。

（选自《陆游全集校注》，钱仲联、马亚中主编，浙江古籍出版社 2015 年版）

---

① 病起：病愈。

② 病骨：指多病瘦损的身躯。

③ 支离：憔悴。

④ 孤臣：孤立无助或不受重用的远臣。

⑤ 江干：江边，江岸。

⑥ 阖（hé）棺：指死亡，诗中意指盖棺定论。

⑦ 庙社：宗庙和社稷，以喻国家。

⑧ 京华：京城之美称。

⑨ 和銮（luán）：同"和鸾"。古代车上的铃铛。

⑩ 《出师》一表：指三国时期诸葛亮所作《出师表》。

⑪ 挑灯：拨动灯火，点灯。亦指在灯下。

参考译文

病体日渐消瘦，憔悴不堪，以至于头上所戴的纱帽也显得过于宽松。不受重用只得远离京城，寄居于江畔。

尽管职位卑微，却始终不敢忘怀对国家大事的忧虑。若要实现统一大业，唯有在身后才能得到最终的评价。

愿天地神灵庇佑我们的国家和社稷，北方的百姓日夜期盼着君王能够亲自出征收复失地。

诸葛孔明的不朽篇章《出师表》中的忠义精神将流芳百世。深夜难以入眠，我仍点燃灯火，细细品味这千古佳作。

知人论世

陆游（1125—1210），字务观，号放翁，越州山阴（今浙江绍兴）人，南宋杰出的文学家、史学家和爱国诗人。他一生致力于文学创作，诗词文造诣很高。陆游的诗歌语言通俗易懂，结构严谨，兼具了李白的浪漫豪放与杜甫的沉郁顿挫，其深厚的爱国情怀对后世产生了深远影响。

《病起书怀》这首诗创作于宋孝宗淳熙三年（1176）四月，当时陆游年届五十二岁。在被免官后，他经历了一场重病，康复后仍心系国家，渴望效仿诸葛亮北伐，实现统一中国的宏伟志向。病愈之后，他挑灯研读《出师表》，挥毫泼墨，写下了这首诗。

文学鉴赏

《病起书怀》淋漓尽致地展现了陆游忧国忧民的爱国情怀。首联"病骨支离纱帽宽，孤臣万里客江干"，一语双关，叙事的同时也点明了主题。既交代了诗人大病之后身体消瘦，以至于头上的乌纱帽都宽松了；又暗含了自己被贬官的现实遭遇。但即使无职无权，成为无人看重的客居江边的"孤臣"，诗人仍然保有至诚的爱国之怀。

颔联"位卑未敢忘忧国，事定犹须待阖棺"，是全诗的诗眼。上句中一个"敢"字，足见诗人把"忧国"一事视若义不容辞的职责。下句"事定犹须待阖棺"，是毫不逊色的对句。对于诗人来说，一时的失意算不了什么，只要不到盖棺定论的那一天，就不能停止奋斗的脚步。

颈联"天地神灵扶庙社，京华父老望和銮"，宕开一笔，呼吁朝廷北伐，重返故都，以慰京华父老。此联点明了诗人殷切的期望：但愿天地神祇能扶持国家，帮助百姓渡过危难，过上安乐幸福的日子。

尾联"出师一表通今古，夜半挑灯更细看"，为了国家社稷，诗人顾不得病体初愈，又开始挑灯夜读。诗歌结尾运用典故表现了陆游要效法诸葛亮北伐，统一中国的决心，抒发了诗人深厚的爱国情怀。

《病起书怀》全诗匠心独具、警策精粹，思想高度和艺术境界皆胜人一筹，表达了诗人忧国忧民的爱国情怀、百折不挠的精神和永不磨灭的意志。尤其是"位卑未敢忘忧

《病起书怀》
课后习题

国，事定犹须待阖棺"的传世警句，既是诗人内心的真实写照，也成为了历代爱国志士拳拳爱国之心的真挚代言。

人文启迪

薪火相传　开拓创新

古老的文化与年轻的创造，犹如文脉的两端，虽横亘于悠长的时空之河，却气息相通，共同编织着人类文明的璀璨图景。欧洲启蒙思想家伏尔泰的睿智之言："当你以哲学家的身份去了解这个世界时，你首先把目光朝向东方，东方是一切艺术的摇篮"。这不仅是对东方文明悠久历史的深刻洞察，也预示着东西方文化交融共生的无限可能。

在当前全球文化交汇、激荡、碰撞的新时代背景下，中国文艺工作者们置身于这片文化底蕴深厚的土地，无疑是幸运的。他们不仅承载着古老文化的厚重与辉煌，更肩负着年轻创造的激情与梦想。他们以敏锐的洞察力审视着丰富多样的现实生活，以高度的文化自信坚守着中华文化的核心价值与生命力。从中华优秀传统文化的深厚土壤中汲取灵感，从中华美学精神的博大精深中提炼艺术瑰宝，他们致力于创作出更多既传播当代中国价值观念、又体现中华文化精神、同时反映中国人独特审美追求的优秀作品。

这些作品，如同桥梁一般，连接着过去与未来、东方与西方、传统与现代。它们以更加开放的姿态拥抱世界，以更加包容的胸怀展现中华文化的独特魅力。中国文艺工作者们深知，以更有活力的文艺成果贡献于世界，不仅是历史赋予他们的光荣使命，更是时代对他们寄予的深切期望。他们将以不懈的努力和卓越的才华，书写中华文化新篇章，为世界文化的繁荣发展贡献自己的力量。

单元实践
"中国的脊梁"主题演讲活动

一、任务书

授课日期：	活动班级：
学习团队：	团队成员：

（一）任务描述

鲁迅先生有说："我们从古以来，就有埋头苦干的人，有拼命硬干的人，有为民请命的人，有舍身求法的人……虽是为帝王将相作家谱的所谓'正史'，也往往掩不住他们的光耀，这就是中国的脊梁。"那么，谁是我们中国当代的脊梁？请结合实际情况，分小组讨论交流，形成3～5分钟的演讲稿，并进行课堂演讲比赛。任务要求：

1. 演讲者思想端正，主题积极向上。

2. 普通话标准，感情丰富。

3. 具有时代气息，体现当代大学生风采。

（二）任务实施

1. 赛前准备

（1）明确小组成员具体分工，确定演讲素材，撰写演讲稿；

（2）反复打磨演讲稿，丰富演讲元素；

（3）赛前彩排，查缺补漏；

（4）布置演讲场地。

2. 正式演讲

（1）演讲选手抽签确定上场顺序；

（2）主持人就位，选手演讲，评委打分；

（3）公布成绩和奖项。

3. 分享总结

二、评价表

（一）团队评分表					
项　目	主题思想	语言表达	仪容仪表	课堂展示	累　计
分值（分）	20	30	20	30	100
自评（50%）					
师评（50%）					
总分					

（二）组内互评表								
评价标准		姓　名						
团队贡献	20							
沟通能力	15							
配合程度	15							
学习态度	30							
整体表现	20							
总分								

（三）文化感悟

模块二　志美行厉

微课：
第四单元
导入

第四单元

碧血丹心　气吞万里

孔子曰："饱食终日，无所用心，难矣哉！"朱熹曰："立志不定，如何读书。"可见"立志"对个人成长和成功起着非常关键的作用，它给予人们前行的勇气和动力，让我们不断超越自我，实现更大的梦想和价值。

古典诗词中有不少以诗言志的篇章，这些诗词反映了古人对自身命运的思考和为目标奋斗的决心。通过赏析古典诗词中的立志篇章，我们能够从中汲取奋进的力量，鼓舞自己坚定信念，追逐更高的目标。曹操在《龟虽寿》中以"老骥伏枥，志在千里，烈士暮年，壮心不已"的豪迈诗句，表达了其虽年事已高却依然胸怀壮志的积极进取精神；孟郊在《劝学》中用古代人们日常生活中不可或缺的击石取火做比喻，强调了立志学习的重要性和价值；李白在《塞下曲六首》(其一)中，引用傅介子的典故表达自己愿为国捐躯、立志报国的雄心壮志；祖咏则在《望蓟门》中通过写下"少小虽非投笔吏，论功还欲请长缨"的诗句，抒发自己见到边疆之地的壮丽景色时，立功报国的雄心壮志；辛弃疾在《永遇乐·京口北固亭怀古》中，通过引用典故，表达了其在南宋人民面临外侮时坚决立志报国的豪情壮志，激励我们立报国之志，怀报国之心。

龟虽寿

曹　操

微课：
龟虽寿

诵读：
龟虽寿

✎ **学习指南**

一、学习目标

1. 了解诗歌写作背景，整体感知诗歌大意。

2. 体会诗歌意境，理解诗中所蕴含的人生哲理。

3. 学习诗人乐观向上、积极豁达的人生态度，以及坚韧不拔、自强不息的奋斗精神。

二、学习建议

1. 课前自主查询曹操的相关文学常识，了解诗歌的创作背景。

2. 课中扫码检测自主学习成果，理解诗歌大意，分享交流诗歌的思想内容和艺术手法。

3. 课后配乐诵读《龟虽寿》，分享学习感悟。

《龟虽寿》
课前习题

📖 **诗词浸润**

神龟虽寿①，犹有竟时②。

腾蛇乘雾③，终为土灰。

老骥伏枥④，志在千里。

烈士暮年⑤，壮心不已⑥。

盈缩之期⑦，不但在天⑧；

养怡之福⑨，可得永年⑩。

幸甚至哉，歌以咏志。

（选自《先秦汉魏晋南北朝诗》，逯钦立辑校，中华书局1983年版）

---

① 神龟：传说中的通灵之龟，能活几千岁。寿：长寿。

② 竟：终结，这里指死亡。

③ 腾蛇：传说中与龙同类的神物，能腾云驾雾。

④ 骥：良马，千里马。枥：马槽。

⑤ 烈士：有远大抱负的人。暮年：晚年。

⑥ 已：停止。

⑦ 盈缩：指人寿命的长短。盈：满，引申为长。缩：亏，引申为短。

⑧ 但：仅，只。

⑨ 养怡：保养身心健康。

⑩ 永：长久。永年：长寿。

参考译文

　　神龟的寿命虽然十分长久，但也终有生命走到尽头之时。

　　腾蛇尽管能够乘雾飞行，可最终也会死亡化为尘土。

　　年迈的千里马伏卧在马棚之中，然而它的雄心壮志依旧是每日驰骋千里。

　　胸怀远大抱负的人即便到了暮年，奋发进取的雄心也绝不会停歇。

　　人的寿命长短，并非仅仅由上天决定，只要调养好自己的身心，也能够益寿延年。

　　我十分高兴，要用这首诗歌表达自己内心深处的感受。

知人论世

　　曹操精通兵法，擅长诗文。其诗歌内容大多为抒发自身的政治抱负或反映汉末百姓的艰难生活，风格气魄宏大；其散文风格清峻整洁，开启并推动了建安文学的繁荣发展。曹操是建安文学最为突出的代表人物，为后人留下了珍贵的精神财富，被鲁迅评价为"改造文章的祖师"。

　　曹操"外定武功，内兴文学"，身边聚集了"建安七子"等众多文人雅士，他们皆为天下才志之士，生活于久经战乱的年代，因此思想情感常表现得慷慨激昂。尤其是曹操，鞍马为文，横槊赋诗，其诗文悲壮慷慨，震古烁今。曹操的文学地位，常因其政治功绩而被遮掩，不被世人所重视，实际上其对建安文学有开创之功，对中国文学的发展有卓越的贡献。

文学鉴赏

　　《龟虽寿》最为可贵的价值在于它是一首具有开创性意义的诗歌，它为诗歌的发展开辟了一个崭新的时代。汉献帝建安十二年（207），时值五十三岁的曹操创作了此诗，诗中巧妙地将述理、明志与抒情融为一体，充分展现出曹操永不停歇的理想追求以及积极进取的精神风貌。

　　诗的前四句，作者从朴素的唯物论和辩证法的角度出发，否定了神龟、腾蛇等神物长生不老的说法，阐明了生死乃是不可违背的自然法则。接下来的四句"老骥伏枥，志在千里。烈士暮年，壮心不已。"语调转为激昂，曹操"时露霸气"的盖世英雄形象栩栩如生地呈现在我们眼前。这四句诗笔力遒劲，蕴含着一股自强不息的豪迈气概，深刻地表达了曹操虽年老但壮志不衰、积极进取的精神状态和慷慨豪迈的英雄气概。

　　"盈缩之期，不但在天；养怡之福，可得永年。"这四句诗向我们传达了应保持乐观豁达心态的理念，着重强调了人的精神因素对健康长寿的重要意义。人的寿命长短并非完全由上天决定，只要保持身心的健康便能延长寿命。曹操所说的"养怡之福"，并非指无所事事地静坐调养，而是指一个人应当拥有浩然正气，不应因年老而意志消沉。由此可见，诗人对天命持有否定的态度，而有着相信事在人为的乐观主义精神。和普通的

养生者不同，这里诗人期望延缓衰老，是为了在自己的有生之年可以更好地实现自我价值、推动国家统一大业的进程。

全诗情感跌宕起伏、逻辑缜密，闪耀着哲理的智慧之光，艺术风格朴实无华，格调高远，慷慨激昂，显示出诗人自强不息的进取精神以及热爱生活的乐观态度。

 **人文启迪**

《龟虽寿》
课后习题

壮志永不息，人生方出彩

在岁月的长河中，年龄好比时间的刻度，记录着我们生命的进程。然而，真正决定人生高度与厚度的，并非年龄的数字，而是你是否始终心怀豪情壮志，是否无论何时都坚持不懈地努力。曹操在《龟虽寿》中写道："老骥伏枥，志在千里；烈士暮年，壮心不已。"此时已五十三岁的他，虽历经岁月沧桑，却依然豪情满怀。他以自身的经历告诉我们，年龄不过是生命的外在标记，真正的强者，即便身体渐老，心中的理想之火依然熊熊燃烧，奋斗的脚步从未停歇。

心怀豪情壮志，能让我们在人生的任何阶段都充满动力。青年时期，壮志是我们追逐梦想的翅膀，引领我们勇敢地探索未知，无畏地面对挑战。它让我们在面对困难时不退缩，遭遇挫折时不气馁，坚定地朝着目标前行。正如周恩来总理年少时立志"为中华之崛起而读书"，这一壮志激励着他一生为国家和人民不懈奋斗，无论遇到多少艰难险阻，都始终坚守初心，为实现中华民族的伟大复兴贡献了毕生力量。

当步入中年，生活的压力和责任可能会让我们感到疲惫，但心中的豪情壮志能成为我们继续前行的动力源泉。它让我们在繁琐的生活中不迷失方向，在事业的瓶颈期不轻易放弃。许多中年人在各自的领域深耕细作，不断追求卓越，正是因为内心深处的壮志在支撑着他们，让他们在家庭与事业之间找到平衡，努力实现自己的价值。

即便到了晚年，豪情壮志也不应被岁月磨灭。老年是人生的一个阶段，但绝非尾声。那些拥有壮志的老年人，依然可以在晚年绽放出别样的光彩。比如杨绛先生，在晚年依然笔耕不辍，创作了许多优秀的作品，她用实际行动证明，年龄无法阻挡一个有壮志的人追求知识和创作的脚步。

然而，仅有豪情壮志是不够的，还需要付出努力。努力是实现壮志的桥梁，是将理想变为现实的必经之路。每一个小小的进步，每一次的突破，都离不开脚踏实地的努力。我们要在日常生活中不断学习，提升自己的能力；要在工作中勤奋钻研，追求卓越；要在面对困难时勇往直前，坚持不懈。只有通过努力，我们才能豪情满怀让自己的理想不再是"空中楼阁"。

在人生的旅途中，无论我们身处何种年龄阶段，都应"壮心不已"，让努力奋斗成为我们的生活常态。因为只有这样，我们才能不断超越自我，书写出属于自己的精彩人生篇章。

微课：劝学

劝　学

孟　郊

诵读：劝学

✏ 学习指南

一、学习目标

1. 了解孟郊生平经历及《劝学》的相关文化常识。

2. 理解诗词大意，学习以物喻理的艺术手法。

3. 体会诗人勤学苦读，孜孜不倦的"积学"观念。

二、学习建议

1. 课前完成课前预习测试，掌握文化常识，自主查询与劝学主题相关的古诗词。

2. 课中了解诗词大意，探究其他劝学主题的古诗词，并分析其与孟郊《劝学》的异同。

《劝学》课前
习题

3. 课后完成思考与练习作业。

📖 诗词浸润

击石乃有火①，不击元无烟②。

人学始知道③，不学非自然④。

万事须己运⑤，他得非我贤⑥。

---

① 乃：才。

② 元：原本、本来。

③ 始：方才。道：事物的法则、规律，这里指各种知识。

④ 非：不是。自然：天然。

⑤ 运：运用。

⑥ 贤：才能。

青春须早为^①，岂能长少年^②。

（选自《孟郊集校注》，韩泉欣校注，浙江古籍出版社 2021 年版）

参考译文

　　击打石头才会有火花，如果不击打则一点烟也冒不出。人亦是如此，唯有学习方可获得知识，不学则知识难至。凡事需自己亲自实践，他人获得的知识无法替代自身才能。青春年少应趁早奋发，人岂能永远处于少年之时？

知人论世

　　孟郊（751—814），字东野，唐代诗人。生于湖州武康（今浙江德清），祖籍平昌（今山东临邑东北），先辈曾居洛阳（今属河南）。孟郊现存诗歌 500 多首，其中短篇五言古诗居多，《游子吟》为其代表作。孟郊有"诗囚"之称，又与贾岛齐名，世称"郊寒岛瘦"。唐宪宗元和九年（814），于阌乡（今河南灵宝）因病离世，张籍私谥其为"贞曜先生"。

　　孟郊早年丧父，家境贫寒，青年时期隐居河南嵩山，发愤苦读，历经三次科举考试终于唐德宗贞元十二年（796）登第。后来虽做过几任小官，但其生活始终处于困顿之中。即便如此，他仍勤奋学习，孜孜不倦，以"苦吟诗人"闻名于世。此诗便是他对自身学习经验的总结。

文学鉴赏

　　孟郊的《劝学》是一首五言诗，诗的前四句旨在阐述若要获取知识必须通过学习这一途径，且以击石取火做比喻来说明学习的重要性。其中"击石乃有火，不击元无烟"

---

① 青春：指人的青年时期。
② 岂：难道。长：长期。

两句，诗人巧妙地借助当时人们日常生活里极为常见的击石取火做比喻，指出燧石唯有经过敲击，方可产生火星；若不敲击，连烟都无法出现，更何况是火。"人学始知道，不学非自然"则是说人唯有通过学习，方能领悟"道"。此处的"道"涵盖了做人之道以及作诗之道。孟郊曾在《送任载齐古二秀才自洞庭游宣城》诗序中有言："文章者，贤人之心气也。心气乐，则文章正；心气非，则文章不正。"由此可见，这两者在孟郊的认知中是统一的。

"万事须己运，他得非我贤"这两句对"人学始知道"作了精彩的发挥，着重强调任何事情都需要自己亲身去努力实践，他人取得的成就不会自动转化为自己的成果。这两句话堪称孟郊一生的精髓所在，即便时至今日，依旧具有鲜活的生命力。诗句"青春须早为"，表达了诗人热切地勉励世人要紧紧抓住一生中最为珍贵的时光，在"学"与"运"上狠下功夫；结尾句"岂能长少年"诗人以冷峻的言辞给那些懈怠之人敲响警钟，充分体现出其劝学的良苦用心。孟郊的《劝学》是一首极具强烈教育意义的古代诗歌作品，其以"积学"的观念为核心，鼓励人们坚守目标，追求知识与智慧。

《劝学》课后
习题

📖 人文启迪

学习：开启人生无限可能的钥匙

在人类历史的长河中，学习始终是推动社会进步和个人发展的关键力量。它如同一盏明灯，照亮了我们前行的道路，赋予我们知识、智慧和力量。

学习是个人成长的基石。学习伴随着我们的一生。通过学习文化知识，我们逐渐认识世界，培养自己的思维能力和创造力。古往今来，无数仁人志士通过勤奋学习，实现了自己的人生价值。

学习是社会进步的动力。一个社会的发展离不开全体成员的学习和创新。在科技飞速发展的今天，新知识、新技术层出不穷。只有不断学习，才能跟上时代的步伐，推动社会的进步。科技创新需要大量的专业人才，他们通过学习和研究，不断探索未知领域，为社会带来新的发明和创造。教育作为学习的重要途径，培养了一代又一代的人才，为社会的发展提供了源源不断的动力。一个重视学习的社会，必将充满活力和创造力，在激烈的国际竞争中立于不败之地。

"学习如逆水行舟，不进则退。"在这个快速发展的时代，我们每个人都应该深刻认识到学习的重要性，树立终身学习的理念。无论是在学校还是在社会，无论是年少还是年老，我们都要不断学习新知识、新技能，不断提升自己。让我们以学习为舟，以勤奋为桨，在知识的海洋中遨游，驶向成功的彼岸，为个人成长和社会进步贡献自己的力量。

塞下曲六首（其一）

李　白

微课：塞下曲六首（其一）

诵读：塞下曲六首（其一）

✏️ **学习指南**

一、学习目标

1. 了解李白的诗歌创作特点及《塞下曲六首》的创作背景。

2. 理解诗歌大意，把握诗歌的艺术特色。

3. 体会诗中蕴含的立志报国，为国捐躯的爱国情怀。

二、学习建议

1. 课前自主复习李白的相关文学常识，了解傅介子的生平事迹，自主查询了解诗歌的创作背景。

2. 课中扫码检测自主学习成果，理解诗歌大意，分享交流诗歌主题，探讨李白诗歌的写作风格。

3. 课后配乐诵读《塞下曲六首》（其一），分享学习感悟。

《塞下曲六首（其一）》课前习题

📖 **诗词浸润**

五月天山雪，无花只有寒。

笛中闻《折柳》①，春色未曾看。

晓战随金鼓②，宵眠抱玉鞍。

愿将腰下剑，直为斩楼兰③。

（选自《李太白全集》，［清］王琦注，中华书局 1977 年版）

📖 **参考译文**

　　五月之际，天山仍是白雪茫茫，花草难觅，唯有天寒地冻。尽管传来了吹奏《折杨柳》的悠扬笛声，然而却丝毫寻觅不到春天的色彩。战士们在清晨便伴随着激昂的锣鼓声投身战斗，到了晚上抱着马鞍稍作休憩。希望能用我腰上所挎之剑，如同傅介子那般为国家消除祸患、建功立业。

---

① 折柳：即《折杨柳》，古乐曲名。

② 金鼓：指锣鼓，进军时击鼓，退军时鸣锣。

③ 斩楼兰：据《汉书·傅介子传》："汉代地处西域的楼兰国经常杀死汉朝使节，傅介子出使西域，楼兰王贪他所献金帛，被他诱至帐中杀死，遂持王首而还。"

🗨 知人论世

李白被称为"谪仙人",是唐代伟大的浪漫主义诗人。《塞下曲六首》(其一)是一首尽显盛唐风貌、读来令人心潮澎湃的边塞诗,它是李白《塞下曲六首》中的开篇之作。唐玄宗天宝二年(743),李白借用当时唐代流行的乐府旧题创作了《塞下曲六首》。创作此诗的前一年,李白初入长安城,当时他任翰林供奉之职,心中满怀建功立业的政治抱负。李白在《塞下曲六首》(其一)中,表达了其立志报国、甘愿为国捐躯的理想抱负。

🎑 文学鉴赏

诗的首句"五月天山雪",扣题紧密。"五月",在内地应是初夏时节,韩愈曾言"五月榴花照眼明,枝间时见子初成"。然而,李白笔下的五月天山,其所见所感却截然不同。天山海拔颇高,终年被积雪所覆盖。相同的季节,内地与边塞的景象存在巨大的差异,诗人敏锐地察觉到这种差异,并未就此进行详尽细致的描写,而是用轻淡之笔徐徐道出自己内心之感——"无花只有寒"。一个"寒"字,隐隐约约透露出诗人内心情绪的起伏,更何况此时寒风中又传来了《折杨柳》凄凉的曲调呢!边疆地区是难以见到春天的,人们只能通过笛曲去领会和回味春天的味道。《折杨柳》属于乐府横吹曲,其内容大多描写行客愁苦之情。此句中"闻折柳",应也包含苍凉寒苦的情感基调,诗人借助听闻笛声来渲染烘托这种凄凉的氛围。"四语直下,从前未具此格"是沈德潜对《塞下曲六首》(其一)前四句的评价。这首诗为五言律诗,依例应在诗的颔联上体现出意思上的承接转折,然而李白颔联却就首联顺势而下,不肯收敛苍凉之情绪,突破了格律诗的束缚,风格上豪迈放纵不拘一格,语言虽平淡却雄浑有力。

古代将士出征之时需敲击战鼓,用以节制士兵的进退,诗的颈联"晓战随金鼓,宵眠抱玉鞍。"描写的正是这种情况。此处语意发生转折,由苍凉转为雄壮。诗人设想自己抵达天山脚下的边塞,在这里整日经历着紧张的战斗生活。白天在战鼓声中行军作战,夜晚就抱着马鞍稍作休憩。此处的"晓战"与"宵眠"相互对应,作者概括了军中将士们一天的生活状况,军情紧张急迫的情形,清晰地跃然纸上。"随"字描写了士兵们令行禁止。"抱"字则刻画出士兵夜间警备的情景。这两句诗虽是描写士兵的生活场景,但他们守边备战、奋勇争先、渴望立功的心态展现得淋漓尽致。

《塞下曲六首（其一）》课后习题

诗的尾联通过引用傅介子慷慨复仇的典故，表现了诗人甘愿投身疆场，为国家冲锋陷阵、英勇杀敌的雄心壮志。"愿"与"直"二字相互呼应，语气坚定而强烈，具有摄人心魄的艺术感染力。

人文启迪

大学生理想信念的价值与践行

在当今时代的潮流中，大学生的理想信念犹如一座明亮的灯塔，指引着他们前行的方向，对个人成长、社会发展和国家未来都具有至关重要的意义。

理想信念是大学生奋斗的动力源泉。有明确理想的大学生，如同在茫茫大海中拥有了指南针，能够坚定地朝着目标前行。他们心怀对未来的美好憧憬，渴望在自己热爱的领域有所建树。信念是大学生在面对困难和挑战时的精神支柱。大学生活并非一帆风顺，会遇到各种学业压力、人际关系问题以及对未来的迷茫。然而，那些具有坚定信念的学生，相信自己能够克服一切困难，实现自己的价值。在面对学业困境时，他们不会轻易放弃，而是坚信通过努力可以提升自己的能力。在面对挫折时，他们会把挫折看作是成长的机会，凭借着顽强的信念重新站起来，继续前行。这种信念使他们在面对生活的种种不确定性时，保持积极乐观的态度，勇敢地迎接挑战，不断超越自我。

当代大学生的理想信念与社会的发展紧密相连。他们是未来的建设者和主力军，肩负着推动社会进步的重任。理想信念不仅为他们的人生赋予了意义，也为社会带来了积极的变化，促进社会的和谐发展。

当代大学生的理想信念应与国家的发展同频共振。在全球化的时代背景下，国家的繁荣昌盛需要一代又一代有理想、有担当的青年为之奋斗。大学生们应当将个人的理想融入到国家的发展大局中，为实现中华民族伟大复兴的中国梦贡献自己的力量。无论是在科技创新领域勇攀高峰，为提升国家的核心竞争力贡献智慧；还是在文化传承中发挥作用，让中华优秀传统文化在新时代焕发出新的活力；抑或是在国际舞台上展现中国青年的风采，为增进国际交流与合作贡献力量，大学生都应以国家的发展为己任，将个人的理想与国家的命运紧密结合在一起。

树立正确而坚定的理想信念并非易事。大学生需要在不断的学习和实践中探索和确立自己的理想，通过阅读经典著作、参与社会实践、与优秀的人交流等方式，拓宽自己的视野，加深对世界的认识，从而找到自己真正热爱并愿意为之奋斗的方向。

理想信念是当代大学生人生中最宝贵的财富。它激励着青年一代不断努力奋斗，支撑其在困难面前不屈不挠。让我们每一位大学生都珍惜这份财富，用理想信念点亮未来的灯塔，在实现个人价值的同时，为社会的进步和国家的繁荣书写属于自己的精彩篇章。

微课：
望蓟门

诵读：
望蓟门

望蓟门

祖　咏

学习指南

一、学习目标

1. 了解祖咏的生平经历和文学成就。

2. 了解《望蓟门》创作背景，整体感知诗歌大意。

3. 分析诗歌主旨与诗人所处时代背景和个人经历的联系，深入理解诗歌的内涵。

二、学习建议

1. 课前自主查询关于班超、终军的生平事迹；自主欣赏《望蓟门》诵读视频，梳理诗歌大意。

2. 课中扫码检测自主学习成果，分享交流诗歌思想内容和艺术特色。

《望蓟门》
课前习题

3. 课后观看曾庆存院士"雄心初立志驱前　科研报国永不悔"视频，并完成思考与练习作业。

诗词漫润

燕台一望客心惊①，笳鼓喧喧汉将营②。

万里寒光生积雪，三边曙色动危旌③。

沙场烽火连胡月④，海畔云山拥蓟城。

少小虽非投笔吏⑤，论功还欲请长缨⑥。

（选自《全唐诗》，［清］彭定求等编，中华书局1960年版）

参考译文

登上燕台眺望，内心不禁为眼前看到的景色深感震惊，那笳鼓喧嚣之处原是汉

---

① 燕台：原为战国时燕昭王所筑的黄金台，这里代称燕地。客：诗人自称。

② 笳：汉代流行于塞北和西域的一种类似于笛子的管乐器，此处代指号角。

③ 三边：古称幽、并、凉为三边。这里泛指当时东北、北方、西北。危旌：高扬的旗帜。

④ 烽火：古代用于军事通信的设施，遇敌情时点燃狼粪，以传警报。

⑤ 投笔吏：汉人班超家贫，常为官府抄书以谋生，曾投笔叹曰："大丈夫无它志略，犹当效傅介子、张骞立功异域以取封侯，安能久事笔砚间乎？"后封为定远侯。

⑥ 论功：指论功行封。请长缨：汉人终军曾自向汉武帝请求："愿受长缨，必羁南越王而致之阙下。"后被南越相所杀，年仅二十余。

将的兵营旧址。

　　万里积雪覆盖大地，散发着冷冽的寒光，旌旗在边塞晨曦的映照下随风轻轻摇曳。

　　战场上的烽火连天而起，似乎要将边塞的明月遮掩，南边的渤海与北边的云山如同卫士般守护着蓟门城。

　　年少时，我虽未如班超那般毅然投笔从戎，论功我愿效仿终军主动请缨报效国家。

💬 知人论世

　　祖咏（699—746），盛唐诗人，其字、号均不详，籍贯洛阳（今河南洛阳）。年少时祖咏便有一定文名，在诗歌创作方面颇具天赋。他与王维交情深厚，在济州时王维曾赠其诗云："结交二十载，不得一日展。贫病子既深，契阔余不浅。"（《赠祖三咏》），从这首诗中可知其生活落魄、仕途不顺的境遇。开元十二年（724），祖咏考中进士，然而却在很长一段时间内未被授予官职。后来步入仕途，却又遭遇迁谪，仕途之路颇为坎坷失意，最终归隐于汝水一带。

🌸 文学鉴赏

　　诗的开篇以一个宏大的地名"燕台"起笔，极大地增强了全诗的气势。诗人初至闻名已久的边塞重镇，放眼望去，眼前是广袤无垠的天空和险峻巍峨的山川，不禁心潮澎湃。一个"惊"字，准确地道出了他这位远道而来的客子独特的感受。

　　"客心"究竟因何而"惊"呢？首先是由于大将营中，笳声悠扬，鼓声阵阵，喧闹之声此起彼伏。此景源于南朝梁人曹景宗的诗句："去时儿女悲，归来笳鼓竞。借问行路人，何如霍去病？"表现军营中号令的严明。然而，仅如此描写尚不足以充分体现"惊"字的内涵，因此诗的三四两句更进一步深入描写。笳鼓之声在严冬响起，冬季本就寒冷彻骨，再看到边塞之地多日来堆积的积雪反射出的凛冽寒光，更增添了冬季的寒冷氛围。"万里寒光生积雪"逐步递进，烘托"惊"字。接着，目光由远处转向高处，只见朦胧的曙光中，一切都显得模模糊糊，唯有高悬的旗帜在半空中飘扬。这种庄严肃穆的景象，透露出汉将营中庄重的气概和严整的军容。边防地带那雄伟壮丽的景色，令诗人的心灵受到极大的震撼。诗的前四句将"惊"字的内涵展现得淋漓尽致。

　　"沙场烽火连胡月，海畔云山拥蓟城"一句侧重于攻，一句侧重于守；一句关乎人事，一句涉及地形。远眺边防地带得天独厚的地势环境，自然令人壮志满怀。然而，作者正是看到作为唐朝东北边防重要据点的蓟门，从而感怀当下时事，写下"望"后的感慨："少小虽非投笔吏，论功还欲请长缨。"作者在此处萌生出的立功边塞之志，绝非仅仅源于光宗耀祖的个人私欲，而是有着先天下之忧而忧的忧患意识。故而诗的尾联作者运用两个汉代的典故来表明自己的报国志向。典故中班超投笔从戎和终军出使南越皆是

为了实现自己的报国理想，但二者又存在差异。东汉定远侯班超的投笔从戎在很大程度上是为了获取封侯之位，而西汉的终军出使南越则"愿受长缨，必羁南越王而致之阙下"是为了消除国家边患，主动请缨。诗人将两个典故接连使用，其志向不言而喻：望而心惊，感而思奋发图强，为国家守护边疆。

蓟门烟树

《望蓟门》
课后习题

人文启迪

以青春之我，筑报国之梦

"志不立，天下无可成之事。"在时代的浪潮中，作为当代青年，我们肩负着实现中华民族伟大复兴的历史使命，立志报国是我们义不容辞的责任和担当。

立志报国，需胸怀天下，树立远大理想。正如古人云："先天下之忧而忧，后天下之乐而乐。"我们不能仅局限于个人的小天地，而要时刻关注国家的发展、社会的进步和人民的福祉。当代青年应将个人理想与国家命运紧密相连，以国家的繁荣富强为己任。

立志报国，要勤奋学习，积累扎实知识。"非学无以广才，非志无以成学。"知识是报国的基础，我们要珍惜时光，努力学习科学文化知识，不断提升自己的综合素质。在学校里，我们要刻苦钻研专业知识，培养创新思维和实践能力；在社会中，我们要保持学习的热情，不断拓宽自己的视野，了解世界的发展趋势。无论是自然科学还是人文社会科学，都有我们可以汲取的智慧和力量。只有拥有扎实的知识储备，我们才能在报国的实践中发挥自己的才能，为国家的建设添砖加瓦。

立志报国，需勇于实践，锤炼过硬本领。"纸上得来终觉浅，绝知此事要躬行。"我们不能只做理论的巨人，更要成为行动的强者。要积极参与社会实践，将所学知识运用

到实际工作中。在实践中，我们会遇到各种困难和挑战，但正是这些经历让我们不断成长，锤炼出过硬的本领。只有具备了实际操作能力和解决问题的能力，我们才能在报国的征程中攻坚克难，取得实实在在的成绩。

立志报国，要有爱国情怀。爱国是一种深厚的情感，是我们内心最坚定的信仰。我们要热爱祖国的大好河山，热爱祖国的历史文化。在任何时候，都要维护国家的尊严和荣誉，坚决反对一切损害国家利益的行为。同时，我们要秉持良好的道德品质，诚实守信、团结友爱、敬业奉献。只有拥有高尚的道德情操和爱国情怀，我们才能成为有担当、有责任感的青年，为国家的发展注入正能量。

"自信人生二百年，会当水击三千里。"当代青年正处在一个充满机遇和挑战的时代，让我们志存高远，脚踏实地，以实际行动立志报国。在实现个人价值的同时，为祖国的繁荣昌盛贡献自己的青春和力量，让我们的青春在为祖国、为民族、为人民的不懈奋斗中绽放绚丽之花。

永遇乐·京口北固亭怀古①

辛弃疾

学习指南

一、学习目标

1. 了解辛弃疾生平经历及其词作风格，了解《永遇乐·京口北固亭怀古》的创作背景。

2. 掌握词作的主题思想，体会作者通过怀古表达的对国家命运、历史兴衰的思考和感慨。

3. 深刻体会用典的艺术特色。

二、学习建议

1. 课前自主查询学习孙权、刘裕、廉颇的生平事迹；自主欣赏《永遇乐·京口北固亭怀古》诵读视频，梳理《永遇乐·京口北固亭怀古》词文大意。

2. 课中扫码检测自主学习成果，分享交流词作思想内容和艺术特点。

3. 课后观看山西省2023年"爱我国防　青春报国"大学生主题演讲比赛决赛视频，并完成思考与练习作业。

---

① 京口：古城名，即今江苏镇江。因临京岘山、长江口而得名。

诗词漫润

千古江山，英雄无觅孙仲谋处①。舞榭歌台②，风流总被雨打风吹去。斜阳草树，寻常巷陌③，人道寄奴曾住④。想当年，金戈铁马，气吞万里如虎。

元嘉草草⑤，封狼居胥⑥，赢得仓皇北顾。四十三年⑦，望中犹记，烽火扬州路。可堪回首⑧，佛狸祠下⑨，一片神鸦社鼓⑩。凭谁问：廉颇老矣⑪，尚能饭否？

（选自《辛弃疾集编年笺注》，辛更儒笺注，中华书局2015年版）

参考译文

千古江山，历经岁月沧桑，再难寻觅如孙权那样的英雄豪杰。往昔那热闹非凡的舞榭歌台依然尚存，可那些英雄人物却早已在历史的长河中消逝无踪。夕阳余晖洒落在长满杂草树木的寻常小巷，据说那便是当年刘裕曾经生活过的地方。遥想当年，他率领着精锐骁战的兵马，气势豪迈，如猛虎般威震四方，气吞敌军！

元嘉年间，宋文帝刘义隆兴兵北伐，一心想要建立像封狼居胥那样的不朽战功，结果却落得仓皇溃败的下场，北逃途中回望追兵，泪如雨下。我到南方已经过去四十三年，如今眺望长江北岸，依然记得扬州战火纷飞、硝烟弥漫的场景。那场景实在是不堪回首，如今拓跋焘的祠堂中香火旺盛，乌鸦肆意啄食着祭品，祭祀时鼓声阵阵。又有谁会关切地询问，已然年老的廉颇，他的身体是否还如往昔那般强健呢？

---

① 孙仲谋：三国时期的吴国君主孙权，字仲谋，曾建都京口。
② 舞榭歌台：演出歌舞的台榭，这里代指孙权故宫。榭：建在高台上的房子。
③ 寻常巷陌：极狭窄的街道。寻常：古代指长度，八尺为寻，倍寻为常，形容狭窄，引申为普通、平常。巷、陌：这里都指街道。
④ 寄奴：南朝宋武帝刘裕小名。
⑤ 元嘉草草：指宋文帝刘义隆在元嘉二十七年（450）草率出征北伐北魏失败之事。元嘉：南朝宋文帝刘义隆年号。草草：轻率。
⑥ 封狼居胥：指西汉将领霍去病追击匈奴至狼居胥山，封山而还。狼居胥山，在内蒙古自治区西北部。
⑦ 四十三年：作者于南宋高宗绍兴三十二年（1162）从北方南来，到写此词时已43年。
⑧ 堪：忍受。
⑨ 佛狸祠：元嘉年间宋文帝北伐失败，北魏太武帝拓跋焘率兵追至长江北岸瓜步山（在江苏六合），并修筑一座行宫，后改为庙庙，称佛狸祠。佛狸是拓跋焘的小名。
⑩ 神鸦社鼓：指人们已忘却战败的历史，在昔日侵略者的祠前迎神赛社。神鸦：庙中吃祭品的乌鸦。社鼓：社日祭神所奏的鼓乐。
⑪ 廉颇：战国时赵国名将，晚年被免职。后秦国攻打赵国时，赵王想再度起用他，派人查看他的身体状况。"廉颇为之一饭斗米，肉十斤，披甲上马，以示尚可用。"

●●● 知人论世

辛弃疾（1140—1207），原字坦夫，后改字幼安，中年后别号稼轩居士，籍贯山东东路济南府历城县（今山东省济南市历城区）人，南宋时期杰出的文学家。作为豪放派词人的代表人物，辛弃疾享有"词中之龙"的美誉。他与苏轼合称为"苏辛"，与李清照并称为"济南二安"。他的词作抒发了力图恢复国家统一的炽热爱国情怀，倾诉了壮志难酬的深沉悲愤，对当时执政者的屈辱求和行径颇多谴责；同时辛弃疾也有很多吟咏祖国大好河山的作品。其词题材广泛，且善于引用典故，风格既沉雄豪迈又蕴含细腻柔媚之态。

辛弃疾出生时，中原地区已被金兵侵占。21岁时，他投身抗金义军，一生坚定地力主抗金。辛弃疾曾先后在湖北、江西、湖南、福建等地任职，曾呈献《美芹十论》与《九议》，详细陈述作战与防守的策略。因其抗金主张与当政的主和派政见相悖，辛弃疾后遭到弹劾而被罢职，遂退隐于江西带湖。

辛弃疾故居

● 文学鉴赏

《永遇乐·京口北固亭怀古》是辛弃疾的代表作品之一。全词共计104字，其中五处引用典故。此词作为一首怀古佳作，围绕题目逐步展开，面对历经风雨侵蚀的千古江山，作者登高望远，怀古伤今，表达了其对伐金一事的清醒洞悉以及虽年事已高但仍渴望报国的豪情壮志，全诗脉络分明，以孙权开篇，以廉颇收尾，营造出恢宏磅礴的意境。

由题目可知，作者借凭吊古迹来引入自身情感，因此赏析该词需了解作者所咏之地"京口"。据史书记载，"京口"是由三国时期东吴的建立者孙权所创设的重要城镇，也是"寄奴"，即南朝宋武帝刘裕曾经生活过的地方，此地承载着诸多英雄的过往，故而激起作者内心的波澜。辛弃疾先后引用孙权割据江东以及刘裕平定内乱、夺取政权并两次挥师北伐的典故，抒发自己的怀古幽情与现实感慨。词的上阕，作者为何会由"京口"联想到历史英雄孙权与刘裕呢？这与作者所处时代的社会情况密切相关。创作此词

时，作者已年逾六十六岁，然而他虽历经坎坷，爱国热情却丝毫未减。当时的南宋偏安一隅，作者虽然受命镇守边防要地京口，看似受重用，实则是用来制衡朝廷权力斗争的棋子。作者一方面对险恶的政治环境感到愤怒，另一方面又因朝廷不采纳自己的主张而感到忧心忡忡，心情极为复杂，因此发出像孙权这样的英雄难以寻觅的感慨。

由此可见，作者由历史名城"京口"联想到与之相关的历史英雄孙权和刘裕，顺势行文，自然流畅且意蕴丰富，共蕴含三层含义：其一，表达了时光飞逝给作者带来的无尽怅惘之感。时间如同奔腾不息的江水，不仅抹去了历史英雄的辉煌功绩，也带走了风流人物的风采神韵，当年英雄所留下的唯有荒芜的"斜阳草树"罢了。其二，由于奸臣把持朝政，皇帝昏庸无能，致使曾经英雄辈出的锦绣山河落入敌手，中原的百姓沦为异国之奴，收复故国的希望十分渺茫。此情此景，无不激起作者内心如翻江倒海般的丧权辱国之痛。其三，词人将自己当下的处境与历史英雄人物的成就进行对比，表达了对英雄们的追思与敬仰，羡慕他们能够建功立业，而自己却屡遭贬谪，命运坎坷，抒发了自己怀才不遇、壮志难酬的无奈心境。悲凉之意、怅惘之情，溢于言表，为全篇奠定了沉郁苍凉的情感基调。这三层意思，层层递进，逐步深入，感情真挚而饱满，情绪激昂而低沉，完美地塑造了一个忧国忧民、急切渴望收复故土却又屡遭排挤的爱国志士形象。

在词的下阕中，作者的情绪再度陷入深沉。"元嘉草草，封狼居胥，赢得仓皇北顾。"这三句是写元嘉年间，宋文帝刘义隆曾三次北伐，因准备不充分，最后皆以失败告终。这其实是在深刻警告当权者，北伐虽然十分重要，但必须筹备周全，把握时机，不可草率行事。究其根源，自辛弃疾率众南归后的四十三年间，整个社会风貌已经发生巨大变化。"可堪回首，佛狸祠下，一片神鸦社鼓。"这三句是写南宋偏安南方日久，百姓已然

北固楼

《永遇乐·京口北固亭怀古》课后习题

忘却民族耻辱，然而作者并不认为已丧失北伐时机。最后作者以廉颇自比：一是表明自己报效国家的决心。与廉颇一样，自己对朝廷忠心不二，只要朝廷启用，定当义不容辞，随时可奔赴战场抗击金兵。二是显示自己的能力。虽年事已高，但自己仍如当年的廉颇一样老当益壮，能够上阵杀敌。三是抒写自己的忧虑。廉颇曾为赵国立下赫赫战功，却遭奸人陷害，作者担忧自己可能会重蹈覆辙，被朝廷弃用或虽被朝廷任用却不被其所信任，致使报国壮志无法实现。

📖 人文启迪

携笔从戎：点亮大学生的家国担当与成长之路

在时代的浪潮中，大学生携笔从戎已成为一道亮丽的风景线。这不仅是个人的选择，更是对国家、社会和自身发展具有深远意义的重要举措。

对于国家而言，大学生携笔从戎是国防建设的需求。随着科技的飞速发展，现代战争已不再是单纯的体力较量，更是知识与技术的博弈。大学生作为知识分子群体的代表，拥有较高的文化素养和专业知识，他们投身军旅，能为军队注入新鲜血液，提升军队的整体素质和战斗力。在信息化战争的背景下，大学生能够更快地掌握先进的军事技术，在军事科研、情报分析、网络安全等领域发挥重要作用，为国家的国防现代化建设贡献智慧和力量。

从社会层面来看，大学生携笔从戎起到了积极的示范引领作用。大学生作为社会的精英群体，他们的行为和选择往往会影响到周围的人。大学生积极响应国家号召投身军旅时，他们向社会传递了一种强烈的爱国情怀和责任担当精神。这种精神能够感染更多的人，激发全社会的爱国热情和民族凝聚力。同时，大学生在部队中接受锻炼，培养了纪律意识、团队合作精神和坚韧不拔的意志品质。这些优秀品质在他们退役后回归社会，会在各个领域产生积极的影响，促进社会的和谐发展和进步。

对于大学生自身来说，携笔从戎是一次难得的成长机遇和人生历练。在部队中，他们将面临严格的训练和艰苦的生活环境，这无疑是对他们身体素质和意志品质的巨大考验。然而，正是在这种磨砺中，大学生们能够学会坚持、懂得责任、明白奉献，逐渐成长为有担当、有毅力的人。

单元实践
"志存高远，家国天下"诵读展演

一、任务书

授课日期：	活动班级：
学习团队：	团队成员：

（一）任务描述

以小组为单位，以"志存高远，家国天下"为主题，组织一场诵读展演。任务要求：

1. 主题契合度。所选取的诵读作品必须紧密围绕"志存高远，家国天下"主题，能清晰展现爱国情怀、社会担当、理想报负等相关内容内涵，严禁出现与主题相悖或无关的内容。

2. 表演形式创新。鼓励多样化的表演形式，在传统诵读基础上，可融入音乐、舞蹈、吟诵等元素，增强节目的表现力与吸引力。但辅助元素应与诵读内容紧密结合，避免喧宾夺主。

3. 时长控制。单个节目时长控制在 3～8 分钟。

（二）任务实施

1. 课前准备阶段

（1）提前一周发布诵读展演的通知，明确展演时间、地点、参与人员、流程等相关内容。

（2）提前一周划分小组，根据班级人员情况可大致分为 6~8 个组，每组约 6 人，选出组长。

（3）划分小组后，组长组织组员一起定好本组诵读篇目、配乐、道具和服装等。

（4）提前三天，各小组将所定下的篇目及吟诵伴奏音乐报课代表。

（5）确定主持人 2 位，根据上报诵读篇目准备主持词。

（6）课前，课代表和班长组织同学做好诵读展演现场的布置。包括板书主题，合理布局教室桌椅，预留足够的展演空间（全班座位安排可以留出前排大部分位置，以利于演出）。提前准备好道具以及多媒体设备。

2. 课中实施阶段

（1）主持人宣布"志存高远，家国天下"诵读展演开始。

（2）各小组按抽签顺序，依次上台表演，注意表演前、后行礼。

（3）小组集体诵读外，如有想单独诵读的同学穿插进行。

（4）学生之间互相点评、点赞，交流感悟，可借助学习通平台评选"最美诵读者"。

（5）教师点评，指导提升。

3. 课后总结阶段

（1）每个小组完成一份活动感悟，配以活动现场图片，小组成员在自己的 QQ 空间或微信朋友圈进行分享。要求：传递正能量，激发大家诵读古诗词的兴趣。

（2）将课后分享情况截图上传学习通。

二、评价表

内容	标　　准	分　数
（一）团队评分表		
仪表 （15分）	1. 精神饱满，举止文明，着装得体，仪态稳重大方。	10分
	2. 动作设计合理。	5分
创意 （15分）	形式独到，富有创意，有恰当的配乐或其他表现形式，给人耳目一新的感觉。	15分
诵读 （70分）	1. 诵读篇目经典，符合本次活动主题要求。	10分
	2. 能正确理解作品主题，感情饱满真挚，表达自然妥帖，声情并茂，富有表现力、感染力。	25分
	3. 诵读流畅，韵律感强。	25分
	4. 诵读优美，语速恰当，声音洪亮。	10分

（二）组内互评表							
评价项目		姓　名					
团队贡献	20						
沟通能力	15						
配合程度	15						
学习态度	30						
整体表现	20						
总分							

（三）文化感悟

兼济天下 海纳百川

微课:
第五单元
导入

有志者立长志，无志者常立志。林则徐有言："苟利国家生死以，岂因祸福避趋之。"他以实际行动来践行自己的志向，至今仍是我们学习的楷模。立志容易明志难，难在明志需要在风雨中百折不挠，要有坚韧的毅力。

　　在中国古典诗词中，有许多描写或歌颂"明志"的诗篇，虽穿越千年历史亦能激励我们，给予我们勇气和前进的动力。杨炯在《从军行》中通过描写读书士子从军边塞参加战斗的过程，展现出书生以另一种方式坚守自己的报国之志；贾岛在《剑客》中采用托物言志的手法，通过刻画"剑"和"剑客"的形象，抒写自己在不得志时仍怀有兴利除弊的侠义之志；苏轼在《江城子·密州出猎》中借用典故抒发了杀敌卫国的豪情壮志，表达了词人即使在不被朝廷重用时，仍能心系国家安危的报国之志；岳飞在《小重山（昨夜寒蛩不住鸣）》中表达了反对投降主义的坚定立场以及面对现实困境仍不放弃自己理想的执着；张孝祥在《念奴娇·过洞庭》中凭借对洞庭湖月夜景色的描写，抒发了自己即使被贬仍能坚守高洁忠贞之志的情怀。

微课：
从军行

诵读：
从军行

从军行

杨 炯

✏️ **学习指南**

一、学习目标

1. 了解作者杨炯生平经历、诗文创作特点和《从军行》的创作背景。

2. 理解《从军行》思想内容，能够用自己的语言描述诗中展现的画面。

3. 学习诗歌借景抒情、用典等艺术手法。

二、学习建议

1. 课前完成课前预习测试，自主查询作家相关文学常识和创作背景。

2. 课中了解诗歌大意，体会将士们精忠报国守卫边疆的豪情壮志，探究杨炯诗文特点。

3. 课后配乐诵读《从军行》，分享学习感悟。

《从军行》
课前习题

📖 **诗词漫润**

烽火照西京①，心中自不平。

牙璋辞凤阙②，铁骑绕龙城③。

雪暗凋旗画④，风多杂鼓声。

宁为百夫长⑤，胜作一书生。

（选自《杨炯集笺注》，祝尚书笺注，中华书局2016年版）

📑 **参考译文**

　　边塞报警的烽火传至长安，壮士心境难以安宁。

　　离开皇宫，将军持兵符启程；围困敌军、攻打城池，战场上精锐骑兵的表现十分英勇。

---

① 烽火：古代边防告急的烟火。西京：长安。

② 牙璋：古代发兵所用之兵符，分为两块，相合处呈牙状，朝廷和主帅各执一半。此处指奉命出征的将帅。凤阙：宫阙名，以凤阙指皇宫。

③ 龙城：又称龙庭，在今蒙古国鄂尔浑河的东岸，这里指塞外敌方据点。

④ 凋：原意指草木枯败凋零，此处指失去了鲜艳的色彩。

⑤ 百夫长：一百个士兵的头目，泛指下级军官。

漫天大雪，使军旗光彩暗淡；狂风怒号，咚咚的战鼓声夹杂其中。

我宁愿做个为保卫国家冲锋陷阵的低级军官，也不愿做个只会在书斋里寻章摘句的书生。

✱✱✱ 知人论世

杨炯（650—692），字令明，弘农华阴（今属陕西）人。唐朝诗人，初唐四杰之一。曾任盈川县令，后人称他为"杨盈川"。因其受传统儒家经世致用、建功立业思想的影响，一直有报国济世之心。其文学才华出众，颇擅诗文，现存诗30余首。由于杨炯所处时期，国家对外频繁用兵，战争连年不断，这样的一个特殊时期，激发了诗人从军报国的自豪感和马上封侯的功名心。在时代精神的熏陶下，他凭借想象抒发情怀，对边塞生活表现出了热切的关注，其作品多为边塞征战诗篇。《从军行》是杨炯边塞诗的代表作之一，其虽为一首乐府旧题，但在平仄对仗和起承转合上，却是一首成熟的五言律诗。

✱ 文学鉴赏

这首诗生动地描写了一位读书士子在国家面临战争威胁时毅然从军边塞、征战沙场的完整历程。全诗仅用短短四十个字，既深刻揭示出人物的心理活动，又巧妙地渲染了环境气氛，笔力极为雄劲。

首联描写报警的烽火传到长安后，激起了爱国志士出征报国的热忱。诗中作者虽未直接言明军情紧急，但"烽火照西京"中的"烽火"和"照"两词，将军情的紧迫态势生动地呈现出来，为战争氛围增添了紧张之感。"心中自不平"，乃是由"烽火"而起，国家兴亡，匹夫有责，书生不愿再在笔砚之间虚度自己的青春岁月。一个"自"字，充分体现出书生发自内心的爱国热忱，体现出人物的精神境界。诗的首联清晰地交代了整个事件的背景。

"牙璋辞凤阙"一句中的"牙璋"和"凤阙"两词，既表明出征将士肩负着保家卫国的崇高使命，又显示出师场面的盛大与庄严。"铁骑绕龙城"一句中的"铁骑"与"龙城"两个词语相对，营造出激烈紧张的战争氛围，"绕"字则形象地描绘出唐军包围敌人的军事态势。

诗的颈联笔锋一转进行征战场面的描写，诗人未从正面着笔，而是通过描写景物来加以烘托。"雪暗凋旗画，风多杂鼓声"，前一句从人的视觉角度入手，描写了在漫天飞雪的恶劣天气中，军旗上的彩画都显得黯然失色；后一句从人的听觉角度出发，写风声与鼓声交织融合在一起。两句诗有声有色，以象征军队的"旗"和"鼓"表现出征将士冒雪同敌人搏斗的坚强无畏精神和在战鼓声激励下奋勇杀敌的悲壮激烈场面。

诗的尾联直接描写从戎书生保边卫国的豪情壮志，为全诗的点睛之笔，广为流传。宁愿做个驰骋沙场的下级军官，为保边卫国而战，也不愿做个置身书斋的文弱书生。诗的末句表达了书生所看重的不是马上封侯，而是捍卫疆土的使命感，从戎书生强烈的爱国热忱凸显得更为可贵。

 **人文启迪**

《从军行》
课后习题

新时代青年的集体主义精神

新时代的青年人肩负着重大的历史使命，他们以蓬勃的朝气和昂扬的斗志，坚守在国家的各个领域，为国家的发展和民族的进步贡献自己的力量。集体主义精神犹如一盏明灯，照亮着新时代青年前行的道路。

新时代青年的集体主义精神首先体现在对国家和民族的热爱与担当上。如今，我们正处于实现中华民族伟大复兴的关键时期，作为新时代的青年人，应积极投身于国家建设的各个领域，无论是科技创新的前沿，还是脱贫攻坚的战场；无论是文化传承的阵地，还是生态保护的一线，都有青年们奋斗的身影。他们以实际行动践行着对国家和民族的忠诚，为实现国家的整体利益，不惜奉献自己的青春和汗水。

在集体生活中，新时代青年也充分展现出集体主义精神。他们懂得团结协作的重要性，积极参与集体活动。在学校里，同学们共同努力，为班级的荣誉而拼搏；在工作岗位上，青年员工们齐心协力，为企业的发展贡献力量。他们深知，只有通过集体的力量，才能实现更大的目标。在面对困难和挑战时，他们不推诿、不退缩，而是共同承担，携手共进。这种团结协作的精神，不仅增强了团队的凝聚力和战斗力，也为个人的成长和发展提供了广阔的空间。

此外，新时代青年的集体主义精神还体现在对社会责任的积极履行上。他们关注社会问题，关心弱势群体，积极参与志愿服务活动。他们用自己的爱心和行动，为他人送去温暖和帮助，为社会的和谐稳定贡献自己的力量。

微课：剑客

诵读：剑客

剑　客[1]

贾　岛

学习指南

一、学习目标

1. 了解贾岛生平经历、相关文学常识及诗歌创作背景。

2. 理解诗歌大意，掌握诗歌的艺术手法。

3. 体会"侠义"的内涵与现实意义。

二、学习建议

1. 课前自主查询了解相关文学常识和诗歌创作背景，完成课前预习测试。

2. 课中掌握《剑客》思想内容和艺术手法，探讨剑客形象所代表的侠义精神在古代社会和现代社会中的价值和意义。

《剑客》课前
习题

3. 课后观看《赵氏孤儿》，并完成思考与练习作业。

诗词漫润

十年磨一剑，霜刃未曾试[2]。

今日把似君[3]，谁为不平事？

（选自《贾岛集校注》，齐文榜校注，中华书局 2020 年版）

参考译文

历经十年精心磨砺，方得一宝剑，其剑刃之上寒光熠熠，然而，此剑之锋芒却尚未经实际检验。现今将宝剑奉送给您，敢问世人，谁人还敢犯下不平之事？

知人论世

贾岛（779—843），字阆仙，唐代诗人，幽州范阳（今河北涿州）人。早年贾岛出家为僧，法号无本，自号"碣石山人"。据说在洛阳时，有禁止和尚午后外出的政令，贾岛因此作诗以宣泄自身的不满情绪，恰被韩愈发现其才华，后师从韩愈，于是还俗参

---

[1]　剑客：行侠仗义的人。

[2]　霜刃：形容剑锋寒光闪闪，十分锋利。

[3]　把似：奉赠。

加科举考试，然而多次参加科举考试均未中第。唐文宗时期贾岛因遭受排挤，被贬为长江主簿，世称贾长江。在唐武宗会昌年初，贾岛由普州司仓参军调任司户，尚未赴任便不幸病逝。贾岛诗作以五律见长，注重词句锤炼，刻苦求工。其诗喜写荒凉枯寂之境，颇多寒苦之辞。与孟郊齐名，被苏轼称为"郊寒岛瘦"。有《长江集》传世。

文学鉴赏

　　该诗在语言运用上呈现出率意自然之态，直抒胸臆，语句简洁凝练，情感表达强烈而真挚，给人以别具一格的独特感受。诗中，作者巧妙地以铸剑者的视角和口吻，对"剑"和"剑客"的形象进行了精心刻画，采用托物言志的艺术手法，委婉而深刻地表达了自己兴利除弊的政治抱负。

　　"十年磨一剑"，诗人从侧面着笔，显示出这是一把非比寻常的剑。"霜刃未曾试"，从正面说明了这是一把锋利无比却尚未经历过实战检验的宝剑，"霜刃"一词生动形象地写出剑刃洁白如霜、寒光闪烁，由此可见这是一把极为锋利的宝剑。"未曾试"则表明宝剑虽具备强大的威力，却尚未有机会发挥其作用。此处同时也表现了作者内心深处对自身才华的自信。宝剑历经潜心修养、多年苦练，身怀绝技却一直没有机会展示自己的才能，故而不禁产生跃跃欲试之感，殷切期盼着能够获得一个展示自身才华的契机。诗人通过咏物与自喻相结合的方式，将政治抱负巧妙地寓于鲜明的形象之中，手法着实高明，也为下文埋下了伏笔。

　　那么，为何铸剑十年却始终未曾崭露锋芒呢？其原因在于高山流水难觅知音。幸运的是，经过长达十年的韬光养晦，如今终于有幸遇到知音。在这种情况下，铸剑者又还有什么可犹豫的呢？于是，铸剑者毫不犹豫地将自己的宝剑赠予剑客，满怀自信地说道："今日把似君，谁为不平事？"其意思为：今日将宝剑拿出来奉献给您，您便可以仗剑扶危，那天下就无人敢于犯于冤屈不平之事。此句中，作者托物言志，用"剑"比喻自己的才能以及远大的理想抱负。此句将剑客的侠义之风表现得淋漓尽致，仿佛宝剑在剑鞘中鸣叫，急切渴望跃出，一种急欲施展自身才能、干一番伟大事业的壮志豪情跃然纸上。

　　这首诗巧妙地将思想性与艺术性融为一体。由于此诗旨在借咏剑来寄托作者的理想，故而追求表意鲜明，情感奔放，不拘泥于技巧形式，也不受传统格律诗的束缚。诗人更为注重的是比喻的恰当运用以及主题的明确表达。诗的艺术特点语言简洁明快、诗句短小精悍，体现了贾岛诗风的另一种特色。

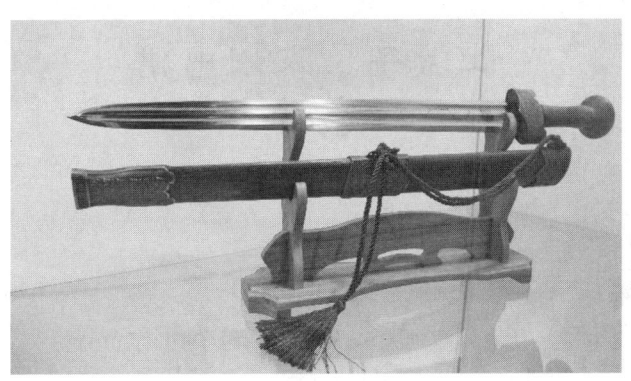

📖 人文启迪

精益求精：工匠精神的核心力量与时代价值

工匠精神如同一颗璀璨的明珠，照亮人类文明发展的道路，是推动社会进步、塑造卓越品质的关键力量。

精益求精的工匠精神，是对完美的执着追求。它意味着不满足于现状，不断挑战自我，力求在每一个细节上都做到极致。正如制表的工匠，他们用心雕琢每一个零件，持续改进每一道工序，对时间的精准把控达到了匪夷所思的程度。一块小小的手表，内部包含了成百上千个精密部件，而这些工匠们却能以无比的耐心和精湛的技艺，确保每个齿轮都完美契合，使手表不仅可以精准显示时间，更成为一件精美的艺术品。

精益求精的工匠精神，体现在对技艺的不断磨砺。工匠们深知，只有通过持续的学习和实践，才能不断提升自己的技艺水平，达到更高的境界。他们在日复一日的工作中，不断积累经验，探索创新，寻求突破。古代的铁匠，为了打造出一把锋利无比的宝剑，需要反复锤炼铁矿石，掌握火候的微妙变化，尝试不同的锻造方法。他们在不断的失败与尝试中，逐渐摸索出最佳的制作工艺流程，使宝剑具备坚韧的质地和锐利的锋芒。如今的科技工作者们，也是工匠精神的传承者。他们在研发新技术、新产品时，不断进行实验和改进，对每项数据进行精确记录、综合分析，对每一个设计方案进行反复优化。他们以严谨的科学态度和不懈的努力，推动着科技的进步，为社会的发展贡献力量。例如，我国的航天工程团队，在面对复杂的任务时，不断攻克技术难题，对每一个零部件、每一道程序都进行严格把关，确保航天器的安全可靠。正是他们对技艺的精益求精，让我国的航天事业取得了举世瞩目的成就，从"神舟"飞天到"嫦娥"奔月，再到"天问"一号火星探测，一次次刷新着中国航天的历史纪录。

精益求精的工匠精神，是一种宝贵的精神财富，它承载着人类对品质和美好的向往。在新时代，我们应以精益求精之姿，践行工匠精神，让它在各个领域生根发芽、开花、结果。无论是制造业、科技领域还是文化艺术领域，都需要工匠精神的滋养。只有这样，我们才能创造出更多的优质产品和服务，推动社会不断向前发展，铸就时代的辉煌篇章。

江城子·密州出猎

苏　轼

✏️ 学习指南

一、学习目标

1. 了解苏轼的生平经历和《江城子·密州出猎》的创作背景。

2. 理解《江城子·密州出猎》的思想内容，体会词人所抒发的爱国情怀。

3. 感受苏轼在词中所表现出的豪迈奔放、积极乐观的人生态度和爱国情怀。

二、学习建议

1. 课前自主查询关于冯唐奉命赦免魏尚的故事；课前自主欣赏《江城子·密州出猎》诵读视频，梳理《江城子·密州出猎》诗歌大意。

2. 课中扫码检测自主学习成果，分享交流诗歌主旨和艺术特点。

3. 课后观看《王海纹：胸怀报国志 一跃谱芳华》视频，并完成思考与练习作业。

《江城子·密州出猎》课前习题

诗词浸润

老夫聊发少年狂①，左牵黄②，右擎苍③。锦帽貂裘④，千骑卷平冈。为报倾城随太守⑤，亲射虎，看孙郎⑥。

酒酣胸胆尚开张。鬓微霜，又何妨！持节云中⑦，何日遣冯唐⑧？会挽雕弓如满月⑨，西北望，射天狼⑩。

（选自《苏轼词编年校注》，邹同庆、王宗堂校注，中华书局2007年版）

参考译文

我姑且抒发一下少年的壮志豪情，我的左手牵着矫健的黄犬，我的右臂高高擎起威猛的苍鹰。随从们都头戴锦蒙帽，身上穿着貂鼠皮衣。我率领着一支浩浩荡荡的庞大队伍，如同疾风般席卷过平坦的山冈。为了报答百姓随行出猎的厚意，我决心去亲自射杀老虎，让众人领略下孙权当年搏虎的雄姿。

我尽情地畅饮着美酒，心境变得格外宽广，胆气也愈发豪壮，虽然我的两鬓已经微微生出白发，可这又有什么关系呢？什么时候皇帝才会派遣使臣前来，就像汉文帝派遣冯唐前往云中赦免魏尚那样重新启用我呢？到那时，我将竭尽全力把雕弓拉满如满月一般，瞄准西北方向，射向西夏的军队。

---

① 老夫：苏轼自称。聊：姑且。狂：豪情。

② 黄：黄犬。

③ 苍：苍鹰。

④ 锦帽貂裘：锦蒙帽、貂鼠裘，原为汉代羽林军装束，此处指苏轼随从。

⑤ 倾城：全城，形容随观者人数众多。太守：指作者自己。

⑥ 孙郎：孙权，曾"亲骑马射虎"，三国时期吴国的建立者。

⑦ 节：兵符。云中：汉时郡名。

⑧ 何日遣冯唐：《史记·张释之冯唐列传》载，汉文帝时云中郡守魏尚抵御匈奴有功，却因上报战功时多报了六颗首级而获罪。冯唐劝谏文帝收回处罚，文帝即派冯唐持节赦免魏尚，复为云中郡守。作者这里以魏尚自比。

⑨ 挽：拉。

⑩ 天狼：星星的名字，又称犬星，旧说指侵掠，这里暗指西夏。

知人论世

苏轼（1037—1101），字子瞻，号东坡居士，眉州眉山（今四川眉山）人。苏轼是北宋著名的文学家、书法家、画家，亦是历史上的治水名人。其在诗歌、词作、散文等领域皆有卓越成就，名列"唐宋八大家"，这与他波澜壮阔的身世有着密切的关系。苏轼25岁入仕后便一直处于漂泊不定的状态，然而在一生的狂风暴雨中，他始终以一种积极的态度前进，经历的那些挫折既锻炼了他的坚强毅力，也激发了他的写作激情。

《江城子·密州出猎》为苏轼的代表作之一。此词创作于宋神宗熙宁八年（1075），当时苏轼在密州（今山东诸城）担任知州，时值四十岁。四年前，因与王安石政见不合，他主动请求外任。《江城子·密州出猎》是宋人抒发爱国情怀的早期作品之一，在题材和意境方面均具有开拓性意义。

苏轼坐像

文学鉴赏

这首词表达了作者杀敌卫国的政治主张，抒发了其渴望为国效力的豪迈气概与豪情壮志。对于苏轼这样的文人而言，出猎或许只是偶然的兴之所至，然而他立功报国的信念却因这次小试身手而大受鼓舞，以至于满怀信心地要求奔赴西北疆场弯弓杀敌。

词作开篇用"狂"字统摄全文，借此抒发作者内心的豪情壮志。接下来的四句，作者生动地描绘了出猎的壮阔场面，刻画了出猎者威武豪迈的英雄气概。词人左手牵着矫健的黄犬，右臂高高架起威猛的苍鹰，好一派英姿飒爽的出猎模样！随行的武士们个个皆为"锦帽貂裘"的打猎装束，千骑奔腾如飞，迅速跨越旷野，全城百姓也纷纷赶来，观看他们的太守出猎，这情景可谓万人空巷。这是一幅何等声势浩大的出猎图啊，作者由此深受鼓舞。为回报百姓随行太守出猎的深情厚谊，作者决意亲自射杀老虎，让众人领略孙权当年搏虎的英姿。作者以孙权自比，更能凸显自身的"狂"劲。

下片由实而虚。下片前三句意思为：我畅饮美酒后心胸开阔，胆气更为豪壮，纵然两鬓稍有白发，那又有何妨？作者生性本就豪放不羁，再加上酒意酣畅，就更加豪情四溢了。"持节云中，何日遣冯唐？"此处词人借助典故表达自己期望被朝廷委以重任，能够奔赴边疆为国杀敌。"会挽雕弓如满月，西北望，射天狼。"词的末尾三句的意思为："我"将竭尽全力把雕弓拉满如满月一般，瞄准西北，射向西夏的军队，表达了作者渴望杀敌报国的雄心壮志。

《江城子·密州出猎》课后习题

人文启迪

感悟乐观豁达的人生智慧

在漫漫人生长河中，我们如同一叶扁舟，时而顺流而下，时而遭遇惊涛骇浪。拥有乐观豁达的人生态度，便能如那明亮的灯塔，在黑暗中为我们指引方向，让我们的心灵找到栖息之地。

乐观豁达，是面对挫折时的坚韧不拔。苏轼一生坎坷，多次被贬，仕途崎岖。但他并未被困境打倒，而是以乐观豁达之态笑对人生。在黄州，他写下《赤壁赋》《后赤壁赋》等千古佳作，在那片土地上耕耘出文学的硕果。他把贬谪之地当作自己的舞台，将生活的苦难化作诗篇的灵感源泉。"竹杖芒鞋轻胜马，谁怕？一蓑烟雨任平生。"这份洒脱，正是乐观豁达的生动诠释。他深知人生不可能一帆风顺，既然风雨无法避免，那就以坦然之心迎接，在雨中漫步，唱出属于自己的豪迈之歌。

出猎图

乐观豁达，是身处逆境时的从容淡定。爱迪生在发明电灯的过程中，遭遇了无数次的失败。可他没有气馁，始终坚信自己能够成功。他以乐观的心态看待挫折，从失败中汲取经验教训，每一次的失败都被他视为向成功迈进的一步。正是这种乐观豁达，让他最终找到了合适的灯丝材料，为人类带来了光明。他的故事告诉我们，逆境并不可怕，可怕的是失去了乐观的信念和勇气。当我们以从容的心态面对逆境时，便能发现其中隐藏的机遇，从而实现人生的转折。

乐观豁达，是心灵的一种滋养和升华。它让我们学会放下过去的烦恼与痛苦，珍惜当下的美好时光。一个乐观豁达的人，不会为过去的错误而懊悔不已，也不会为未来的不确定而忧心忡忡。他们懂得享受生活中的每一个瞬间，无论是清晨的第一缕阳光，还是夜晚的璀璨星空。

在当今快节奏的社会中，我们面临着各种各样的压力和挑战。工作的繁忙、生活的琐碎，常常让我们感到疲惫不堪。然而，我们不能让这些负面情绪占据我们的心灵。我们要学会培养乐观豁达的人生态度，像苏轼和爱迪生一样，在困境中寻找希望，在平凡中发现美好。

小重山 ①

岳 飞

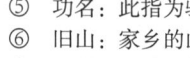 学习指南

一、学习目标

1. 了解作者岳飞的生平经历及本词的创作背景。

2. 掌握《小重山》这一词牌的格律特点，包括字数、句式、音韵规则等。

3. 理解诗词思想内容，把握诗歌的主旨。

二、学习建议

1. 课前完成课前预习测试，自主查询作家相关文学常识和诗歌创作背景。

2. 课中理解诗歌思想内容，根据词中的意象和描述，展开丰富的想象，构建词中所描绘的画面和情境。

3. 课后完成思考与练习作业。

诗词漫润

昨夜寒蛩不住鸣 ②，惊回千里梦 ③，已三更 ④。起来独自绕阶行。人悄悄，帘外月胧明。

白首为功名 ⑤。旧山松竹老 ⑥，阻归程。欲将心事付瑶琴 ⑦。知音少，弦断有谁听？

（选自《鄂国金伦稡编续编校注》，岳珂编，王曾瑜校注，中华书局 1989 年版）

参考译文

在昨日那秋意浓浓的夜晚，蟋蟀持续不断的鸣叫声，将我从那遥远而又迷离的梦境中硬生生地惊醒，梦醒时分已然是三更天。我缓缓起身，独自一人在那台阶之

---

① 小重山：词牌名。

② 寒蛩：秋天的蟋蟀。

③ 千里梦：指奔赴千里之外杀敌报国的梦。

④ 三更：指半夜十一时至翌晨一时。

⑤ 功名：此指为驱逐金兵的入侵，收复失地而建功立业。

⑥ 旧山：家乡的山。

⑦ 瑶琴：用美玉装饰的琴。

畔缓缓踱步。四周静谧至极，丝毫听不见人的声响，唯有帘外那一轮淡淡的月亮，散发着朦胧的光辉，宛如一层薄纱轻轻地笼罩着这寂静的世界。

我心怀壮志，一心渴望为驱逐金兵入侵全力收复失地而建立功业。然而，岁月无情，人未老却已满头白发。遥想家乡那山上的松树和翠竹，想必也在时光的流逝中渐渐长大变老。无奈的是，那议和的声音骤然响起，如同一道无情的屏障，硬生生地阻断了我归乡的路程。我满心的忧愁，犹如汹涌的潮水一般，想要将其付诸于瑶琴之上，弹奏出一曲饱含深情的乐曲。可是，这世间知音实在是难以寻觅。纵然我将那琴弦弹断，又会有谁愿意静下心来，倾听我这内心深处的声音呢？

💬 知人论世

岳飞（1103—1142），字鹏举，籍贯相州汤阴（今河南汤阴县）。南宋时，杰出的抗金将领，在"中兴四将"之中位列首位。岳飞自二十岁起投身军旅，先后参与并指挥的战斗大大小小达数百次。宋高宗绍兴十二年（1142），岳飞因"莫须有"的罪名惨遭迫害，宋孝宗时其罪名得以平反，平反后被改葬于西湖畔的栖霞岭，并被追谥为"武穆"。

作为南宋有名的统帅，岳飞极为重视借助人民的力量来抗击金兵，精心谋划了"连结河朔"的谋略，极力主张抗金义军与宋军相互配合共同夹击金军，以期收复国家失地。岳飞文学方面的才华在众多将帅中亦属罕见，《满江红》亦为千古传颂的爱国经典名篇。

此词创作于绍兴八年（1138），此时宋金达成第一次和议。当时，岳飞坚决反对妥协投降，坚信抗金卫国能够成功，且其前期已在多次重大战役中率兵抗金取得胜利，然而宋高宗与秦桧却执意与金国谈判议和。

岳飞像

文学鉴赏

《小重山》虽未如《满江红》那般家喻户晓，然其借由独特的风格特质与艺术手法，表达了作者忧虑当下局势、反对民族压迫和投降主义的坚定立场以及强烈的爱国热忱。

词的上片着重写景。开篇"昨夜寒蛩不住鸣"中"寒蛩"一词点出季节正值深秋。此时山河动荡，国家破碎，作者本就日夜担忧，深秋之寒蛩的持续鸣叫，加剧了词人内心深处的隐忧与悲愤，让收复中原的责任变得愈发沉重。"惊"字写出在秋夜寒蛩凄清鸣叫的情境中，作者辗转反侧终夜难眠。"千里"指范围之广，暗示梦回家乡所在的中原地区，表明了词人即便在睡梦之中亦不忘收复失地的爱国之情。上片的末尾三句，通过描写词人在深秋的月夜难以入眠，表达了作者孤独与凄凉的心境。

词的下片着重写情。下片的前三句，感叹岁月流逝，家乡虽已长久沦陷，但收复之期却遥不可及。作者自二十岁时便投身军旅，保家卫国抗金杀敌。然而十余年已悄然过去，其头发已渐白，却仍未能实现还我河山的伟大抱负。每当想到这些，作者怎能不悲愤交加、忧心如焚呢？"阻归程"并非单指山高水远、路途迢迢而难以归去，而是暗喻投降派屈膝求和、阻碍抗金斗争之行径。因当时正值秦桧专权，气焰嚣张至极，作者此处不便明言，故而采用含蓄之表现手法，弦外之音令读者自行体悟。词的末尾三句，通过引用俞伯牙与钟子期的典故，意在说明自己处境孤危、知音难觅，描写了作者抱负难以实现的痛苦心情，反映了在投降派统治下的南宋的现实状况。

《小重山（昨夜寒蛩不住鸣）》课后习题

人文启迪

青年当怀忧患意识，勇担时代重任

忧患意识并非是消极的担忧与恐惧，而是一种对现实的深刻洞察，对未来的远见卓识，是激励青年奋发向前、担当责任的强大动力。

忧患意识是激发青年人学习和创新的动力。面对科技的飞速发展和知识的快速更新，青年若缺乏忧患意识，便极易在舒适区中停滞不前，被时代淘汰。只有不断学习新知识、掌握新技能，才能在激烈的竞争中立于不败之地。许多青年积极投身于科研领域，以解决国家面临的技术难题为己任，努力推动科技创新。正是这种忧患意识，促使他们在学术研究和创新创业的道路上勇攀高峰，为国家的科技进步和经济发展贡献力量。

忧患意识可以塑造青年人的坚韧品质和拼搏精神。在追求梦想的道路上，青年们难免会遇到挫折与困难。忧患意识让他们明白，成功并非一蹴而就，只有在逆境中坚守，在挫折中奋起，才能实现自己的人生价值。他们以顽强的毅力和不屈的精神，克服重重困难，向着目标坚定前行。

当代青年，生逢其时，重任在肩。忧患意识是他们成长道路上的宝贵财富，是破茧成蝶的力量源泉，是担当民族复兴大任的坚实脊梁。让我们怀揣忧患意识，砥砺前行，在时代的舞台上绽放青春光彩，为实现中华民族伟大复兴的中国梦贡献智慧和力量。

微课：念奴
娇·过洞庭

念奴娇·过洞庭

张孝祥

诵读：念奴
娇·过洞庭

✎ 学习指南

一、学习目标

1. 了解张孝祥的生平事迹及创作风格，了解作品的创作背景。

2. 理解诗歌内容，掌握诗歌中物境与心境交融的艺术手法。

3. 体会作者在词中表达的高洁忠贞之志和豁达超脱的胸怀。

二、学习建议

1. 课前完成课前预习测试，掌握文化常识，了解作品大意。

2. 课中理解词作的思想内容，掌握作品的艺术特色，体会作者的豪迈气概和高洁忠贞的人格。

3. 课后配乐诵读《念奴娇·过洞庭》，分享学习感悟。

《念奴娇·
过洞庭》
课前习题

📖 诗词漫润

洞庭青草①，近中秋，更无一点风色②。玉界琼田三万顷③，着我扁舟一叶④。素月分辉⑤，银河共影⑥，表里俱澄澈。悠然心会，妙处难与君说。

应念岭海经年⑦，孤光自照，肝肺皆冰雪。短发萧骚襟袖冷，稳泛沧浪空阔。尽挹西江⑧，细斟北斗，万象为宾客。扣舷独啸⑨，不知今夕何夕！

（选自《张孝祥词校笺》，宛敏灏笺校，中华书局2010年版）

---

① 洞庭：湖的名字，在湖南岳阳西南。青草：湖名，在洞庭湖南，与洞庭湖水体相连。

② 风色：风势。

③ 琼：美玉。

④ 扁舟：小船。

⑤ 素月：皎洁的明月。

⑥ 银河：天河。

⑦ 岭海：指两广地区，北有五岭，南有南海，故称岭海。作者曾担任广南西路经略宣抚使。

⑧ 挹（yì）：舀，把液体盛出来。

⑨ 扣：敲击。

📖 **参考译文**

　　洞庭湖和青草湖相互连接在一起，水域辽阔无边，在中秋佳节即将来临的时候，更是没有一点风的踪迹。洞庭湖的湖面平静澄澈，如同白玉磨成的镜子，又如同美玉铺成的田地，达数万顷之广，只有我那孤零零的一叶扁舟在这浩渺的湖面漂浮着。皎洁的明月和璀璨的银河，在这浩瀚无垠的玉镜之中映照出它们美妙的身姿，湖面上下皆是一片澄澈明亮的景象。我沉浸于万物皆空明之境，这种美妙的体验却不知应如何与你分享。

　　感怀自己历经多年在岭海之间徘徊往复，是这一轮明月映照着我，映照出我的胸怀始终如冰雪般纯净澄澈。如今我虽因岁月流逝而深深感到头发短小稀疏，衣衫单薄而寒意透体，我却依然能够安然自若地在这广袤无垠、浩渺苍茫的水域上泛舟前行。让我把西江那清澈的江水捧起，缓缓地斟入用北斗星做成的酒勺之中，邀请天地万象来做我的宾客，我尽情地拍打我的船舷，独自放声高歌忘记今夕是何年。

💬 **知人论世**

　　张孝祥（1132—1170），字安国，别号于湖居士，历阳乌江（今安徽和县乌江镇）人，生于明州鄞县（今浙江宁波）。南宋著名词人，书法家。唐代诗人张籍的七世孙。张孝祥善诗文，尤工于词，其风格宏伟豪放，为"豪放派"代表作家之一。有《于湖居士文集》《于湖词》等传世。

　　宋高宗绍兴二十四年（1154），张孝祥状元及第，授承事郎，签书镇东军节度判官。由于上书为岳飞辩冤，为权相秦桧所忌，诬陷其父张祁有反谋而将其父下狱。次年，秦桧死，授秘书省正字。历任秘书郎，著作郎，集英殿修撰，中书舍人等职。宋孝宗时，任中书舍人直学士院。宋孝宗隆兴元年（1163）任建康留守，后又为荆南、湖北路安抚使，此外还出任过抚州、平江府、静江府、潭州等地的长官，颇有政绩。宋孝宗乾道五年（1169），以显谟阁直学士致仕。次年在芜湖病逝，年仅三十八岁。

　　"孤光自照，肝肺皆冰雪。短发萧骚襟袖冷，稳泛沧浪空阔。"这应是张孝祥一生人格精神的真实写照。作为南宋前期著名的爱国文人，张孝祥一生虽不满四十年，但他在为人以及作品等方面皆获得世人颇高的评价。朱熹曾言："安国天资敏妙，文章政事皆过人远甚。"由此可见朱熹对其文采与能力的肯定。《念奴娇·过洞庭》为张孝祥的代表作之一。张孝祥于宋孝宗乾道二年（1166）因遭受政敌谗言陷害而被免去职务，他从桂林北归途中经过洞庭湖时，触景生情，遂创作了该词。

🌼 **文学鉴赏**

　　"洞庭青草"指洞庭湖以及与之相互连接在一起的青草湖，此句清晰地点明了地点，词的题目为《念奴娇·过洞庭》，开篇便紧密围绕题目展开。"近中秋"，确切地指出了时间，秋天气候宜人，天高气爽。"风色"一词颇为值得关注，风虽有风向和强弱之别，然而提起风有色彩，确属新奇之论。张孝祥此处用"风色"来描写"风"，实际上是有

所依据的，李白在《庐山谣》中写道"黄云万里动风色，白波九道流雪山。"此处所言乃是指黄云万里致使风的色彩发生了变化；诗词中的"更无一点风色"，描写的是洞庭湖和青草湖上的天空十分晴朗，而湖面也十分平静，不仅没有风吹拂的迹象，甚至连风的踪迹都难以寻觅，这种独特的表达方式颇具新意，为词作增添了一抹诗意韵味。

"玉界琼田"形容秋月之下浩渺无垠和一碧万顷的湖水。用"玉"来比喻湖水，凸显出湖水的清澈透明之美，"万顷"则极力描绘出湖面的辽阔宽广。在这十分美妙的良辰美景中，词人乘坐一艘小船畅游湖中，该是何等的惬意悠然，同时此句亦点明了词人通过乘船的方式过洞庭湖，进一步紧扣题目。

"素月分辉"的意思为皎洁的月光将自身的光辉洒向了湖水。"银河共影"说的是水中的银河其实是天上银河的倒影，二者呈现出共同辉映的景象。"表里俱澄澈"为该词的主旨，这句词包含了以下两层含义：一是描写秋月秋水之美，因何而美？因澄澈而美。"澄"形容湖水清澈，"澈"同样也是形容湖水的清澈，如此的清澈明亮，就像天上的琉璃世界一般。其二是说在这三万顷湖面小船中的"我"，也像秋月秋水一般，是一位光明磊落、表里如一的君子。因此，"表里俱澄澈"不仅是写景更是写人，写作者自己的高洁忠贞之志，体现出天人合一的境界。因此作者以"悠然心会，妙处难与君说"作结，同时引出下片。

作者由洞庭湖的澄澈美景，不禁联想到自己因遭受谗言在广西被免职的经历。"孤光自照"，一方面是指高悬于空中的明月孤独地照耀着天地万象；另一方面则让作者想起自己不被他人所理解，唯有与孤月相伴，借清冷的月光映照自身。冰雪的特征是洁白无瑕，因而"肝肺皆冰雪"是说尽管被贬，但自己仍然是光明磊落、心地纯净之人；另一层意思是说自己问心无愧。话语中除了蕴含愤慨、失望之情外也含有自我安慰之意，其最为主要的是含有自豪之情，情感真挚且复杂多样。

"短发萧骚襟袖冷，稳泛沧浪空阔"从岭海的经历回到当下的情境，"襟袖"二字以局部代整体，月夜清冷，衣衫单薄，扁舟中的作者凉意顿生，更为重要的是想到官场中的人情冷暖，让作者顿有萧条冷落之感。尽管如此，自己是能够拿得起放得下的人，如今的"我"正放下一切悠然惬意地泛舟于这广袤无垠的洞庭湖上。

"尽挹西江，细斟北斗，万象为宾客"为全词的高潮部分，亦是词人情感的高潮之

处。作为主人，邀请天地万象来做我的宾客，舀尽西去长江的水缓缓斟入用北斗七星做的酒器中，热情地招待天地万物，这是何等气势。一个遭受谗言而被免官的人，竟能有如此心胸和如此的自信！

作者以"不知今夕何夕"结尾，从秋月秋水回归自我，扣舷是动作，独啸是声音，从空间角度而言，由洞庭湖的宏大到个人的渺小；从时间角度来看，由今夕之初泛到稳泛；从心理层面来讲，由知到不知，通过这种对照，说明诗人在这月白无风之夜，已沉浸于与大自然交融的美妙境界之中。

《念奴娇·
过洞庭》
课后习题

📖 人文启迪

青年当有高洁之德

青年，如旭日初升，充满着希望与活力。在这个波澜壮阔的时代，青年人不仅要有拼搏的勇气和创新的精神，更应具备高洁的品德修养。这种"高洁之德"，体现在诚信、正直和宽容等多个方面。

诚信是为人之本，青年人应言出必行，一诺千金。无论是在学习中对知识的诚实追求，还是在与他人交往中的真诚相待，都彰显着诚信的力量。当面临各种诱惑和挑战时，坚守诚信的底线，不弄虚作假，不欺骗他人，以诚实的态度面对生活的每一个瞬间。只有这样，才能赢得他人的信任和尊重，为自己的人生之路奠定坚实的基础。

在面对是非对错时，要有坚定的立场和勇气，敢于直言，不随波逐流，不阿谀奉承。面对不公正的现象，要挺身而出，维护正义。历史上，无数青年志士以正直的品格，为国家和民族的利益而奋斗。在当今社会，青年人也应秉持正直之心，在工作中廉洁奉公，在生活中坚守道德准则，不为私利所动，不为权势所屈。

生活中难免会有矛盾和冲突，青年人应学会宽容他人的过错和不足。以一颗包容的心去理解和接纳不同的观点和行为，不斤斤计较，不睚眦必报。宽容不仅能让我们与他人和谐相处，更能开阔我们的胸襟，让我们的人生更加豁达和从容。

此外，青年人还应具备感恩之心。感谢父母的养育之恩，感谢师长的教诲之恩，感谢社会给予的机会和平台。以感恩之心去对待生活中的每一个人、每一件事，珍惜现在拥有的一切，努力地去回报他人和社会。

单元实践
"大好河山"诗词飞花令

一、任务书

授课日期：	活动班级：
学习团队：	团队成员：

（一）任务描述

　　飞花令，原本是古人行酒令时的一个文字游戏，得名于唐代诗人韩翃《寒食》中的名句"春城无处不飞花"。随着《中国诗词大会》等节目的引进和改良，飞花令目前成为了学习古诗词的一种好方式。以"大好河山"为主题，依次选取江、河、湖、海、山、岳、楼、亭等字，进行诗词飞花令大赛。任务要求：

　　1. 思想积极向上，充分挖掘古典诗词中和"大好河山"相关的诗句。

　　2. 查阅和背诵经典诗句，加深对中国古典诗词的了解。

　　3. 发挥个人特长，培养团队协作能力。

　　4. 以小组为单位开展，要全员参与。

（二）任务实施

　　1. 课前准备阶段

　　（1）明确规则。课前小组通过自主查阅资料，了解诗词飞花令规则。

　　（2）工作规划与分工。小组成员可以根据活动主题，进行任务分工，分别从"大好河山"主题中选择不同的字进行赛前准备。

　　2. 课中实施阶段

　　（1）任务实施，展示成果，组织评价。

　　（2）各小组根据比赛规则，完成"大好河山"主题诗词飞花令比赛，关键字的选取顺序依次为江、河、湖、海、山、岳、楼、亭。

　　3. 课后总结阶段

　　（1）比赛占总分值的80%。正确答案数量最多的组为满分，其他小组的分值为本小组答题数量除以满分小组答题数量然后乘以100。

　　（2）组内同学评价占总分值的20%。

　　（3）分享活动感悟。

二、评价表

（一）组内互评表								
评价标准		姓　名						
团队贡献	20							
沟通能力	15							
配合程度	15							
学习态度	30							
整体表现	20							
总分								

（二）活动感悟

第六单元

心素如简　人淡如菊

微课：
第六单元
导入

在这个充满喧嚣的时代中，有一种珍贵的品质如同一股清泉，能洗净我们心灵的尘埃，那便是淡泊。淡泊并非消极避世，而是一种对生活的深刻领悟与智慧选择，它让我们在这纷杂的社会中拥有坚定的内心，从而获得心灵的安宁和自在。

淡泊其实也是一种志向，不为外物权势所屈，不为名利所迫，保持内心的清净，专注自己喜欢的事情，追逐自己向往的生活。陶渊明在《移居二首》（其一）中表达了远离官场之后，对农村田园生活的真挚爱恋，找到了生活的乐趣；王维在《积雨辋川庄作》中给我们描述了诗人历经半生追逐，在淡泊名利之后从大自然中寻到了内心的安然，过上了怡然自得的田园生活；孟浩然在《夜归鹿门山歌》中，通过描写鹿门清幽的景色，表达了诗人隐逸后恬静的心境和情趣；范成大在《蝶恋花（春涨一篙添水面）》中，通过描述美如画的春天的景象，展现了其隐居田园之后，那种身心愉悦，悠然惬意的生活；秦观的《行香子（树绕村庄）》则透过诗人出仕前乘兴游览村庄的所见所闻，描绘出一幅春意盎然生机勃勃的田园风光图。

移居二首（其一）

陶渊明

✐ 学习指南

一、学习目标

1. 了解陶渊明的生平经历及《移居二首》（其一）的创作背景。

2. 理解诗歌大意，把握诗歌主旨，了解陶渊明田园诗的风格特点。

3. 体会蕴含在诗歌中的思想感情和人生哲理，体悟作者所追慕的人生境界。

二、学习建议

1. 课前自主查询陶渊明的生平经历，自主观看纪录片《千古风流人物·陶渊明篇》，深刻感受陶渊明的人格魅力以及《移居》创作的时代背景。

2. 课中扫码检测自主学习成果，理解诗歌大意，把握诗歌主旨，分享交流诗歌的艺术特点。

3. 课后完成思考与练习作业。

📖 诗词漫润

昔欲居南村，非为卜其宅^①。

闻多素心人^②，乐与数^③晨夕^④。

怀此^⑤颇有年^⑥，今日从兹役^⑦。

敝庐何必广^⑧，取足蔽床席。

邻曲时时来^⑨，抗言^⑩谈在昔^⑪。

奇文共欣赏，疑义相与析。

（选自《陶渊明集校笺》（修订本），龚斌校笺，上海古籍出版社 2019 年版）

---

① 卜其宅：占卜问宅之吉凶。这里指从前想迁居南村，并不是因为那里的宅地好。

② 素心人：指心性纯洁善良的人。

③ 数：屡。

④ 晨夕：朝夕相见。

⑤ 怀此：抱着移居南村这个愿望。

⑥ 颇有年：已经有很多年了。

⑦ 兹役：移居。

⑧ 敝庐：简陋的房屋。

⑨ 邻曲：邻居。

⑩ 抗言：高声而言。

⑪ 在昔：指往事。

参考译文

往昔曾有想要迁居到南村居住的想法，并非为了寻找一处适合居住的宅院；而是听闻此处居住着众多质朴纯善的人，内心渴望能与他们一同度过每一个清晨与夜晚。这样的念头已然在心中存在好些年了，直至今日，才总算将这件大事完成。

居住的屋子何必追求宽大呢，只要能够放置床铺便足以让内心安宁。邻居朋友们时常来到我这里，大家一起聊聊过去的种种事情，每个人都能畅快地表达自己的想法；见到好的文章便一同欣赏品味，遇到疑难之处便共同探讨钻研。

知人论世

陶渊明（约365—427），一名潜，字元亮，别号五柳先生，私谥靖节，出生于寻阳郡柴桑县（今江西九江），他是东晋末至刘宋初杰出的诗人、辞赋家以及散文家。其曾祖父陶侃曾在晋朝担任大司马之职，祖父也曾出任太守，父亲亦曾入朝为官。陶渊明曾历任江州祭酒、彭泽县令等官职，而他最后一次出仕担任彭泽县令时，在任仅八十多天便毅然弃职离去，自此之后归隐田园，过上了躬耕自足的生活。他是中国首位田园诗人，享有"隐逸诗人之宗""田园诗派之鼻祖"以及"古今隐逸诗人之宗"的美誉。

陶渊明的作品对中国古代文学的发展有着极为深远的影响，尤其是田园诗，为中国古典诗歌开辟了一个新境界。诗人用质朴而灵动的笔触，描绘了田园生活的美好与惬意，在诗人笔下，鸡鸣犬吠、桑麻稻菽皆成诗。他的田园诗中，充满了对自然的热爱和敬畏，以及对简单生活的追求和向往。在归隐田园之后，诗人与山水为伴，与田园为友，将自己的情感与理想寄托于脚下的大地。其诗作善于将情、景、理融为一体，风格清新自然，描写细腻，具有强烈的艺术魅力。诗人以自己的田园生活为内容，真切地写出躬耕之乐，也让后人对归隐田园的生活心生憧憬与渴望。

文学鉴赏

《移居二首》（其一）创作于东晋安帝义熙七年（411），当时作者移居至浔阳南里之南村村舍所作。赏读整首诗，我们可以清晰地看到每四句构成一个层次，各层次之间脉络分明，意蕴丰富。

诗的前四句以"昔"字领起，将移居之事与寻求志同道合之友紧密相连，因事表意，重点突出一个"乐"字。在古人的观念中，移居选宅通常会先行占卜，以测凶吉，宅地吉利方才迁居，若凶险则作罢。诗的三、四两句，进一步描写了移居的原因。诗人听闻南村有众多心性纯洁良善之人，内心十分乐意与他们共同度过每一个清晨与傍晚。由于陶渊明生活在一个充满虚伪与钻营之风的时代，因此他对这种社会风气深感痛心疾首，却又无力扭转乾坤，于是只能坚守自身的高洁品质，归隐田园，在选择居所时以寻求良友为首要考虑因素，不攀附权贵，只与善良之人为邻，这恰恰彰显了诗人清高的情志和内在的人格魅力。

诗的中间四句从移居的初衷过渡到如愿以偿的移居，这是诗意的转折与深化。诗人

再次明确表示，移居南村的愿望由来已久，今日终于得以实现，那种欣喜之情溢于言表。接着又说道，只要有好邻居、好朋友相伴，房屋即便狭小也无关紧要，能够遮蔽一张床、一条席子便足矣，不追求宽敞华丽，只愿与邻里共度美好时光。房屋虽小，但诗人依旧能从中获得快乐，诗人那旷达的胸怀以及超脱物质之外的乐趣已经不言而喻。在对住房的追求方面，古往今来，众多有识之士都展现出了高远的精神境界。如刘禹锡曾为陋室作铭："山不在高，有仙则名；水不在深，有龙则灵。斯是陋室，惟吾德馨。"（《陋室铭》）作者执着于追求高洁的品德与志趣，在审美气质上，与陶渊明的这首诗有着异曲同工之妙。

诗的最后四句细致地描绘了获得良友相伴的快乐。诗中所提及的邻居，大多应带有读书人的爱好。他们时常相聚，无拘无束地回忆往昔，毫无保留地坦诚交流，遇到好的文章，便一同欣赏，遇到疑难的文义，便共同探讨分析，在知识的海洋中畅游，追求精神层面的交流与共鸣。

《移居二首》（其一）带给人的感受是鲜明而强烈的：诗人虽厌恶那黑暗污浊的社会，鄙视丑恶虚伪的官场，但他并未对人生感到厌弃。在对农村田园生活的真挚热爱之中，他找到了生活的乐趣和生命的归宿。陶渊明其人其诗的魅力，源自于他对人生与自然那种诗意般的热爱与深刻把握。他以细腻的笔触描绘出了一种理想的生活状态，让我们在领略诗歌之美的同时，也不禁对人生的意义和价值有了更深层次的思考。这种对生活的热爱和对精神世界的追求，跨越时空，依然能够触动我们的心灵，引发我们的共鸣。

📖 人文启迪

《移居二首（其一）》课后习题

非淡泊无以明志，非宁静无以致远

"非淡泊无以明志，非宁静无以致远。"这是诸葛亮在《诫子书》中流传千古的名言，它如同一盏明灯，照亮了无数人在人生道路上前行的方向，时刻提醒着我们要在淡泊与宁静中追寻内心的志向，抵达高远的境界。

淡泊，是一种超脱世俗名利的精神境界。在当今这个物欲横流的社会，人们往往被功名利禄所迷惑，一味地追逐无尽的物质享受。然而，当我们沉浸在对名利的追求中时，内心却变得愈发空虚和迷茫。真正的淡泊，并非是消极避世，而是在纷繁复杂的世界中保持一颗清醒的头脑，不被外界的喧嚣所干扰，不被功名利禄所束缚。古往今来，多少仁人志士以淡泊之心书写了辉煌的人生篇章。陶渊明辞掉官职归隐田间，在田园生活中找到了自己内心的归宿，用诗歌描绘出了一幅宁静美好的田园画卷，也为后世留下了宝贵的精神财富。

宁静，是一种内心的平和与沉稳。在快节奏的现代生活中，我们常常被各种琐事所困扰，内心难以平静。而只有当我们拥有宁静的内心时，才能专注思考，洞察事物的本质，明确自己的志向。宁静让我们在喧嚣中保持一份冷静，在浮躁中坚守一份执着。科学家们正是在宁静的实验室中，专注于研究，才能取得一项项伟大的科研成果；文学家们在宁静的书房里，沉浸于创作，才能写出一部部经典之作。宁静，是我们实现志向的基石，它让我们在面对困难和挫折时，不慌乱、不气馁，坚定地朝着目标前行。

要做到淡泊与宁静，需要我们有一颗自律的心。学会抵制外界的诱惑，不随波逐流，坚守自己的原则和底线。在淡泊中培养自己的品德修养，在宁静中提升自己的智慧和能力。

当我们拥有了淡泊和宁静的心境，才能更加清晰地明确自己的志向。志向是人生的灯塔，它指引着我们前进的方向。无论是为了实现个人的价值，还是为了为社会作出贡献，我们都需要有一个坚定的志向，并为之努力奋斗。在追求志向的道路上，我们会遇到各种各样的困难和挑战，但只要我们保持淡泊与宁静的心境，就能从容应对，不断超越自我。

"非淡泊无以明志，非宁静无以致远。"让我们摆脱名利的羁绊，回归内心的平静，在淡泊中明确志向，在宁静中砥砺前行，向着高远的人生境界迈进，创造出属于自己的精彩人生。

微课：积雨
辋川庄作

诵读：积雨
辋川庄作

积雨辋川庄作①

王　维

✏ 学习指南

一、学习目标

1. 了解王维的生平经历、诗歌风格以及他在唐代诗坛的地位和影响。

2. 领悟诗歌所表达的思想感情，体会诗中所表达的情感。

3. 掌握诗歌的艺术表现手法。

二、学习建议

1. 课前自主学习《积雨辋川庄作》相关文学常识，网上查阅资料了解诗歌的创作背景；自主欣赏《积雨辋川庄作》诵读视频，吟咏诗韵，初步感知诗歌内容。

2. 课中扫码检测自主学习成果，分享交流诗歌主旨和艺术特点。

3. 课后配乐诵读《积雨辋川庄作》，分享感悟。

《积雨辋川
庄作》课前
习题

📖 诗词漫润

积雨空林烟火迟②，蒸藜炊黍饷东菑③。

漠漠水田飞白鹭④，阴阴夏木啭黄鹂⑤。

---

① 辋川庄：王维在辋川的宅第。
② 积雨：久雨。烟火迟：长时间阵雨后，林野湿润，故烟火缓升。
③ 菑：开垦一年的田地，此泛指农田。
④ 漠漠：形容广阔无际。
⑤ 阴阴：幽暗的样子。啭：小鸟婉转的鸣叫。

山中习静观朝槿 ①，松下清斋折露葵 ②。

野老与人争席罢 ③，海鸥何事更相疑 ④？

（选自《王维集校注》，陈铁民校注，中华书局 1997 年版）

参考译文

在连绵多日的雨后，那树木略显稀疏的村落之中，炊烟缓缓地升腾而起，烧好的粗茶淡饭是要送给在村东辛勤耕耘的人们。广袤而平坦的水田之上，一行白鹭轻盈地掠空飞过；田野边那繁茂的树林里，传来黄鹂婉转悠扬的啼鸣声。

我于山中修心养性，悠然地观赏着木槿花朝开暮谢；在松树下享用着素食，采摘露葵作为佐餐之菜。我这个村野老人已经不再与他人争名逐利了，海鸥为什么还要对我猜疑呢？

知人论世

王维（约 701—761），字摩诘，号摩诘居士，河东蒲州（今山西运城）人，是唐代山水田园诗人的代表人物之一。王维诗歌风格多样，其前期仕途顺利时创作的诗歌大多为边塞诗，后期受挫时创作的诗歌以田园诗为主。苏轼曾评价其诗有云："味摩诘之诗，诗中有画；观摩诘之诗，画中有诗。"王维现存诗作 400 余首，其中重要的作品有《相思》《山居秋暝》等，有《王右丞集》传世。

唐玄宗开元九年（721），王维考中进士，担任太乐丞一职。唐肃宗乾元年间，出任尚书右丞，世人称其为"王右丞"。王维对佛学有着深入的钻研，深受禅宗思想的影响，享有"诗佛"的美誉。佛教中有一部经典著作《维摩诘经》，而王维的号和字正是由此而来。他在诗、书、画等多个领域都展现出了非凡的才华，在音乐方面也有很高的造诣，可谓多才多艺。

文学鉴赏

《积雨辋川庄作》是一首山水田园诗，当时诗人历经半生追逐后在蓝田辋川居住，生活清净悠闲，寻到了内心的安然，于是他笔下成景，诗中有画，为后人描绘了美好的桃源世界。诗中作者以其敏锐的感知和细腻的笔触，将自然景物与内心感受巧妙地融合

---

① 山中：意谓深居山中，望着槿花的开落以修养宁静之性。习静：指静修，如静坐、坐禅。朝槿：木槿的花，花呈钟形，有白、红、紫等颜色，朝开暮谢，故称朝槿。

② 清斋：指素食，长斋。葵：草本植物，其嫩叶可食。

③ 野老：村野老人，此指作者自己。争席：典出《庄子·寓言》。杨朱去向老子学道，路上旅舍主人欢迎他，客人都他让座；学成归来旅客们却不再让座，而与他争席。说明杨朱已得自然之道，与人没有隔膜了。

④ 海鸥：典出《列子·黄帝篇》。海上有人与鸥鸟相亲近，互不猜疑。一天，父亲要他把海鸥捉回家来，他又到海滨时，海鸥便飞得远远的，心术不正破坏了他和海鸥的亲密关系。这里借海鸥喻人事。

在一起。每一处景物的描绘都不仅仅是简单的视觉呈现，更是诗人情感的寄托和内心世界的映照。那生动的景色描写，让我们仿佛身临其境，能够真切地感受到田园生活的宁静与美好，以及诗人隐居田园后的闲情逸致。

诗的首联"积雨空林烟火迟，蒸藜炊黍饷东菑"，写田园闲适。连日阴雨后，外出散步，目之所及可见树木稀疏的村落已燃起炊烟，农妇将烧好的粗茶淡饭送给村东耕耘的人。"积雨"，即说雨势连绵，长久连绵的降雨让道路泥泞，路上空无一人，因此所见便是"空林"，而"烟火迟"的出现，为这份寂静苍凉的景象平添了一份生机。村落中，有男耕女织的人家，他们同甘共苦，为平淡的岁月留下甘甜，同时也为此时的王维带来几分安逸。

诗的颔联写自然景色。一行白鹭掠空而飞于广阔平坦的水田上，在树林茂盛的田野中，一群黄鹂正婉转啼鸣。如果说首联的农家生活令人安宁，那么颔联中置身于广阔水田、繁茂树林中，那就是让人怡然自得，再辅以漫游的群鸟，堪称乐趣无穷。

诗的颈联"山中习静观朝槿，松下清斋折露葵"着笔于当下的生活。王维独处空山，修身养性，一面观赏木槿花晨开晚谢，闲适恬淡；一面在松树下品味素食，采摘露葵佐餐，品味生活的滋味。朝槿，即木槿，朝开暮谢，古人常借此比喻人生无常。此时的王维历经官场风波，从年少成名到被贬地方，再到身陷险境，最后归隐田园，人生过半，早与年少时所想截然不同，对人生无常的感触更是分明。所幸的是如今远离尘世，与山川相伴，云淡风轻的岁月令人愉悦。

诗的尾联借用典故，表明心志。我已离开追逐功名的官场，鸥鸟又何须猜疑我呢？前一句所用典故出自《庄子》，从前杨朱去寻老子学道，因为气度不凡，面容威严以至于途经旅舍时，主人会出门相迎，客人会起身让座。然而等到学成归来，气质与常人相融，客人们反而争着和他抢座。由此可见，此时的杨朱已然领悟了自然之道，与世间之

［明］沈周　车庄图册之耕息轩

人已不存在任何隔阂。诗的最后一句所用典故源于《列子·黄帝篇》，昔日海边曾有人与鸥鸟亲近，他们一同嬉闹玩耍，彼此之间互不猜疑，直到某一天，这个人的父亲要求他去把鸥鸟捕捉回来，可是等他再次来到海边时，鸥鸟察觉到了他的恶意，早已飞远。王维借用两则典故，意在表明自己远离凡尘，从容淡泊的心境。

《积雨辋川庄作》课后习题

人文启迪

中国式现代化是人与自然和谐共生的现代化

在漫长的历史长河中，人类与自然始终相互依存，共同谱写着生命的乐章。从远古时代的敬畏自然，到现代社会努力追求人与自然的和谐共生，我们在探索与实践中逐渐明白，只有与自然和谐相处，我们才能拥有更加美好的未来。

大自然是我们赖以生存的家园，它赋予我们清新的空气、甘甜的水源、肥沃的土地和丰富的资源。广袤的森林是地球的肺腑，为我们净化空气、调节气候；奔腾的江河是地球的血脉，滋养着万物生灵；巍峨的山脉是地球的脊梁，承载着生态的平衡。

然而，随着时代的发展，人类曾一度忽视了与自然的和谐关系。过度的开发、污染和破坏环境，让大自然承受了巨大的压力。森林被砍伐，水土流失严重；河流被污染，生态系统失衡；空气变得污浊，危害着人类的健康。我们在追求经济发展和物质享受的过程中，逐渐背离了自然的规律，也为此付出了一定的代价。

党的二十大报告指出："中国式现代化是人与自然和谐共生的现代化。"为此我们采取了一系列措施来保护自然环境，修复生态系统。植树造林，让荒山重新披上绿装；治理河流，让碧水重现波光粼粼；节能减排，降低对空气的污染。同时，我们也在不断探索可持续发展的道路，努力实现经济发展与环境保护的双赢。

在这个过程中，我们每个人都可以成为自然的守护者。我们可以从身边的小事做起：节约每一滴水，节省每一度电，减少一次性塑料制品的使用，践行绿色出行。我们还可以积极参与环保活动，传播环保理念，让更多的人加入保护自然的行列来。

人与自然的和谐共生，不仅仅是一种生存的需要，也是一种精神的追求。当我们漫步在山间小径，聆听鸟儿的歌声，欣赏花朵的绽放，感受微风的轻抚，我们能体会到一种与自然融为一体的宁静与美好。这种美好，能滋养我们的心灵，让我们更加热爱生活，珍惜生命。

让我们携手共进，守护自然，尊重自然。用我们的行动，绘就一幅人与自然和谐共生的美丽画卷。让青山常在、绿水长流、空气常新，让我们的子孙后代也能享受到自然的恩赐，在这颗美丽的星球上继续谱写生命的辉煌篇章。因为，只有人与自然和谐共生，我们的世界才能更加美好，我们的未来才能充满希望。在与自然的和谐共处中，我们将找到生命的真谛，走向更加灿烂的明天。

微课：夜归
鹿门山歌

诵读：夜归
鹿门山歌

夜归鹿门山歌

孟浩然

《夜归鹿门
山歌》课前
习题

 学习指南

一、学习目标

1. 了解孟浩然人物生平和作品风格，把握诗歌《夜归鹿门山歌》创作背景。

2. 理解诗歌大意，品味诗歌意境，把握诗歌内涵。

3. 掌握诗歌的艺术特点，感受诗人的隐逸情怀。

二、学习建议

1. 课前自主查询孟浩然人物生平，学习强国平台自主阅读《孟浩然的仕进之路》，全面深入了解孟浩然。

2. 课中扫码检测自主学习成果，掌握诗歌的思想内容，分享交流诗歌主旨和艺术特点。

3. 课后完成思考与练习作业。

诗词漫润

山寺鸣钟昼已昏①，渔梁渡头争渡喧②。

人随沙岸向江村，余亦乘舟归鹿门。

鹿门月照开烟树③，忽到庞公栖隐处④。

岩扉松径长寂寥⑤，惟有幽人夜来去⑥。

（选自《孟浩然诗集校注》，李景白校注，中华书局 2018 年版）

参考译文

　　山寺中钟声悠悠鸣响，此时天色已然临近黄昏，渔梁渡头处，传来一片喧闹的争渡之声。人们沿着那沙岸，纷纷朝着江村的方向前行，而我也驾驭着小船，摇动

---

① 昼已昏：已到黄昏。

② 渔梁：在襄阳东，离鹿门很近，渔梁州，亦做渡口。

③ 开烟树：意指月光使得暮霭缭绕的树丛变得分明可见。

④ 庞公：指庞德公，为东汉末年隐士，曾隐居鹿门山。

⑤ 岩扉：石洞的门。

⑥ 幽人：幽居隐居之人，此处乃作者自指。

船橹返回鹿门。鹿门处的月光洒落在暮霭笼罩的树木之上，我恍然间来到了庞公曾经隐居的地方。那岩壁如同门户般对着松林间的长径，四周是如此寂寥，唯有我这幽居之人夜间在此往来。

知人论世

孟浩然（689—740），字浩然，别号孟山人，籍贯是襄州襄阳（今湖北襄阳），因此世人尊称其为"孟襄阳"。作为唐代著名的山水田园派诗人，孟浩然早年怀有入仕的志向，然而其仕途困顿，在饱尝痛苦失望之后，孟浩然依然能够坚守自我，不谄媚世俗，最终选择修道归隐，以此度过一生。孟浩然的诗作绝大多数是五言短篇，主要描写山水田园之景、隐居后的闲情逸致和羁旅行役过程中的心境。孟浩然与王维交游甚深，诗风也极为相近，同为唐诗山水田园派代表人物，被世人并称"王孟"。有《孟浩然集》传世。

文学鉴赏

《夜归鹿门山歌》为孟浩然创作的一首七言写景抒怀之作。诗人借由描绘夜归鹿门山时的所见、所闻以及所感，尽情抒发了自己的隐逸情怀。整首诗依次呈现了江边与山中两个场景，先呈动态之景而后转至静态之境，以动衬静，生动刻画了鹿门清幽的景致，彰显出诗人归隐后恬静的内心世界。与此同时，在这种清闲脱俗的隐逸意趣之中亦隐隐蕴含着作者孤独无奈的情感。

诗的首联描写了诗人傍晚在江边航行时的所见所闻。渔梁洲渡头在傍晚时分的喧闹，衬托出诗人沉静且洒脱超俗的胸怀。"山寺钟鸣昼已昏"，说明白昼悄然消逝，黄昏已然降临，幽僻的古寺传来报时的钟声；"渔梁渡头争渡喧"，描绘了傍晚时刻渔梁渡头人们急切归家时抢渡的嘈杂场景。第一句所展现的是安宁寂静的环境氛围，第二句所表现的则是喧嚣之态，前后两句形成鲜明的对比，这恰是远离人间烟火的隐逸与纷杂扰攘的尘世之间的反差。

诗的颔联描写了人们归家以及诗人前往鹿门的情形，表达了世人与诗人不同的归途。前句承接"梁"之意境，描述的是村人纷纷各自上岸归家，后句承接"山寺"之意蕴，书写自己回归鹿门。这两句由众人归家引出自己归家，作为前文的具体补充叙述。两种不同的归途表达了两种截然不同的心境，这又是一个对比，从中体现出诗人与世无争的隐逸志趣以及不慕荣华利禄的淡泊情怀。

诗的颈联描绘了月光普照之下，诗人夜登鹿门山的情景，表现了作者隐逸的情致与意境。"鹿门月照开烟树"，意谓鹿门山的林木原本被雾霭所笼罩，显得朦胧而迷离，当月亮升起，清辉洒下，雾霭渐渐消散无踪，树木的影子清晰可见。诗人全然沉浸于大自然的美妙景致之中，在山中畅游，不经意间便来到了庞公昔日隐居的地方。这种微妙的感触、亲切的体验，展现出隐逸的情致与意境，隐者仿佛已被大自然所融化，乃至达到忘我的境地。

诗的尾联描写了庞公隐居之处的景象，岩壁门外松径寂寥，只有诗人与山林相伴，

与尘世隔绝，诗人恬淡超脱的隐士形象跃然纸上。此处的"幽人"既指代庞德公，亦是诗人自喻，因为诗人已然彻底领会了"遁世无闷"的妙趣和真谛，亲身踏上了庞德公采药不返的道路，并最终选择了这样的归宿。山岩之中，柴门半掩，松径之下，自行开辟小径。此处没有尘世的纷扰，唯有禽鸟与山林作伴，隐者在此幽居独处，过着恬淡而寂寥的生活。

全州湘山寺

《夜归鹿门山歌》课后习题

人文启迪

寻得内心宁静，拥抱美好人生

在这喧嚣纷扰的世界中，内心的宁静宛如一股清泉，滋润着我们疲惫的心灵，引领我们走向更美好的人生境界。

内心宁静，是在繁华喧嚣中仍能保持的一份淡定与从容。当城市的车水马龙如潮水般涌来，当生活的琐碎事务如乱麻般交织，惟有内心宁静，人才不会被外界的喧嚣所干扰，不会在忙碌中迷失自我。他们如同静谧的夜空中闪烁的星辰，虽身处浩瀚宇宙，却能坚守自己的光芒。陶渊明的"结庐在人境，而无车马喧。问君何能尔？心远地自偏"，正是这种内心宁静的生动写照。他身处尘世，却能超脱世俗的纷扰，以一颗宁静的心享受田园生活的质朴与纯真，感悟大自然的美妙与恩赐。

内心宁静是一种强大的力量，它能让我们在困境中保持坚韧，在挫折面前不屈不挠。生活中难免会遭遇风雨，如考试失利、事业挫折、人际关系紧张等，这些都可能如暴风雨般冲击我们的心灵。然而，当我们拥有内心的宁静时，便能以平和的心态看待这些挫折，将其视为成长的磨砺。

那么，如何才能寻得内心的宁静呢？首先，我们要学会放下过多的欲望。欲望是无尽的沟壑，若不加以控制，就会吞噬我们的内心宁静。我们应学会知足常乐，珍惜眼前所拥有的，不盲目追求物质的奢华和名利的虚荣。其次，培养一种爱好或兴趣也是获得内心宁静的有效途径，能让我们在专注中忘却外界的烦恼，沉浸在内心的宁静世界里。

在这个快节奏的时代，让我们停下匆忙的脚步，寻得内心的宁静。让宁静的力量滋养我们的灵魂，使我们在纷繁复杂的世界中保持清醒的头脑，作出正确的选择。

蝶恋花

范成大

微课：蝶恋花（春涨一篙添水面）

诵读：蝶恋花（春涨一篙添水面）

✎ 学习指南

一、学习目标

1. 了解范成大生平经历及《蝶恋花》词作的创作背景。

2. 理解诗歌的思想内容，掌握诗歌的艺术特点和语言技巧。

3. 体会作者归隐田园之后闲静恬淡的田园生活。

二、学习建议

1. 课前自主查询范成大的生平经历，了解《蝶恋花》的创作背景。

2. 课中扫码检测自主学习成果，掌握诗词大意，把握诗歌主旨和艺术特点。

3. 课后学习强国平台自主阅读《范成大田园诗文，伴山伴水润常山》，深入了解范成大的生平经历和诗意人生，并完成课后作业。

《蝶恋花（春涨一篙添水面）》课前习题

📖 诗词漫润

春涨一篙添水面①。芳草鹅儿②，绿满微风岸。画舫夷犹湾百转③，横塘塔近依前远④。

江国多寒农事晚⑤。村北村南，谷雨才耕遍⑥。秀麦连冈桑叶贱⑦，看看尝面收新茧⑧。

（选自《范成大集校笺》，吴企明校笺，上海古籍出版社 2022 年版）

---

① 一篙：形容水深程度。

② 鹅儿：小鹅毛色黄中透绿，与嫩草色相似。

③ 画舫：彩船。夷犹：犹豫迟疑，这里指穿行缓慢。

④ 横塘：位于苏州西南，是个大塘。

⑤ 江国：水乡。多寒：指水冷。

⑥ 谷雨：二十四节气之一，在清明之后。

⑦ 秀麦：出穗扬花的麦子。

⑧ 看看：转眼之间，即将之意。

参考译文

　　春天悄然来临，水位新涨增高了一篙之深，满满地涨平了整个水面。水边芳草如茵，鹅儿迈着蹒跚的步伐在草地上行走，鲜嫩的草儿在微风轻轻吹拂下，渐渐地染绿了河塘的堤岸。画船缓缓移动，绕着蜿蜒曲折的水湾悠然游转，放眼望去，横塘的高塔看似近在眼前，然而又仿佛如启船时那般遥远。

　　江南的水乡，春寒迟迟未退，导致农事也开始得较晚。村北村南的农民们，在谷雨时节纷纷开犁破土，将田地逐一耕种遍。春麦已经长出了麦穗，在风中随风起伏连成一片。山冈上的桑树郁郁葱葱，十分茂盛，导致桑叶的价钱也变得便宜了，转眼间就能够品尝新面，收取新茧。

知人论世

　　范成大（1126—1193），字至能，号石湖居士，苏州吴县（今江苏苏州）人，南宋诗人。绍兴二十四年，范成大进士及第，官至参知政事，后作为宋使出使金国，索取河南诸帝陵寝之地，不辱使命。其田园诗颇负盛名，成就高过词作，与杨万里、陆游、尤袤合称南宋"中兴四大诗人"。其词早期多写柔情相思，近于婉约派；中后期则渐趋豪放，近于苏轼。擅写乡村生活与自然风光。

文学鉴赏

　　这首描绘苏州附近田园风光的词乃作者退居田园期间所作。此时，作者于石湖隐居，其笔下所刻画的正是苏州周边的田园景色。

　　"春涨一篙添水面。芳草鹅儿，绿满微风岸。"中的"一篙"意谓水之深度，温庭筠在《洞户二十二韵》里曾提及："池涨一篙深。""添水面"，蕴含两层含义，其一为水面升高；其二是指水满之后面积亦随之扩大。"芳草鹅儿"，是说小鹅的绒毛呈现出黄中透绿的色泽，与嫩草的颜色颇为相似。这三句的意思为：春水上涨，浸润至岸边的芳草；芳草与鹅儿在微风中欢快地舞动，那鲜嫩、和谐的色调，透露出生命的活力；微风轻柔吹拂，吹绿了河岸，也吹绿了河水。

　　"画舫夷犹湾百转，横塘塔近依前远。"描写作者搭乘彩船朝着横塘方向前行，河道蜿蜒曲折，画舫缓缓行进，瞧着前方的塔似乎近了，实则距离依旧遥远。恰似《诗经·蒹葭》所云："溯洄从之，道阻且长；溯游从之，宛在水中央。"二者有着异曲同工之妙。实际上，作者并不急于抵达塔边，故而对远近并不挂怀，此时令他欣喜的是沿途的美好景致。这两句既写船行之态，又描绘出沿途风光，更展现出自己的浓厚兴致。全词的欢快氛围也由此而生。

　　词的下片描写农事，视野愈发开阔。如此行文，既与上片紧密相连，又避免了内容的重复。"江国多寒农事晚。村北村南，谷雨才耕遍。"这个节气旱地早已完成翻耕或种植，而水田则要稍晚一些，江南农谚有云："清明浸种，谷雨下秧。"所以"耕遍"之时恰到好处。"才"表明了不紧不慢的节奏，由此可见农事安排得井然有序。"村北村南"

耕过的水田，一片连着一片，水乡风光跃然于读者眼前，尽管农事紧张，或者更确切地说颇为繁重，但农民们各得其乐，一切都进行得有条不紊。

"秀麦连冈桑叶贱，看看尝面收新茧"中"秀麦"一词意谓出穗扬花的麦子；"面"应为炒面，将已成熟尚未收割的麦穗摘下，揉下麦粒炒干研碎，用以尝新，现代农村仍保留此习俗。这两句描绘的是田地上的景象，虽说水稻刚刚下种，但漫山遍野的麦子已然抽穗，蚕眠之际，桑叶价格低廉，农桑丰收在望。所以下文写道"看看尝面收新茧"。"看看"意谓即将之意，透露出津津乐道、喜迎丰收的神情。下片描绘田园与农事，流露出对农家生活的认同之感与向往之情。

这是一首田园词，勾勒出一幅清新的水乡春景图，散发着浓郁且甜美的农家生活气息，自始至终都洋溢着乡村的宁静和人情的淳朴，读来令人心醉神迷。

 **人文启迪**

《蝶恋花（春涨一篙添水面）》课后习题

远离喧嚣，拥抱自然

当我们远离城市的喧嚣，置身于大自然的怀抱中，那是一种怎样的美妙体验？大自然，如同一位神奇的画家，以天空为纸，以山川为笔，以江河为墨，绘制出一幅幅令人叹为观止的画卷；又似一位智慧的导师，用风声传递哲理，用雨声诉说故事，用鸟鸣唤醒希望，给予我们无尽的启示与慰藉。对大自然的热爱，是我们内心深处最真挚的情感，它如同一束永恒的光，照亮我们的生命旅程。

大自然的美是无与伦比的。清晨，第一缕阳光穿透云层，洒在大地上，给万物披上一层金色的光辉。山峦在晨曦中渐渐苏醒，轮廓愈发清晰，仿佛是大地的守护者，庄重而威严。森林里，鸟儿欢快地歌唱，它们用清脆的歌声迎接新的一天，那婉转的旋律在林间回荡，宛如天籁之音。草地上，露珠晶莹剔透，宛如一颗颗珍珠，在阳光的照耀下闪烁着迷人的光芒。花朵们也不甘示弱，竞相绽放，用绚丽的色彩装点着这个世界，散发着迷人的芬芳。而那奔腾不息的江河，宛如大地的血脉，一路高歌，流淌着生命的活力。它们穿越峡谷，越过平原，汇聚成浩瀚的海洋，那无边无际的蓝色，让我们深深感

受到了大自然的宽广与深邃。

　　大自然的神奇力量更是让人敬畏不已。它孕育了生命，让地球上充满了生机与活力。从微小的细菌到庞大的鲸鱼，从娇艳的花朵到参天的大树，每一种生命都在大自然的呵护下茁壮成长。大自然的四季更替，循环往复，却又各具特色。春天，万物复苏，大地一片生机勃勃，象征着希望与新生；夏天，阳光炽热，树木繁茂，展现出生命的热烈与奔放；秋天，果实累累，金风送爽，是收获的季节，也是大自然对生命的馈赠；冬天，银装素裹，大地沉睡，却又在为来年的春天积蓄力量。大自然的力量还体现在它的创造力上，那些奇特的地貌景观，如雄伟的峡谷、壮观的瀑布、神秘的溶洞等，都是大自然历经漫长岁月雕琢而成的杰作，让人不禁感叹大自然的鬼斧神工。

　　我们热爱大自然，不仅仅是因为它的美丽与神奇，更是因为它给予我们的心灵滋养。在大自然中，我们可以放下疲惫与烦恼，让心灵得到片刻的宁静。当我们漫步在山间小径，呼吸着清新的空气，聆听着鸟儿的歌声，感受着微风的轻抚，仿佛所有的压力都随之消散。大自然教会我们珍惜生命，尊重每一个生命的存在。它让我们明白，生命是如此的脆弱而又顽强，我们应该像大自然中的万物一样，努力生长，绽放出属于自己的光彩。同时，大自然也让我们懂得了谦逊与敬畏，在它的面前，我们人类是如此的渺小，我们应该尊重自然规律，与大自然和谐相处。

　　对大自然的热爱，是一种深深的情感纽带，它将我们与这个美丽的世界紧密相连。让我们用心去倾听大自然的声音，用眼睛去欣赏大自然的美景，用行动去保护大自然的恩赐。因为，只有热爱大自然，我们才能真正感受到生命的美好与意义，才能让这份热爱在时间的长河中永恒流淌。

微课：行香子（树绕村庄）

诵读：行香子（树绕村庄）

行香子

秦　观

《行香子（树绕村庄）》课前习题

📝 学习指南

一、学习目标

1. 了解秦观生平经历及《行香子》的创作背景。
2. 理解诗词的思想内容，把握诗歌主旨，掌握诗歌的艺术特色。
3. 把握诗歌的格律特点，感受诗歌的音韵美和节奏美。

二、学习建议

1. 课前自主查询秦观的人物生平，了解《行香子》创作背景。
2. 课中扫码检测自主学习成果，掌握诗歌的思想内容，分享交流诗歌主旨和艺术特点。
3. 课后配乐诵读《行香子》，分享学习感悟。

📖 诗词漫润

树绕村庄，水满陂塘①。倚东风，豪兴徜徉②。小园几许③，收尽春光。
有桃花红，李花白，菜花黄。

远远围墙，隐隐茅堂。飏青旗④，流水桥旁。偶然乘兴，步过东冈。
正莺儿啼，燕儿舞，蝶儿忙。

（选自《秦观词笺注》，杨世明笺注，中华书局 2021 年版）

✒️ 参考译文

村庄被绿树环绕着，春水将池塘填满，沐浴在和煦的春风之中，作者悠然自得地来回踱步。小小的庭院把整个春光收纳其中，桃花绽放得鲜艳绯红，李花盛开得洁白如雪，菜花灿烂得金黄耀眼。

远远望去，有一带围墙，几间茅草房在围墙内若隐若现。在溪水潺潺流淌的小桥旁边，青色的酒幌子在风中轻轻飘动。偶然间凭借着游玩的兴致，走过了东面的山冈。只看到莺儿欢快地啼叫，燕儿轻盈地飞舞，蝶儿匆忙地穿梭，好一派生机勃勃的大好春光。

💬 知人论世

秦观（1049—1100），字太虚，又字少游，号淮海居士，高邮（今江苏高邮）人，北宋后期文学家。秦观因文章受苏轼赏识，被举荐为官，曾做过国史馆编修。秦观一生坎坷，因词作负有盛名，是北宋婉约派词人的代表，其词作风格对周邦彦、李清照等的作品皆有深刻影响，作品有《淮海集》《淮海居士长短句》。

这首词大约作于宋神宗熙宁年间（1068—1077），当时作者尚未出仕。于某一年的春日，作者兴致盎然地游览了一座村庄，被那质朴且自然的村野风光深深触动，进而创作了此词。

🏵️ 文学鉴赏

这首词中，作者运用通俗浅显的语言描绘出园内一片阳光明媚、万物蓬勃生长的盎然景象，鲜明的色彩、扑鼻而来的芬芳，显示出词人怡然自得的心情，通过描写春天在村野的所见所闻，描绘出一幅优美的游春图。

---

① 陂塘：池塘。
② 徜徉：闲游，安闲自在地步行。
③ 几许：多少，这里表示园子不大。
④ 飏：飞扬，飘扬。青旗：青色的酒幌子。

　　词的开篇两句从村庄着笔，描写了绿树环绕着整个村庄，池塘里水满，春天来到农家的景象，亦是词人行至村庄的最初印象。"倚东风，豪兴徜徉"指春风轻轻吹拂扑面而来，作者兴致勃勃畅游在田间小路。这两句中，游春的主人公即作者本人出现，"徜徉"一词表明作者随意漫步，并无特定的目标与路线，这在下面的具体描写中得以体现。"小园几许，收尽春光。有桃花红，李花白，菜花黄。"这两句描写的是行经一个小园，看到红的桃花、白的李花、黄的菜花，盛开的鲜花将春天装点的五彩缤纷，十分美丽。词的上片描写静态景致，主要刻画小园以及色彩斑斓的春花，这鲜明的色彩、浓郁的香气，共同构成一幅春满小园的美丽画卷。

　　"远远围墙，隐隐茅堂。飏青旗，流水桥旁。"这里描写作者向远处望去，看到了一片围墙，墙内隐隐约约露出茅屋草堂，紧邻桥头的酒肆门口飘扬着青色的旗帜，桥下流水潺潺。此处作者的视线由近及远。围墙、茅堂、青旗、流水和小桥，动静相互映衬，如诗如画，蕴含丰富诗意，引人遐想。"偶然乘兴，步过东冈。正莺儿啼，燕儿舞，蝶儿忙。"此处写诗人继续前行，缓步过了东边的小山冈，只听见黄莺发出的悦耳的啼叫，燕子在空中展露舞姿，蝴蝶在花丛中忙忙碌碌飞来飞去。"偶然乘兴"与上片中的"豪兴徜徉"相呼应，进一步书写其怡然自得的心情。"啼""舞""忙"三字展现了动感极强、极为活跃的虫鸟等动物的形象，与上片中描写的静静绽放的开花植物不同，词的下片主要描绘了农家乡院以及莺歌燕舞的迷人春色。

　　全词色彩鲜明，形象生动，以白描手法和浅近的语言，勾勒出一幅美轮美奂的田园风光图。

《行香子（树绕村庄）》
课后习题

📖 人文启迪

生活因乐观而精彩

　　生活，犹如一场漫长的旅程，时而阳光明媚，时而风雨交加。在这充满变数的旅途中，拥有积极乐观的生活态度，就如同为自己点亮了一盏永不熄灭的明灯，照亮前行的道路，让我们能够勇敢地面对一切挑战，尽情地享受生活的美好。

积极乐观的生活态度能让我们拥有更强大的内心，去迎接生活中的各种挑战。当遭遇挫折时，积极乐观的人不会轻易放弃，他们会把挫折看作是成长的机会，从中吸取经验教训，然后重新振作起来。比如，一个学生在考试中失利，如果他拥有积极乐观的态度，就会分析自己的不足之处，努力改进，相信下次一定能取得进步，而不是沉浸在失败的痛苦中无法自拔。同样，在工作中遇到困难，积极乐观的员工会主动寻找解决问题的方法，而不是抱怨和退缩。他们相信自己的能力，相信只要努力就一定能克服困难，这种信念会支撑着他们不断前进，最终实现自己的目标。

积极乐观的生活态度能让我们更好地享受生活中的点滴幸福。生活中并不缺少美，而是缺少发现美的眼睛。当我们以积极乐观的心态去看待生活时，就会发现身边处处都有美好的事物。清晨的一缕阳光、路边绽放的一朵花、朋友的一个微笑、家人的一句问候，这些看似平凡的瞬间，都能成为我们生活中的小确幸。积极乐观的人会珍惜这些美好，用心去感受生活的温暖和幸福，让生活变得更加充实和有意义。

在现实生活中，我们可能会面临各种各样的压力和困难，但只要拥有积极乐观的生活态度，就能像那些勇敢的前行者一样，在生活的道路上披荆斩棘，不断前行。让我们学会用积极乐观的心态去面对生活中的一切，让笑容绽放在我们的脸上，让阳光洒进我们的心田。因为，只有拥有积极乐观的生活态度，才能真正地拥抱生活，让生命绽放出更加绚丽的光彩。

单元实践
"励志青春"手抄报主题活动

一、任务书

授课日期：		活动班级：	
学习团队：		团队成员：	

（一）任务描述

以小组为单位，以"励志青春"为主题，组织一场手抄报大赛。

任务要求：

1. 纸张规格大小不超过 A3 纸，不小于 A4 纸。

2. 组队参赛，但每队人数不少于 2 人，不超过 4 人。

3. 版面制作可使用手抄文字和手绘插图。

4. 版面制作可采用签字笔和彩绘笔。

5. 篇目选择需贴合主题，体裁为古典诗词，有一定的教育意义。

6. 内容真实准确，且为原创。

（二）任务实施

1. 课前准备阶段

（1）根据班级人员情况进行分组，每组约 3~4 人，并选出组长。

（2）根据任务要求提前准备好纸和笔。

2. 课中实施阶段

（1）小组参赛，按活动主题要求，查阅资料。

（2）小组成员共同商谈，确定手抄报的文字内容和插图。

（3）小组成员共同商讨，设计手抄报的版面布局。

（4）组内分工，文字和绘画负责人员各司其职，进行手抄报的绘制。

（5）小组之间互相点评，交流感悟。

（6）教师点评，指导提升。

3. 课后总结阶段

每个小组完成一份活动感悟，并将手抄报在自己的 QQ 空间或微信朋友圈进行分享，传递正能量。

二、评价表

（一）团队评分表					
项　目	创意性	内容丰富	观赏性	文字表达能力	累　计
分值（分）	20	30	20	30	100
互评（50%）					
师评（50%）					
总分					

（二）组内互评表							
评价标准		姓　名					
团队贡献	20						
沟通能力	15						
配合程度	15						
学习态度	30						
整体表现	20						
总分							

（三）文化感悟

模块三　明理启智

知古鉴今　见微知著

古往今来，诗人以审美的眼光、辩证的思维，观照社会事物和自然现象，体察并感悟人生，进而上升为哲思理趣，转化为诗性智慧。诗词为哲思提供了展现智慧的平台，哲思亦使诗词获得了升华的阶梯。

　　在本单元中，诗人以独特的智慧视角，洞见事物的本质，将生活琐碎、社会纷繁、人生百态、历史尘烟升华为美妙的诗篇：刘禹锡从六朝古都的遗迹中洞悉王朝兴亡之道，规劝为政者励精图治；韦应物夜宿嘉陵江畔，从轰鸣的水声中领悟"物我之辨"；李商隐读史总结出"成由勤俭破由奢"的历史规律，抒发了对国家命运的担忧与叹惋；苏东坡与友人惜别，用超然物外的人生智慧和旷达洒脱的豪放胸襟消解离别的忧愁；王阳明身处惊涛骇浪临危不惧，以"戒慎不睹、恐惧不闻"的澄明心境应对人生波澜……诗词之妙，在于净化心灵，启迪人生。希望大家通过本单元的学习收获一些诗性的感悟和启发，以更加轻盈的姿态面对未来的学习和生活。

金陵①怀古

刘禹锡

微课：金陵
怀古

诵读：金陵
怀古

✎ 学习指南

一、学习目标

1. 了解刘禹锡的诗歌创作特点，理解其创作《金陵怀古》的缘由。

2. 熟悉诗歌中的典故及其涉及的历史知识和文化内涵，体味诗歌的意境。

3. 体会刘禹锡对金陵古都历史变迁的感慨，以及对现实政治的隐忧，学习其心忧天下的强烈责任感和爱国精神。

二、学习建议

1. 课前自主查询金陵（今南京）作为"六朝古都"的历史文化渊源，了解《金陵怀古》创作的时代背景。

2. 课前自主观看《金陵怀古》诵读视频，了解诗歌大意，把握诗歌主旨。

3. 课中扫码检测自主学习成果，分享交流诗歌主题和艺术特点。

《金陵怀古》
课前习题

4. 课后完成思考与练习作业。

📖 诗词漫润

潮满冶城渚②，日斜征虏亭③。

蔡洲新草绿④，幕府旧烟青⑤。

兴废由人事，山川空地形。

---

① 金陵：今南京市。战国楚威王置金陵邑，秦曰秣陵，三国吴曰建业，晋改为建康。南朝宋齐梁陈皆都于此。《文选·谢朓〈鼓吹曲〉》："江南佳丽地，金陵帝王州。"

② 冶城：故址在南京市朝天宫一带。相传三国吴（一说春秋吴王夫差）冶铁于此，故名。晋谢安曾居此。《世说新语·言语》："王右军与谢太傅共登冶城。"

③ 征虏亭：在今江苏省江宁县东。南朝宋刘义庆《世说新语·雅量》："支道林还东，时贤并送于征虏亭。"刘孝标注引《丹阳记》："太安中，征虏将军谢安立此亭，因以为名。"《晋书·谢万传》："尝与蔡系送客于征虏亭，与系争言。"

④ 蔡洲：在江苏省江宁县西南长江中。东晋苏峻率军攻入金陵，陶侃、温峤舟师四万驻于蔡洲，终于平定苏峻。卢循起兵时回泊蔡洲，宋武帝刘裕说："此成擒耳。"循大败而走。

⑤ 幕府：山名。在今南京东北长江边。《舆地纪胜》："晋元帝初过江，王导建幕府其上，因名。"旧烟青：指烧石灰冒出的青烟。《江宁府志》："山（幕府山）陇多石，居人于此煅石取灰，又名石灰山。"

《后庭花》一曲①，幽怨不堪听。

（选自《刘禹锡诗集编年笺注》，蒋维崧等笺注，山东大学出版社1997年版）

南京明孝陵

📖 参考译文

春潮淹没了冶城的小渚，夕阳余晖斜照在征虏亭。

蔡洲新草依旧一片嫩绿，幕府山上仍是烟霭青青。

国家的兴亡取决于人事，山河也徒有险峻的地形。

玉树后庭花这支亡国曲，凄凉幽怨令人不忍再听。

💬 知人论世

刘禹锡政治上主张革新，是王叔文派政治革新活动的中心人物之一。后来永贞革新失败被贬为朗州司马。

此诗当作于唐敬宗宝历二年（826）冬，刘禹锡由和州返回洛阳，途经金陵。时值唐敬宗李湛当政，其在位期间耽于玩乐，不理朝政，引发了刘禹锡对国家命运的深深担忧。

🎴 文学鉴赏

"金陵"是如今南京的古称，曾是孙吴、东晋以及南朝的宋、齐、梁、陈六个朝代

---

① 《后庭花》：南朝陈后主陈叔宝《玉树后庭花》："丽宇芳林对高阁，新妆艳质本倾城。映户凝娇乍不进，出帷含态笑相迎。妖姬脸似花含露，玉树流光照后庭。"《隋书·乐志》："陈后主于清乐中造《黄骊留》及《玉树后庭花》《金钗两鬓垂》等曲，与幸臣等制其歌词，绮艳相高，极于轻薄，男女唱和，其音甚哀。"

的都城，故有"六朝古都"之誉。古往今来，无数文人墨客都曾至金陵瞻仰凭吊，留下了不少咏史佳作。《金陵怀古》一诗，便是唐代诗人刘禹锡在寻访金陵后所作。

先看诗文的首联——"潮满冶城渚，日斜征虏亭。"全诗先由两句景物描写引起，写的分别是前朝的两处古迹——冶城和征虏亭。冶城是春秋时期吴王夫差为冶炼兵器所造，曾经威名远震；征虏亭则由东晋征虏将军谢安所建，谢万曾送客于此。这两处古迹皆建于数百年前，在诗人寻访之际早已颓败萧条，不复当年的繁华。只见潮水涌动，满目风涛，漫上冶城的断壁残垣；夕阳西下，残阳如血，只留一抹余晖斜照旧亭遗迹。日复一日，年复一年，春潮与夕阳亘古不变，曾经的王城盛景却早已物是人非，实在是令人凄凉！

颔联"蔡洲新草绿，幕府旧烟青"两句虽然仍是写景，但此处写的景，并非普通的古迹，而是决定王朝兴衰的险要之地。蔡洲曾是东晋名将陶侃、温峤与军阀苏峻鏖战之处，陶温二人在此大败叛军，而幕府山素有"金陵门户"之称，因东晋丞相王导曾在此屯兵驻守而得名，因而蔡洲、幕府二者都有拱卫东晋江山之用。如今蔡洲依然绿草茵茵，充满生机，幕府山仍旧烟霭青青，雄视大江。但当年驻军和取胜于此的东晋王朝，却早已被南朝刘宋所取代，风景依旧，江山却已易主，这也为接下来的议论埋下伏笔。

从颈联开始，全诗由实转虚，由描写景致转为抒发议论。所谓"兴废由人事，山川空地形"，诗人以极其精练的语言敏锐地揭示了六朝兴亡的秘密，并示警当世——只凭山川险要并不能保障国家长治久安，王朝的兴废终归要取决于统治者所奉行的朝政国策。这既体现了诗人通达进步的历史观，也为尾联的咏叹留下了充足的空间。

尾联"《后庭花》一曲，幽怨不堪听。"大家看到"后庭花"，可能会首先想到杜牧《泊秦淮》的"商女不知亡国恨，隔江犹唱后庭花"之句，不过刘禹锡生在中唐，杜牧生于晚唐，是刘禹锡率先借《玉树后庭花》这一亡国之音，委婉地向沉溺在声色之中的统治者进行讽喻规劝。为何原本缠绵温柔的《后庭花》如此幽怨？正是因为南陈后主陈叔宝纵情享乐，最终招致亡国之祸，才使此曲充满了亡国的血泪。因而诗人痛心疾首——这历史覆辙万万不能再次重蹈，并以此对耽于玩乐的唐敬宗进行劝谏。

纵观全诗，诗人借古讽今，先从六朝遗迹中揭示出王朝兴亡之理，又借亡国之音《后庭花》规劝为政者远离声色，励精图治，正是刘禹锡的充满洞见的先进史观和一片至真至纯的忧国忧民之心，使这首《金陵怀古》充满了风雅精神，成为脍炙人口的咏史佳篇。

📖 人文启迪

《金陵怀古》
课后习题

品读历史典籍，感悟传统美德

品读历史典籍，犹如穿越时空的长廊，与古人对话，感悟其中蕴含的传统美德，是一种深刻的文化体验和心灵洗礼。这些典籍不仅是知识的宝库，更是道德教化的重要载体，它们以文字为媒介，传承着中华民族的智慧与美德。

忠诚与爱国

在《史记》等史书中，无数忠臣良将的故事激励着后人。如屈原的"路漫漫其修远

今，吾将上下而求索"，展现了他对国家命运的深切关怀和不懈追求；岳飞"精忠报国"的誓言，则是对忠诚与爱国精神的最高诠释。这些故事告诉我们，无论时代如何变迁，忠诚于国家、民族和人民的信念永不过时。

仁爱与孝悌

儒家经典《论语》中，"己所不欲，勿施于人"的仁爱思想，强调了对人的尊重与关爱，倡导以和为贵、与人为善的社会风尚。《孝经》则详细阐述了孝道的内涵，认为孝是百善之首，是家庭和睦、社会稳定的基石。通过品读这些典籍，我们可以深刻体会到仁爱与孝悌对于个人品德修养和社会和谐的重要性。

诚信与正直

《论语》中的"言必信，行必果"，以及《礼记》中的"诚者，天之道也；思诚者，人之道也"，都强调了诚信与正直的品德。这些典籍告诉我们，做人做事要讲信用、守承诺，保持内心的纯净与正直。在商业活动中，诚信更是企业立足之本，是推动社会经济发展的重要力量。

勤奋与节俭

《尚书》中的"克勤于邦，克俭于家"，以及《周易》中的"天行健，君子以自强不息"，都体现了勤奋与节俭的传统美德。这不仅鼓励人们要勤劳工作、不断进取，同时还要珍惜资源、反对浪费。在现代社会中，勤奋与节俭依然是实现个人价值和社会进步的重要品质。

谦虚与礼让

《道德经》中的"上善若水，水善利万物而不争"，以及儒家思想中的"谦受益，满招损"，都倡导了谦虚与礼让的品德。真正的智者应该像水一样，滋养万物而不争强斗胜；在人际交往中，则应该保持谦逊的态度，尊重他人、礼让他人。这种品德有助于增进人与人之间的和谐与理解。

在历史的长河中遨游，品读那些璀璨的典籍，就如同在心灵的田野上播种美德的种子。这些种子，沐浴着古圣先贤智慧的光辉，生根发芽，绽放出一朵朵绚烂的花朵。它们不仅装点了我们的精神世界，更让这份传承千年的美德之香，弥漫在社会的每一个角落。正如古木参天，源自深根；江河浩渺，起于细流，传统美德的力量，正是由这一册册典籍中的智慧与教诲汇聚而成，流淌在我们每个人的血脉之中，成为推动社会进步、促进人类文明发展的不竭源泉。让我们在品读中感悟，在感悟中传承，共同守护这份宝贵的文化遗产，让传统美德之花在新时代绽放出更加璀璨的光芒。

听嘉陵江水声寄深上人 [①]

韦应物

诵读：听嘉陵江水声寄深上人

✏️ 学习指南

一、学习目标

1. 了解韦应物生平和诗歌《听嘉陵江水声寄深上人》的创作背景。

2. 理解诗歌大意，把握诗歌主旨。

3. 思考并体会诗中的"物我之辩"，学习韦应物勤于观察、善于思考的思辨精神。

二、学习建议

1. 课前自主查询韦应物人物生平。

2. 课前自主梳理诗歌大意，欣赏《听嘉陵江水声寄深上人》诵读视频，领会诗歌主旨。

3. 课中扫码检测自主学习成果，分享交流诗歌主题和艺术特点。

4. 课后完成思考与练习作业。

《听嘉陵江水声寄深上人》课前习题

📖 诗词浸润

凿崖泄奔湍，称古神禹迹 [②]。

夜喧山门店，独宿不安席。

水性自云静 [③]，石中本无声；

如何两相激，雷转空山惊 [④]？

贻之道门旧 [⑤]，了此物我情。

（选自《韦应物诗集系年校笺》，孙望校笺，中华书局 2002 年版）

🦋 参考译文

击凿山崖飞泻急速的水流，号称是远古的大禹遗迹。

夜宿禅院也能听到激流的喧腾声，让我独自一人在夜里不能安睡。

---

① 嘉陵江：源出陕西凤县，流经四川，于重庆汇入长江。上人：对僧人的尊称。

② 神禹迹：大禹治水的遗迹。

③ 自云：犹"自然"。

④ 雷转：水声如雷。

⑤ 道门旧：即深上人。物我情：指红尘俗世之欲。

水的特点本是安静的，石头中本来也没有声音。

为什么两者互相冲击，却如雷鸣般使幽深的山林惊动？

待我把这个问题留给禅院的老友，了却这外物与我之情。

知人论世

韦应物很早就步入仕途，十五岁起就担任三卫郎为唐明皇效力。其性格仁义侠气，狂放潇洒。安史之乱以后，唐玄宗流落蜀地，韦应物流落失职，开始用心读书，后来进士及第，历任滁州、江州、苏州刺史的官职。唐德宗贞元六年（790）罢官，后在苏州永定寺闲居，直到终年。韦应物晚年研习禅宗思想，时常出入寺院，亦有许多提及佛教、佛门的诗作，《听嘉陵江水声寄深上人》应当是他晚年所作。

文学鉴赏

哲思并非只产生于空山深林或禅房静室，只要善于观察，精于思考，即使在热闹和喧嚣中也能体悟到哲理之所在，中唐的韦应物便是这样一位善思的诗人。

在《听嘉陵江水声寄深上人》一诗中，韦应物来到传说中大禹凿崖治水的地方，夜宿山门店，被嘉陵江雷鸣般的奔湍急浪搅得难以入睡——"凿崖泄奔湍，古称神禹迹。夜喧山门店，独宿不安席。"首句"泄奔湍"三字描绘了嘉陵江水的湍急，诗人接着说明此处"大禹治水"的渊源，为嘉陵江和禅寺增添了几分的圣贤传说的灵气。"山门"通常指寺院正门的楼门，后来逐渐成为寺院的别称，诗人独宿禅院，本应是非常幽静的，却闻江水夜"喧"，这里诗人用了拟人化的手法，似是嗔怪隆隆的江流声喧扰了他的清眠，但也正因如此，引发了他的禅思——"水性自云静，石中本无声。如何两相激，雷转空山惊。"

"雷转空山惊"，这里诗人用一个"惊"字，点出了水声隆隆，甚至让空山惊动的震撼之感，十分传神。在没有外物干扰的情况下，水是安静的，石头是静默的，但为何二者相遇，水石相激，竟发出雷鸣般的巨响？

这里诗人思考的当然不是物理学的声学问题，而是动与静、心与物的关系问题。按照禅的观点来看，人心如同水、石一般，本性是宁静的。可是一旦与外物相遇，便如水石相激，激荡起波澜，不复之前的安静平和。世人都懂得"非宁静无以致远"，可人生在世，无法避免"物""我"相遇，很难彻底隔绝外界的喧嚣，不管是面对形形色色的诱惑，还是种种繁杂的琐事，要寻求宁静，唯有保持一颗清净的本心。心造万物，如水生波，如水激石鸣，只有修炼好自己的心境，方能在动中取静，在物我相遇之时仍然保持心境的澄澈自由，不为外物所扰。

诗文的最后两句"贻之道门旧，了此物我情"，韦应物表明了自己写此诗的目的是以此赠给深上人，与标题形成呼应。同时颇具兴味地将"物我之问"抛给老友。唐代称僧人为"上人"，深上人作为僧人想必是精通禅理的，不知深上人又是如何看待诗人的一番心得呢？全诗到此戛然而止，我们无法知晓深上人对此是如何作答的，但诗人提出的"物我之问"却伴随着这意犹未尽的结尾留在了读者的心中，启迪我们思索这山石流水中蕴含的人生哲理。

《听嘉陵江水声寄深上人》课后习题

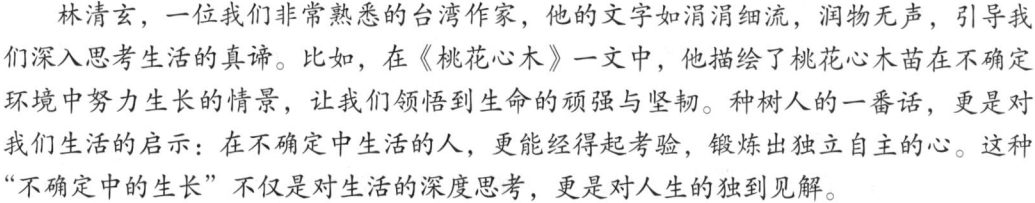

人文启迪

林清玄：生活的哲思与笔墨的智慧

林清玄，一位我们非常熟悉的台湾作家，他的文字如涓涓细流，润物无声，引导我们深入思考生活的真谛。比如，在《桃花心木》一文中，他描绘了桃花心木苗在不确定环境中努力生长的情景，让我们领悟到生命的顽强与坚韧。种树人的一番话，更是对我们生活的启示：在不确定中生活的人，更能经得起考验，锻炼出独立自主的心。这种"不确定中的生长"不仅是对生活的深度思考，更是对人生的独到见解。

林清玄善于观察和思考生活中的细节，从细微之处捕捉生活的美好，用简洁明快的语言阐述其中蕴含的人生的真谛。他深知生活中的每一个细节都可能隐藏着深邃的哲理，需要我们用心去发现、去体验、去思考。正是这种深入观察和思考，使他能够从平凡中发现不平凡，从普通中找到特殊。

同样，在《水中的蓝天》中，林清玄描绘了农夫插秧的情景，引导读者发现"唯有在心田里插秧的人，才能从心水中看见广阔的蓝天"的哲理，启示我们认真对待生活中的每一件事情，只有全身心地投入，才能在过程中获得内心的满足和心灵的宁静。而在《玫瑰与刺》这一文中，他则是通过玫瑰花的美丽和刺的丑陋，探讨了完美与不完美并存，人们珍惜生命中的美好，同时也接纳生命中的不完美，既能欣赏美丽的花朵，也能包容刺的存在。这种包容不仅是对自己的包容，也是对他人的包容。只有当我们能够接纳和包容不同的观点和生活方式时，才能实现真正的和谐与共同发展。

林清玄是一位生活的哲学家，他用文字诠释了生活的真谛与人生的意义，他的写作方法亦对我们有着深刻的启示：林清玄不执着于宏大叙事，而是细心观察和品悟生活中的点点滴滴，见微知著，由浅入深，逐渐挖掘平凡事物中蕴含的哲理，并力避行文的繁冗和晦涩，总是用简洁明快的语言来阐述精妙的生活奥义。

他教我们要有一颗敏锐的心去感受生活中的点滴细节，用真实的情感去描绘人生的喜怒哀乐，用朴素真挚的语言来表达自己的思想，用深入浅出的道理来传递智慧与启迪。也正因如此，林清玄的作品总是充满真实与感动，能够真正触及读者的内心深处，引发大家的共鸣与思考。让我们从林清玄的作品中汲取灵感，领悟他的写作之道，以笔为媒，书写生活的奥义与美好。

微课：咏史

咏　史

李商隐

诵读：咏史

✏ **学习指南**

一、学习目标

1. 了解李商隐生平经历及诗歌《咏史》创作背景。

2. 了解诗歌中所涉及的典故和相应历史文化知识，理解诗歌大意，学习李商隐通过咏史抒怀的表达方式。

3. 体会李商隐对历史的思辨和对国家命运的深切关注，学习其心怀天下、忧国忧民的责任感和使命感。

二、学习建议

1. 课前自主查询李商隐的人物生平，了解《咏史》创作的时代背景。

2. 课前自主观看《咏史》诵读视频，梳理《咏史》诗歌大意，把握诗歌主旨。

3. 课中扫码检测自主学习成果，分享交流诗歌主题和艺术特点。

《咏史》课前习题

4. 课后观看纪录片《唐之韵》(第十九集：朦胧诗人)，体会李商隐至情至性、耿介忠贞、百折不挠的崇高品格和高尚情怀，并完成思考与练习作业。

📖 **诗词漫润**

历览前贤国与家，成由勤俭破由奢①。

何须琥珀方为枕②，岂得真珠始是车③。

运去不逢青海马④，力穷难拔蜀山蛇⑤。

---

① 《韩非子·十过》载秦穆公问由余："愿闻古之明主得国失国常何以？"由余对曰："常以俭得之，以奢失之。"

② 琥珀枕：据沈约《宋书》载，宋武帝（刘裕）时宁州献琥珀枕，时北征需琥珀治金疮，即命捣碎分付诸将。

③ 真珠车：据《史记·田敬仲完世家》，战国时魏惠王向齐威王夸耀他有"径寸之珠，照车前后各十二乘者十枚"，威王说自己宝贵的是贤臣，"将以照千里，岂特十二乘哉！"

④ 青海马：一种产于青海的杂交马，据说能日行千里。此喻可任军国大事的英才。

⑤ 蜀山蛇：《蜀王本纪》："秦献美女于蜀王，王遣五丁迎女。还至梓潼，见一大蛇入山穴中，五丁共引蛇，山崩，压杀五丁，化为石。"冯浩《玉溪生诗笺注》："句意本刘向《灾异封事》：'去佞则如拔山。'"

几人曾预南薰曲^①，终古苍梧哭翠华^②。

（选自《玉溪生诗醇》，[唐]李商隐著，聂石樵、王汝弼笺注，中华书局2008年版）

参考译文

纵观历史，无论是大国还是小家，成功源于勤俭，衰败起于奢华。

何必非要用琥珀作枕头，怎么能说镶有珍珠的才是好车？

可惜时运已经逝去，千里马何处才能遇上？力量已经用尽，邪恶的蜀山蛇难以铲除！

有几人曾亲耳听过先贤舜帝的《南风歌》？天长地久，百姓只能在苍梧为贤君哭泣。

知人论世

李商隐（约813—约858），字义山，号玉溪（谿）生、樊南生，怀州河内（今河南沁阳）人，唐代著名诗人，出生于郑州荥阳。他擅长诗歌写作，骈文文学价值也很高，与晚唐的杜牧合称"小李杜"，与温庭筠合称为"温李"。其诗构思新奇，风格秾丽，尤其是一些爱情诗和无题诗写得缠绵悱恻，优美动人，广为传诵。但部分诗歌过于隐晦迷离，难于索解，以致有"诗家总爱西昆好，独恨无人作郑笺"之说。李商隐一生处于牛李党争的夹缝之中，因此始终不得志。死后葬于家乡沁阳。作品收录为《李义山诗集》。

《咏史》应当作于开成五年（840）正月唐文宗去世后。唐文宗李昂节俭勤勉，勤于政事，曾发动甘露之变，企图消灭宦官势力，事败后遭到软禁，最后抑郁而终，引发李商隐对国家命运的深切思索和担忧。

文学鉴赏

在本诗的首联，诗人先抛出一个结论——"历览前贤国与家，成由勤俭破由奢。"这两句诗总结了诗人对历史上的国家兴衰和人生得失的观察和思考，一个国家的繁荣昌盛往往由于勤俭节约，而衰败则常常是由于奢侈浪费。这是对历史经验的总结，也是对人生的深刻启示。

颔联承接首联，继续强调奢华靡费的生活没有意义，没有必要用昂贵的琥珀来制作枕头，也不需要用珍珠来装饰车辆。这里的"琥珀枕""真珠车"不仅仅是奢侈品的代名词，其实还暗藏典故："琥珀枕"本是宋武帝刘裕的宝物，后逢北征众将领需琥珀医治金疮，刘裕毫不迟疑，即刻下令将其捣碎分给诸将；"真珠车"则是魏惠王的爱物，他曾向齐威王夸耀他有明珠镶嵌的宝车，而齐威王却说自己最珍贵的宝物是贤臣，因而此处用典亦是暗暗赞颂了宋武帝和齐威王这样不慕奢华、体恤臣子的贤明君主，同时为颈

---

① 南薰曲：相传舜作《南风》诗："南风之薰兮，可以解吾民之愠兮。"这里以"南薰曲"指君主爱民求治之愿望。

② 苍梧：即九嶷山（今湖南宁远县南），传为舜葬之处。这里借指文宗所葬的章陵。翠华：天子仪仗，代指文宗。

联的议论和感慨埋下伏笔。

稷下学宫浮雕

接下来的"运去不逢青海马，力穷难拔蜀山蛇"则是整首诗的转折。"青海马"是一种能日行千里的宝马，这里用以指代国家的栋梁之才，诗人却说"远去不逢"，感慨治国良才难遇，朝廷无可依仗；"蜀山蛇"与"青海马"相对，指代奸佞，"力穷难拔"即是叹息黑暗势力盘根错节，难以尽除。诗人在前文还力陈勤俭之道，为何到此突然发出这般感叹呢？这其实与诗人所处的环境息息相关。李商隐生于晚唐，彼时的唐朝早已不复盛唐气象，朝政积弊已久，国力衰退。他作此诗时正值唐文宗李昂当政，李昂并非昏君，他在位期间厉行节俭，也多次做过重振朝纲的努力，却始终受制于宦官集团和地方藩镇势力，难有作为，最后含恨而终。

正是这种对于国家命运的深切关注，使得李商隐陷入无尽的迷茫与痛苦。唐文宗奉行节俭，勤政为民，照常理说走的是使国家兴旺的正道，可为何却落得如此下场，难道真的是因为"运去"，王朝气数已尽？带着心中宿命般的凄凉与无奈，诗人以"几人曾预南薰曲，终古苍梧哭翠华"收束全诗。相传舜作《南风》诗："南风之薰兮，可以解吾民之愠兮。""苍梧"则是舜的所葬之地。曾经沐浴过圣王之治的人早已不在，今人徒有凭吊之功，又有谁知晓舜的治国之道，能告诉心怀社稷的仁人志士治世良方呢？

纵观全诗，此诗名为《咏史》，实则借古讽今，数次用典，抒发了对当时政治生态的无奈与不满，对国家命运的担忧与困惑。全诗曲折婉转、悲凉哀婉的气氛中蕴藉着诗人一片忧国忧民的赤子丹心。

《咏史》课后
习题

人文启迪

品读历史，知古鉴今：马克思的读史实践与启示

在浩瀚的历史长河中，无数先贤用他们的智慧和勇气书写了一篇篇辉煌的篇章。品读历史，不仅是对过去的回忆，更是对未来的思考。历史既是知识的宝库，更是人生的镜子。马克思作为一位伟大的思想家，他品读历史的实践对我们有着重要的启示。

马克思阅读过的史书非常丰富，他详细研究了波兰历史特别是波兰外交史的著作，研读过雷尼奥的《欧洲问题》、马·柯瓦列夫斯基《公社土地占用制，其解体的原因、进程和结果》、摩尔根《古代社会》、梅恩《古代法制史讲演录》、拉伯克《文明的起源和人的原始状态》、菲尔《印度和锡兰的雅利安人村社》等书籍。这些书籍涵盖了哲学、经济学、历史学、政治学等多个领域，对马克思的思想和理论的形成产生了深远的影响。

马克思在阅读历史时，采取了一种批判和辩证的方法，并提出了"历史唯物主义"这一概念，认为历史是由经济、政治和文化等多重因素相互作用而形成的。通过阅读这些史书，马克思深入挖掘了历史的内在逻辑和发展趋势。他强调了历史的阶级性和国家制度，认为历史的发展是由阶级斗争和国家制度之间的相互作用而推动的。同时，他也关注了历史的规律性和必然性，认为历史的发展是有规律的，而且这些规律是可以被揭示和掌握的。

学史明理，马克思通过深入品读历史，理解了历史的规律和发展趋势，从而更好地思考人生。他从历史中汲取智慧，以更加明智的态度看待人生和社会。他强调人的自由和全面发展，认为只有在自由的状态下才能实现全面发展。他批判了资本主义社会对人的束缚和压迫，认为只有通过革命和变革才能实现人的真正自由和发展。这种思考人生的方式不仅是一种理论探讨，更是一种实践智慧。

从马克思品读历史的实践中，我们可以看到他对历史的深刻理解和独到见解。通过深入研究历史，马克思不仅增长了知识，还获得了对世界、对社会、对人类发展规律的深刻认识。对于我们来说，品读历史的意义不仅仅是增长知识，更是通过理解历史，增强对真理的信念，提高品德修养，并为未来的发展提供指导。正如"学史明理、学史增信、学史崇德、学史力行"所强调的，通过学习历史，我们可以明确事物的本质和发展规律，增强对马克思主义和共产主义的信仰，树立正确的世界观、人生观和价值观，同时将所学知识应用于实践中，不断提高自己的能力和素质，从历史中汲取智慧和力量。只有这样，我们才能更好地理解世界、塑造品格、规划未来，为实现中华民族伟大复兴的中国梦贡献自己的力量。

微课：临江仙·送钱穆父

临江仙·送钱穆父 [①]

苏　轼

诵读：临江仙·送钱穆父

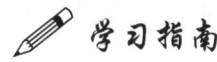 学习指南

一、学习目标

1. 了解苏轼的文学创作特点及《临江仙·送钱穆父》的创作背景。

---

① 钱穆父：钱勰，字穆父，宋代重要文人，与苏轼交谊深厚。但不为朝中得势者所容，三年辗转三地。

2. 理解诗词大意，把握诗词主旨，结合词人的情感变化学习品味词的意境。

3. 领悟词人面对离别聚散时超然物外的人生智慧，学习其旷达洒脱、豁达乐观的精神。

二、学习建议

1. 课前复习苏轼的人物生平，把握《临江仙·送钱穆父》的创作背景。

2. 课前自主梳理《临江仙·送钱穆父》的大意，熟悉词中出现的意象，把握词的主旨。

3. 课中扫码检测自主学习成果，分享交流东坡词的艺术特点。

4. 课后观看纪录片《苏东坡》，体会并学习苏轼廉洁自律、勤政爱民、自强不息、淡泊名利、豁达乐观的美好品质和高尚情怀。

《临江仙·
送钱穆父》
课前习题

 **诗词浸润**

　　一别都门三改火①，天涯踏尽红尘②。依然一笑作春温③。无波真古井，有节是秋筠④。

　　惆怅孤帆连夜发，送行淡月微云。樽前不用翠眉颦⑤。人生如逆旅⑥，我亦是行人。

（选自《苏轼词编年校注》，邹同庆、王宗堂校注，中华书局 2007 年版）

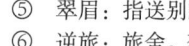 **参考译文**

　　京城一别我们已是三年未见，你总是羁旅天涯漂泊在人世间。相逢时你的笑容依然像春风般的温暖。你的心一直如古井之水不起波澜，你的品行始终如秋竹一般高风亮节。

　　心中忧伤你半夜就要扬帆出发，送行之时白云微茫，月光浅淡。离别之宴上助兴的歌舞伎用不着为离愁别恨而哀怨。人生如同一座旅舍，我也是匆匆过客。

知人论世

　　苏轼是北宋中期文坛领袖，在诗、词、散文、书、画等方面取得很高成就。文纵横

---

① "一别"句：宋哲宗元祐三年（1088）九月钱勰自京赴知越州（今浙江绍兴）。元祐六年（1091），苏轼知杭州时为送别自越州知瀛州途经杭州的老友而作本词，二人别已三年。都门，指汴京。改火，本指四季以不同木材钻木取火，后多指寒食禁火三日后重新起火，故以一改火指一年。

② 红尘：飞扬的尘土，后指人世间。

③ 春温：如春天般温暖。作者《送鲁元翰少卿知卫州》："时于冰雪中，笑语作春温。"

④ 筠（yún）：竹。以上二句出白居易《赠元稹》："无波古井水，有节秋竹竿。"

⑤ 翠眉：指送别的官妓。颦（pín）：皱眉。

⑥ 逆旅：旅舍。李白《春夜宴桃李园序》："夫天地者，万物之逆旅；光阴者，百代之过客。"

恣肆，明白畅达，为"唐宋八大家"之一，与韩愈、柳宗元和欧阳修合称"千古文章四大家"。诗题材广阔，清新豪健，善用夸张比喻，独具风格，与黄庭坚并称"苏黄"。词开豪放一派，与辛弃疾同是豪放派代表，并称"苏辛"。苏轼善书，用笔丰腴跌宕，有天真烂漫之趣，与蔡襄、黄庭坚、米芾并称为"宋四家"。擅长文人画，尤擅墨竹、怪石、枯木等。作品有《东坡七集》《东坡易传》《东坡乐府》《潇湘竹石图卷》《古木怪石图卷》等。

这首词作于公元宋哲宗元祐六年（1091）春，苏轼时任杭州知州，其老友钱勰（穆父）自越州（今浙江绍兴北）徙知瀛洲（治今河北河间），途经杭州，苏轼作此词为其赠行。

📖 文学鉴赏

《临江仙·送钱穆父》是一首别出心裁的送别词。

在词的上片，苏轼描写了与友人久别重逢的温馨场景。"一别都门三改火。"先说"改火"，古人钻木取火，因在四季换用不同木材，所以以"改火"来指代年度的更替，"三改火"即是过了三年。三年来，钱穆父先从京城去谪守越州，此次又远赴瀛州，真可谓"天涯踏尽红尘"。分别虽久，但情谊不变，友人温和一笑，依旧和煦如春风入怀。更令人称道的是，穆父依然持节自守，保持耿介淡泊之志，这里"无波真古井，有节是秋筠"化用了白居易《赠元稹》中的"无波古井水，有节秋竹竿"，赞誉友人的心始终如古井水不起波澜，挺拔有节似秋天劲竹。这既是对友人忠君为国、坚持操守的安慰和支持，也是词人半生经历、高洁节操的自我写照。苏轼与钱穆父志趣相投，彼此心有戚戚，久别重逢后自然是把酒言欢，言笑晏晏。可惜欢聚的光阴苦短，正当二人意犹未尽之时，分别之期已到，词的下片也开始由相逢的喜悦转向离别的忧伤。

下片首句"惆怅孤帆连夜发，送行淡月微云。"词人先用"惆怅"将离别的愁绪铺陈开来，赴任的行舟在夜间就要启航，纵是有万般无奈和不舍，他也要与友人惜别。愁云惨淡，月色寂寥，"淡月微云"营造出一种清幽凄冷的气氛，渲染着词人与挚友分离的悒悒不欢的情绪。然而在愁绪酝酿到极处之时，接下来一句却让整首词的情绪再次发生改变，由哀伤转向了豁达明朗："樽前不用翠眉颦。"在古代士人的离别宴饮之上，往往会有歌舞伎助兴，而这里词人却说，送别筵席上的歌伎不必为离别而蹙眉愁怨，这又是为何呢？是不让她们再为离别增添愁绪吗？并不尽然，而是因为"人生如逆旅，我亦是行人"。人生如同一座旅店，你我都是天地间的过客，既然如此，又何必计较眼前短暂的聚散离别呢？

词人以一种随遇而安、旷达洒脱的人生态度收束全词，一扫寻常离别之词的愁苦悲凉，既慰藉劝勉了友人，又抒发了其恬淡自安、超然物外的豁达襟怀。其实人生之路总是不免坎坷颠簸，在忧伤失意之时，我们不妨从苏轼的诗词中汲取人生智慧，以一种超然洒脱的态

雁送行舟

《临江仙·
送钱穆父》
课后习题

度，勉励自己笑对风雨，随遇而安。

人文启迪

苏轼诗词中的儒释道思想对当代青年的启示

苏轼一生坎坷，入仕初期，他满怀报国壮志，参政议政，后多次被贬，渐渐寄情于道家的洒脱、豁达，佛家的善良、仁慈，但忠君爱国，勤政的儒家思想未曾改变。细读苏轼诗词作品，能深刻地感受到儒释道精神在他身上完美兼容，其儒释道思想对当代青年更是有着重要的教育意义。

儒家思想是中国传统文化的主流思想和重要组成部分，其倡导的"仁义、爱民、守信、正义、文明、和谐"也是我们当今社会核心价值观的基石。苏轼时刻怀着"早岁便怀齐物志，微官敢有济时心"的济世报国想法，但换来的不是身居高位、改变民生，而是屡被排挤多次被贬。在被贬谪期间，他做了大量有口皆碑的民生实事，被贬惠州期间，他捐出御赐犀带，助建东新桥；被贬儋州时期，他帮助当地农民发展农业生产，鼓励农民多种稻谷"霜降稻实，千箱一轨"，多开垦荒地"斩艾蓬藋，南东其亩"，大力推广农业技术"利尔耝耜，好尔邻偶""播厥熏木，腐余是穯"；他还积极发展教育，培养人才；他还给百姓惠施药材，帮助百姓酿造养生酒。可以说苏轼真正做到了将仁爱外化于行。

道家思想作为中华文化重要的组成部分，其中的尊崇自然规律、洒脱豁达、静心修德等思想，对人们有着重要的精神慰藉作用。苏轼在贬时并不是每日郁郁寡欢、沉溺于高居朝堂的往日回忆之中，也并没有被巨大的落差扰乱心智，而是在偏远孤独之境，居陋室而心不陋，静心修身养性。即便睡于小阁藤床，仍怀有"为报先生春睡美，道人轻打五更钟"的坦然心态；即便身处岭南僻壤，却发出"日啖荔枝三百颗，不辞长作岭南人"的欢愉慨叹；即便遭遇宦海浮沉，还保持"罗浮山下梅花村，玉雪为骨冰为魂"的高洁品行。可见他早已将旅途劳累、心中不平等贬谪带来的身心之苦，化作洒脱之风而淡然处之，这是一种不沉浸于追求物质生活的洒脱。

佛家思想要求人们慈悲为怀，诸恶莫作、众善奉行、自净其意、众生平等、超然无垢。苏轼在贬谪时仍是行善修德，虽被一贬再贬，也并不是每日抱怨、仇恨朝堂的不公、同僚的排挤，而是以德报怨、持有一种"九死南荒吾不恨，兹游奇绝冠平生"释然开怀的态度。在他大赦北归的路上，听说政敌章惇被放逐、其子章援也因之受牵连被贬雷州的消息后，连忙写信告诉章惇的女婿黄实，让他转告章援说："子厚被贬雷州的消息，我听了以后终日为之感叹。雷州半岛虽然偏远，但没有能使人致病的有毒气体。我弟弟苏辙曾经在那里待过一年，非常平安。"希望黄实能以此话来开导、劝解章家人。

当代青年要像苏轼一样有积极有为的人生追求、豁达洒脱的精神境界和静心节欲的修持方法。苏轼在晚年对自己人生总结的诗中写道"问汝平生功业，黄州惠州儋州"，让我们明白了苏轼在人生的最后时期，仍然没有消沉，哪怕没有实现自己济世的心愿，但他仍将一生中最痛苦的三次贬谪说成了功业。这是何等的气魄，何等的洒脱！由此可见，一个人的成功不单单是获取世俗的功名利禄，更重要的是拥有充盈丰富的内心。希望当代青年能以苏轼为榜样，从他身上汲取力量，既要努力拼搏实现人生价值，又能洒脱旷达面对人生挫折；既重修身，也重修心，在现世生活中活出别人眼中的诗和远方！

（选自《苏轼诗词中的儒释道思想对当代青年的启示》，宋瑞、张溯、杨晓玉，《新乡日报》2023 年 11 月 4 日第 4 版，原文有删减）

泛　海

王守仁

微课：泛海

诵读：泛海

✏ 学习指南

一、学习目标

1. 了解王守仁生平经历及《泛海》的创作背景。

2. 分析诗歌的意象，理解诗歌大意，把握诗歌主旨。

3. 体会王守仁临危不乱的豪迈气魄，豁达超脱的坦荡胸怀和积极向上的人生态度。

二、学习建议

1. 课前自主查询王守仁的人物生平，自主观看《百家讲坛——传奇王阳明》，了解《泛海》的创作背景。

2. 课前自主梳理《泛海》诗歌大意，把握诗歌主旨。

3. 课中扫码检测自主学习成果，分享交流诗歌主题和艺术特点。

4. 课后完成思考与练习作业。

《泛海》课前
习题

📖 诗词浸润

险夷原不滞胸中①，何异浮云过太空？

夜静海涛三万里，月明飞锡下天风②。

（选自《王文成公全书》，王晓昕、赵平略点校，中华书局 2015 年版）

⚔ 参考译文

　　一切艰难险阻，在我看起来，就如天上飘浮的一朵朵白云，不应停滞于心中。

　　夜深人静时，我思考着国家的命运，思考着自己的人生经历，尽是大起大落，如海中波涛一般。我将乘天地之正气，秉持光明的心地，去接受任何的人生艰难险阻的挑战。

---

①　险夷：祸福。滞：滞留，牵挂。

②　飞锡：僧人游方。《释氏要览》卷下："今僧游行，嘉称飞锡。此因高僧隐峰游五台，出淮西，掷锡飞空而往也。若西天得道僧，往来多是飞锡。"

 知人论世

王守仁像

王守仁（1472—1529），幼名云，字伯安，号阳明，封新建伯，谥文成，明代著名的学者、文学家、哲学家和军事家。王阳明不仅是宋明心学的集大成者，一生事功也是赫赫有名，仕于孝宗、武宗、世宗三朝，自刑部主事历任贵州龙场驿丞、庐陵知县、右佥都御史、南赣巡抚、两广总督等职，接连平定南赣、两广盗乱及宸濠之乱，故被称为"真三不朽"（《左传·襄公二十四年》："太上有立德，其次有立功其次有立言，虽久不废，此之谓不朽。"）。其学术思想在中国、日本、朝鲜半岛以及东南亚国家乃至全球都有重要而深远的影响。明武宗正德元年（1506），王阳明因仗义执言被贬为贵州龙场驿丞。途中宦官刘瑾还派人对他进行暗杀，王阳明急中生智，做出投江自杀的假象，搭上了前往福建的商船。不料，当他坐船行于海上时，却遇上大风暴，他毫不畏惧地坐在船上，写下了这首《泛海》。

文学鉴赏

这首诗是明代哲学家王阳明的作品，诗中表达了作者面对险阻与困难时的超然与从容，以及顺应自然、无畏无惧的人生态度。

在本诗的前两句"险夷原不滞胸中，何异浮云过太空"，诗人明确表达了他对于困难和险阻的态度。他认为，无论是顺境还是逆境，都不应该停留于心胸之中，影响自己的心态和行动。这就像天空中的浮云，虽然形状各异，但终究会随风飘过，不留痕迹。作者用浮云比喻困难和险阻，表达了他面对困境的超然态度。

王阳明作此诗时，正因得罪刘瑾而被其所派锦衣卫追杀，他佯装投水自杀而逃过一劫，而后搭上商船入海，却不料又在海上遭遇大风暴。那他又是以何种具体的心理状态应对眼前的险境呢？"夜静海涛三万里，月明飞锡下天风"，王阳明描绘了一个充满了奇幻想象的宏丽场景：夜深人静，海涛汹涌，一叶孤舟仿佛在无尽的三万里海面上翻滚。但是在这波涛之中，月亮依然明亮，我仿佛持杖云游，徜徉在天地正气之间，自由自在，悠然自得。这既表达了诗人面对险阻与困难时的超然与从容，又展现出其坚毅无畏的心怀和乐观豁达的气度，同时也反映了王阳明的哲学观："戒慎不睹，恐惧不闻，养得此心纯是天理。"顺应自然，不滞于心，以超然的态度面对人生的起伏，便自然能达到无惧无畏的纯明境界。

总的来说，这首诗表现了王阳明面对人生波折与困境时的心态和智慧。人生在世总是免不了风雨颠簸，当我们遇到困难险阻时，不妨向王阳明学习，让他那超然豁达的人生态度和乐观精神指引我们前行。

《泛海》课后习题

📖 人文启迪

阳明心学的现代智慧启示

在历史的长河里，阳明心学如璀璨星光，照亮了心灵的深邃之处。它简而深地阐述"心即理"，引导我们回归内心，探寻真理之源。这份智慧，为当代人指引方向，让我们在喧嚣世界中，依然能守心明理，追求内在的平静与真实。

一、心即理：关注内心，探索自我

阳明心学认为"心即理"，强调人的内心是世界的真理和道德的根源。一切事物皆由心生，人的内心包含了所有的道理和真理。在快节奏的现代生活中，人们往往被外界的物质世界所迷惑，忽略了内心世界的丰富与深刻。阳明心学启示我们要深入探索与认识自己的内在世界，通过反省和思考，了解自己的价值观、信仰和追求，从而找到人生的方向和意义。这种内心的探索有助于我们更好地应对外界的挑战，实现内心的平静与和谐。

二、知行合一：理论与实践相结合

阳明心学强调"知行合一"，认为知识和行动是密不可分的。只有将知识转化为行动，才能真正实现知识的价值。在当代社会，人们往往过于追求理论知识，而忽略了实践的重要性。阳明心学的"知行合一"思想提醒我们，要注重实践能力的培养，将所学知识运用到实际生活中去。同时，要勇于尝试和探索，将理论知识与实践相结合，不断提高自身的能力和素质。这种知行合一的态度有助于我们在工作和生活中取得更好的成果。

三、致良知：坚守道德底线，追求内心善良

阳明心学中的"致良知"强调人应该追求良知，通过良知来指导自己的行为。良知是每个人内心固有的、天赋的道德感和判断力。在现代社会中，道德缺失和责任感淡薄的现象屡见不鲜。阳明心学的"致良知"思想为我们提供了一种回归本真、坚守道德底线的正向途径。我们应该关注自己的内心，倾听良知的声音，在面对各种诱惑和选择时，用良知来指导自己的行为。同时，要加强道德教育，培养人们的道德意识和社会责任感，营造一个良好的社会氛围。

四、心外无物：保持内心的平静与坚定

阳明心学认为"心外无物"，强调人的内心是独立而完整的，不受外界环境的干扰和影响。在复杂多变的现代社会中，人们往往被外界的信息和诱惑所干扰，难以保持内心的平静和坚定。阳明心学的"心外无物"思想启示我们要保持内心的平静和坚定，专注于自己的内心世界。通过修炼内心，我们可以更好地应对外界的挑战和压力，实现内心的宁静与和谐。

五、宽心与诚心：培养宽广的胸怀和真诚的态度

阳明心学还强调宽心和诚心的重要性。宽心意味着心胸宽广、不计较得失；诚心则是指待人接物要真诚、不虚伪。在人际交往中，我们应该培养宽广的胸怀和真诚的态度。宽容待人可以让我们更加和谐地与他人相处；真诚待人则可以赢得他人的信任和尊

重。这种宽心和诚心的态度有助于我们建立良好的人际关系网络，为个人的成长和发展创造更多的机会和可能。

在探索与实践的旅途中，阳明心学以其深邃的智慧，为当代人点亮了一盏心灵的灯塔。它教会我们倾听内心的声音，追求知行合一的境界，坚守良知与道德的底线。在纷扰与挑战中，让我们保持一颗宽广而真诚的心，勇敢地面对生活的每一个瞬间。如此，我们方能在复杂多变的世界中，找到属于自己的那份宁静与力量，让生命之花在智慧与美德的滋养下，绽放出最耀眼的光彩。

单元实践
"短视频的火爆是精神文化丰富还是匮乏的表现"主题辩论赛

一、任务书

授课日期：	活动班级：
学习团队：	团队成员：

（一）任务描述

以小组为单位，以"短视频的火爆是精神文化丰富还是匮乏的表现"为辩题，组织一场班级辩论赛。任务要求：

1. 明确立场。在"短视频的火爆是精神文化丰富的表现"或"短视频的火爆是精神文化匮乏的表现"正反论点中任选其一，并准备相关论据支持本方立场。

2. 团队协作。与队友共同讨论、研究和准备辩论材料，形成一致的辩论策略。

3. 逻辑论证。在辩论过程中，运用逻辑推理和事实证据支持本方观点，并对对方观点进行合理反驳。

4. 语言表达。清晰、流利地表达个人观点，注意语言表达的准确性和说服力。

5. 遵守规则。严格遵守辩论赛规则，尊重评委和对手，保持良好的辩论风度。

（二）任务实施

1. 课前准备阶段

（1）团队分组。将参与者分成两组，每组需抽签确定立场，并围绕这一立场进行辩论准备。

（2）人员准备。自主选拔辩论主持人、计时员，可邀请班级成员之外的评委和观众。

（3）场地准备。提前布置好辩论场地，安排好座次，调试好投影设备。

2. 课中实施阶段

（1）开场与介绍。主持人介绍辩论赛辩题、规则和评分标准。

（2）立论环节。每组选派一名代表，阐述本组的立场和主要观点。

（3）质询与反驳环节。双方轮流提问和反驳，进一步阐明观点。

（4）总结陈词。每组再次选派一名代表，总结本组的主要论点。

（5）观众提问与互动环节。观众向辩手提问，辩手须当场回答。

（6）评委点评与评分。评委根据辩手的论点、逻辑、表达和应对能力进行评分和点评。

（7）公布结果与颁奖。主持人公布胜方和最佳辩手，并进行颁奖。

3. 课后总结阶段

活动结束后，组织同学们进行总结和反思，分享收获。

二、评价表

（一）评委评价表					
评价标准		（正方／反方）姓名			团队总体表现
论点明确和深入	20				
逻辑清晰连贯	25				
语言表达和礼仪	15				
应对能力	20				
团队协作	20				
总分					

（二）辩论总结

第八单元

数文结合　妙趣横生

微课：
第八单元
导入

数字，在我们的生活中无处不在，其实它们不只是计数的工具，更可以运用到诗歌创作中，为诗歌增添无限魅力。通过运用数字入诗，诗人能够化平淡为生动，变乏味为妙趣，让诗歌焕发出盎然生机。

　　在本单元的学习中，我们将一起共赏那些数文结合的佳篇：欧阳修的《少年游》中"栏杆十二独凭春，晴碧远连云，千里万里，二月三月，行色苦愁人"，以数字之凝练，铺陈渲染出离别的无限哀伤；王士祯的《题秋江独钓图》通过九个含有"一"的意象，勾勒出一幅恬然自在的秋钓画卷；郑板桥的《画竹》中更有"一两三枝竹竿，四五六片竹叶"，用简练的数字描摹出墨竹的清雅之态……这些诗中的数字如同美妙的音符，使得古诗词更加生动、形象、富有感染力。

　　数字在诗词中的精妙运用离不开诗人的匠心和巧思，正是他们通过对数字精妙选择和运用，才能使诗词焕发出独特的艺术魅力，让简洁的数字传达出丰富的情感和生动的意境，而他们所展现出的审美情趣和生活智慧，也将伴随这些灵动的诗篇永远地启迪着我们。

采 葛

《诗经·王风》

微课：采葛

诵读：采葛

学习指南

一、学习目标

1. 学习《诗经·王风》相关文化常识，理解《采葛》诗歌大意。

2. 把握《诗经》重章叠唱的形式特征，学习诗中用数字进行对比的艺术手法，体会诗歌的韵律美。

3. 感受诗歌中缠绵不绝、浓烈真挚的相思之情。

二、学习建议

1. 课前完成课前预习测试，欣赏《采葛》诵读视频，掌握文化常识，了解诗歌大意。

2. 课中检测自主学习成果，分享交流数字在诗歌抒发情感中发挥的作用。

3. 课后配乐诵读《采葛》，分享学习感悟。

《采葛》课前习题

诗词浸润

彼采葛兮①，一日不见，如三月兮！

彼采萧兮②，一日不见，如三秋兮③！

彼采艾兮④，一日不见，如三岁兮！

（选自《诗经》，王秀梅译注，中华书局2015年版）

参考译文

那个采葛的人啊，一天没看见她，好像隔了三月啊！
那个采萧的人啊，一天没看见她，好像隔了三秋啊！
那个采艾的人啊，一天没看见她，好像隔了三年啊！

---

① 采：采集。葛：葛藤，其皮可制成纤维织布。
② 萧：又名香蒿，古人祭祀时用。
③ 三秋：三个秋季，即九个月。此处用"秋"字，因秋天草木摇落，秋风萧瑟，易生离情别绪，引发感慨之情。
④ 艾：菊科植物，其叶子供药用。

 知人论世

"王风"即东周王城洛邑一带的乐调。幽王丧失西周，平王东迁洛邑，周室衰微，已无力驾驭各诸侯国，但名义还是中国之王，所以称此地之诗为《王风》。其地大约为今河南洛阳、孟县、沁阳、偃师、巩县、温县一带地方。今存诗十篇，多悲怨之音，故李白有"王风何怨怒"之说。

文学鉴赏

如何写尽热恋中的情侣之间难舍难分的爱意？在古老的《诗经》中，《采葛》用最朴素的语言给出了最完美的答案。

诗中的"采葛""采萧""采艾"皆是古代女子所从事的劳动，采葛为织布，采萧为祭祀，采艾为治病，因而此诗应该是一位男子写给自己所爱的姑娘的情诗。众所周知，热恋中的情侣都渴望长相厮守，难舍难分，哪怕是短暂的分别，也会让他们感到百般煎熬，难以忍受。《采葛》正是从这一角度着手，通过重章叠唱和字词的巧妙变换，演绎出了分别的爱人之间思念之情越酿越浓的心路历程。"一日不见，如三月兮""如三秋兮""如三岁兮"，为何一天不见，却感觉仿佛过了三个月、三个季节、三年呢？这看似是悖论，实则是对热恋中的情侣心理的描摹，正是因为二人彼此的感情如胶似漆，所以一日的分别才会变得如此难以忍受。三个"一日"的反复强调，和"三月""三秋""三岁"的数字夸张，对比产生强烈语言张力，尤其是第二章"如三秋兮"，选用"秋"作为季节的代表，而非"春""夏""冬"亦是别有巧思，秋季是万物衰败、百草凋零的时节，这种凄凉萧瑟的氛围也与相思的意境相合，渲染了离愁之苦。

除此之外，诗中每句结尾的语气词"兮"在音韵上较为缠绵悠长，伴随着诗歌中的字词变化，重复吟唱、铺陈、渲染，从"三月"到"三秋"，最后到"三岁"，随着时间不断增长，也表现爱人之间不断加深、越来越烈的相思之情。

如何表达我对你的爱？我只是把我思念你的感觉说了出来。只是一天没有相见，我对你的思念却是如此深刻、强烈、绵长。《采葛》用不加雕琢的语言，描绘了情侣间最令人断肠的离别相思之情，情真意切，引发了读者内心深处的共鸣，世代传唱不衰。从此诗中诞生的成语"一日三秋"，更是成为相思的代名词。

《采葛》课后习题

人文启迪

中国古典文学中的数学意境

数学和诗词的联系，在于意境。大家熟知的"一尺之棰，日取其半，万世不竭"是一个著名的例子。出自《庄子》的这段话，文学味道还不足。数学名家徐利治先生在课堂上讲极限的时候，总要引用李白的《送孟浩然之广陵》诗：

> 故人西辞黄鹤楼，烟花三月下扬州。孤帆远影碧空尽，唯见长江天际流。

"孤帆远影碧空尽"一句，让大家体会一个变量趋向于0的动态意境，煞是传神。

极限是无限过程。中国文学里描写无限的诗句很多。老子《道德经》第四十二章首句说，"道生一，一生二，二生三，三生万物"，那本是对宇宙起源的一种探索和认识。不过，从数学观点看来，很像自然数的皮亚诺公理，即从"道"出发，用"后继"的步骤把自然数一个一个地创造出来，而且构成"万物"——一个无限的系统。

不过，最接近数学无限意境的也许是杜甫的《登高》，其中有"无边落木萧萧下，不尽长江滚滚来"两句。仔细琢磨，似乎"无边"和"不尽"说的是"实无限"，而"萧萧下"与"滚滚来"，则描述了动态的"潜无限"。诗人当初未见得有这种数学思维，但就意境来说，相当接近，令今天的学子可以直觉地有所感受。

更有意思的是用诗句描述"无穷大"和"无界变量"的意境，贵州六盘水师专的杨光强先生告诉我，他在课堂上引用宋朝叶绍翁的名句

> 春色满园关不住，一枝红杏出墙来。(《游园不值》)

时，学生每每会意而笑。实际上，所谓无界变量，是说无论你设置怎样大的正数，变量总要超出你的范围，即有一个变量的绝对值会超过。于是，可以比喻成无论怎样大的园子，变量相当于红杏，结果是总有一枝红杏越出园子的范围。诗的比喻如此恰切，生动的意境联系到枯燥的数学内容，竟无牵强之处。

空间和时间都是无限的。近日与友人谈几何，不禁联想到初唐诗人陈子昂的名句：

> 前不见古人，后不见来者
> 念天地之悠悠，独怆然而涕下。(《登幽州台歌》)

一般的语文教材解释说上两句俯仰古今，写出时间绵长；第三句登楼眺望，写出空间辽阔。在广阔无垠的背景中，第四句描绘了诗人孤单寂寞悲哀苦闷的情绪，两相映照，分外动人。然而，从数学上看来，这是一首阐发时间和空间感知的佳句。前两句表示时间可以看成是一条直线（一维空间）。陈老先生以自己为原点，前不见古人指时间可以延伸到负无穷大，后不见来者则意味着未来的时间是正无穷大。后两句则描写三维的现实空间天是平面，地是平面，悠悠地张成三维的立体几何环境。全诗将时间和空间放在一起思考，感到自然之伟大，产生了敬畏之心，以至怆然涕下。这样的意境，是数学家和

文学家可以彼此相通的。

（选自《中国古典文学中的数学意境》，张奠宙，《科学文化评论》2008 年第 1 期，原文有删减）

微课：
题诗后

诵读：
题诗后

题诗后
贾　岛

 学习指南

一、学习目标
1. 了解贾岛生平经历及《题诗后》的创作背景。
2. 理解诗歌大意，学习诗中用数字进行对比和夸张的艺术手法，把握诗歌主旨。
3. 体会诗人对于诗歌艺术的执着追求，学习其精益求精、臻于完美的钻研精神。

二、学习建议
1. 课前自主查询贾岛的人物生平，了解《题诗后》的创作背景。
2. 课前欣赏《题诗后》诵读视频，梳理诗歌大意，把握诗歌主旨。
3. 课中扫码检测自主学习成果，分享交流诗歌主题和艺术特点。
4. 课后自主观看纪录片《唐代诗词故事》（第 6 集贾岛），完成思考与练习作业。

《题诗后》
课前习题

📖 **诗词漫润**

二句三年得，一吟双泪流。

知音如不赏①，归卧故山秋。

（选自《贾岛集校注》，齐文榜校注，中华书局 2020 年版）

📖 **参考译文**

这两句诗我构思多年才得来，一读起来禁不住两行热泪流出来。
和我志同道合的朋友如果不欣赏这两句诗，我将隐退故乡，再不作诗了。

💬 **知人论世**

贾岛，唐代诗人、文学家。他一生沉迷诗艺，居无定所，常独行吟咏于山林僧舍之

---

① 知音：知己，同志。

间，被称为"诗囚"。其性格执拗，言辞木讷，却以锤炼字句著称。曾因"僧敲月下门"与"僧推月下门"一字争议而引发"推敲"典故，广为流传。《题诗后》是贾岛在吟成《送无可上人》中"独行潭底影，数息树边身"二句后所加的注解诗。这两句诗凝聚了贾岛多年的心血和精力，是他对诗歌创作极致追求的体现。

沈周《东庄图册之拙修庵》

文学鉴赏

《题诗后》是唐代"苦吟诗人"诗人贾岛的五言绝句。

本诗前两句"二句三年得，一吟双泪流"这两句诗用夸张的手法凸显了诗人作诗的艰难和辛苦。诗人在此并没有直接描写自己精益求精、追求完美的心路历程，而是通过"二句"和"三年"这种直观的时间对比来给予人心灵震撼，仅仅两句诗，却需要花费数年时间才能构思完成，足见贾岛对诗歌艺术的追求之执着和刻苦。

如果说"二句三年得"突出了自己投入到创作中的时间精力，那么"一吟双泪流"则是描摹了他创作完成时的情态。当诗人终于废寝忘食完成这两句诗，他吟诵着凝结着自己心血的佳句，积攒多时的情绪终于爆发了出来，情不自禁地流下了热泪，这既是他对自己努力的肯定，也是他对诗歌艺术的热爱和敬畏之情的自然流露。借用四个数字，仅用十个字，贾岛就让自己"诗痴"的形象跃然纸上，这也从侧面印证了贾岛自身对于诗歌艺术的执着追求和全身心投入的精神正是他成为一位卓越诗人的重要因素。

艺术需要被欣赏才能焕发更多的生机，也正是基于此，诗人通过后两句"知音如不赏，归卧故山秋"抒发了对自己精心锤炼的作品得到认同的期许。但值得注意的是，这里诗人并没有期待所有人都能够欣赏他的诗作，而只是希望能够得到"知音"的认可，这里的"知音"应该是像贾岛一样热爱写诗、钻研写诗的同道。诗人可能对外行人的评论不以为然，但如若自己的心血都得不到知音的认同，那他情愿宁愿回到故乡的山中，过着隐居的生活。这两句看似是一句"气话"，体现了诗人对自己诗歌的"自负"，更侧面展现出他对诗歌艺术的自信和坚持。同时"故山秋"这一意境悠远，带有淡淡的忧伤气质，以此结尾亦使得本诗余韵悠长。

总的来说，《题诗后》整首诗语言简练，意境深远，诗人展现了自己"苦吟"的创作历程，塑造了一个经典的"诗痴"形象，表达了他对艺术的热爱和执着；也正是由于贾岛的"苦吟"精神，使"二句三年得，一吟双泪流"成为流传千古的佳句，启发和鼓励着一代又一代的创作者精益求精，臻于完美。

《题诗后》
课后习题

📑 **人文启迪**

工匠精神是铸就辉煌的坚韧灵魂

在历史的长河中，有一种力量始终激励着中华民族不断前行，那就是工匠精神。它不仅仅是对技艺的极致追求，更是对工作的热爱、对质量的坚守、对创新的执着。这种精神，如同一条隐形的纽带，将古代的能工巧匠与现代的大国工匠紧密相连，共同编织出一幅幅辉煌的篇章。

高凤林，这位被誉为火箭"心脏"的焊接人，他的故事是对工匠精神最生动的注解。在火箭发动机的喷管焊接岗位上，他坚守了三十五年。面对高温与极限环境，他没有丝毫退缩，而是凭借精湛的技艺和坚韧的意志，完成了数万次的精密焊接。每一次焊枪的落下，都是他对质量的承诺，对事业的忠诚。高凤林用自己的行动证明了，工匠精神不仅是对技艺的磨炼，更是对责任的担当。

胡双钱，则是航空制造领域的另一位杰出代表。他深知每一个零件的质量都关系到航空器的安全与乘客的生命。因此，在数十万次的零件加工过程中，他始终保持着高度的专注和严谨。这种对质量的极致追求，正是工匠精神的精髓所在。胡双钱用自己的坚持告诉我们，工匠精神不仅仅是对技艺的执着，更是对生命的敬畏和尊重。

孟剑锋的故事则让我们看到了工匠精神的另一面——对美的追求和创造的激情。他用银丝编织出的艺术品，不仅展示了精湛的技艺，更传递了对美的独特理解和感悟。孟剑锋的作品告诉我们，工匠精神不仅仅是技术的堆砌，更是艺术的创造和情感的表达。

这些大国工匠们的故事，让我们深刻理解了工匠精神的内涵和价值——它不仅仅是一种技能的传承和发扬，更是一种精神的塑造和传承。这种精神激励着我们在各自的岗位上不断追求卓越、勇于创新，为实现中华民族的伟大复兴贡献自己的力量。

在新时代的征程上，我们更需要大力弘扬工匠精神，让这种精神成为我们前行的动力源泉和精神支柱。让我们以大国工匠为榜样，用双手和智慧书写属于我们自己的辉煌篇章。同时，我们也应该认识到，工匠精神不仅仅局限于制造业和手工业领域，它更是一种普遍适用的价值观和精神追求：无论我们身处何种行业、从事何种工作，都应该秉持工匠精神的态度和精神风貌去追求卓越、创造美好。

微课：少年
游·咏草

诵读：少年
游·咏草

少年游·咏草
欧阳修

✏️ **学习指南**

一、学习目标

1. 了解欧阳修生平经历及文学成就。

2. 理解诗词大意，赏析词中的"春草"意象，领会数字在营造意境中的妙用。

3. 体味词中蕴藉的离别之情。

二、学习建议

1. 课前自主查询欧阳修的人物生平，知人论世。

2. 课前自主观看《少年游·咏草》诵读视频，梳理诗歌大意，把握诗歌主旨。

3. 课中扫码检测自主学习成果，分享交流诗歌主题和艺术特点。

4. 课后观看纪录片《宗师列传·唐宋八大家·欧阳修篇》，学习欧阳修敢于创新、坦荡正直、不屈不挠的崇高品格和高尚情怀，并完成思考与练习作业。

《少年游·咏草》课前习题

📖 诗词漫润

栏杆十二独凭春，晴碧远连云。千里万里，二月三月，行色苦愁人。

谢家池上①，江淹浦畔②，吟魄③与离魂④。那堪疏雨滴黄昏。更特地、忆王孙⑤。

（选自《欧阳修词校注》，胡可先、徐迈校注，上海古籍出版社 2015 年版）

📖 参考译文

在春日独自凭栏远眺，倚遍了每一个栏杆。蓝天下青草绵延，极目远眺与天相接。放眼远处，辽阔无际，千里万里，时令正是盛春的二月三月间。那远行之人，你走了，行色匆匆，令我愁苦无穷。

在谢灵运梦见族弟的池塘边，在江淹送别离人的南浦畔，独自吟诗难解离别愁绪。黄昏时分，稀疏的雨滴点点飘落，哪里能够承受这离愁之苦！更何况，此时此地，又想起了那离人。

💬 知人论世

欧阳修（1007—1072），字永叔，号醉翁，晚号六一居士，吉州吉水（今江西永丰）人，北宋政治家、文学家。欧阳修于宋仁宗天圣八年（1030）进士及第，历仕仁宗、英宗、神宗三朝，官至翰林学士、枢密副使、参知政事，死后累赠太师、楚国公，谥号"文忠"，故世称欧阳文忠公。

---

① 谢家池上：谢灵运《登池上楼》："池塘生春草，园柳变鸣禽。"《南史·谢惠连传》记载谢灵运于永嘉时作诗终日不就，忽然梦见族弟谢惠连，即得"池塘生春草"佳句。

② 江淹浦畔：指离别之地。江淹《别赋》："春草碧色，春水渌波，送君南浦，伤如之何！"后以南浦代指送别之地。

③ 吟魄：指谢灵运梦中得句事。

④ 离魂：指江淹《别赋》："黯然销魂者，唯别而已矣。"

⑤ 王孙：犹言公子，代指远行不归之人。淮南小山《招隐士》："王孙游兮不归，春草生兮萋萋。"

欧阳修是在宋代文学史上最早开创一代文风的文坛领袖，与韩愈、柳宗元、苏轼、苏洵、苏辙、王安石、曾巩合称"唐宋八大家"，并与韩愈、柳宗元、苏轼被后人合称"千古文章四大家"。他领导了北宋诗文革新运动，继承并发展了韩愈的古文理论。欧阳修在变革文风的同时，也对诗风、词风进行了革新。在史学方面，也有较高成就，他曾主修《新唐书》，并独撰《新五代史》。有《欧阳文忠公集》传世。

文学鉴赏

本词的上片先从"凭栏"写起，"栏杆"是古诗词中常见的意象，如辛弃疾的"把吴钩看了，栏杆拍遍"，还有苏轼的"莫凭小栏干，夜深花正寒"，都写尽了相思之意。而此处欧阳修写"栏杆"则联用了数字"十二"，似是化用了《西洲曲》中的"栏杆十二曲"之句，栏杆曲曲折折，数了一遍又一遍，映照了主人公的百无聊赖和相思之苦。接下来"独凭春"中"独凭"二字写明了词人的状态，"春"字则点出了时间，适逢春日，正是伤春感慨之时，"栏杆十二独凭春"，寥寥七字，便将相思之人的情态刻画得淋漓之至。

"晴碧远连云"承上句凭栏所见，凭栏远眺，望及天涯，所见之处是一片绵延的春草，青翠碧绿，一望无尽，与远处的白云相连。这生机勃勃的景象本该是令人欣喜的，可是落在相思之人的眼中，却唤起了他更多愁思——"千里万里，二月三月，行色苦愁人"。词人这里再次使用了数字，"千里万里"既是写春草之无垠，又是在写自己离所思之人距离之远，而"二月三月"表面写的是春光，实则写的是其饱受相思之苦的时间之长，同时"千里万里"和"二月三月"又都是用数字凝练地实现了语意上的复沓，语意缠绵，不断渲染着空间的遥远和时间的漫长。经过一系列的铺垫，上片的结尾自然而然地引出"行色苦愁人"，正面抒发了自己的离别之苦，也开启了下片的抒情。

词的下片先借典故抒情。"谢家池上"指的是谢灵运《登池上楼》中的名句"池塘生春草"，这首诗是诗人有感于时序更替而发，故曰"吟魄"。"江淹浦畔"，指江淹所作的《别赋》，其中直接写到春草的有"春草碧色，春水渌波，送君南浦，伤如之何"。因为赋中有"知离梦之踯躅，意别魂之飞扬"，因而与"离魄"相应，这两处用典皆是围绕"春草"展开，也都是感伤之词，既与上片呼应，又与词人的伤别之情相融，浑然一体。在词的最后，"那堪疏雨滴黄昏"，稀疏的雨滴点点飘落，让词人心中更加凄苦，这既是情景交融，也暗示了时间的流逝：时间已从白日到了黄昏，这也使得词人的感伤之情更浓。"更特地、忆王孙"则又回归到春草之上，《楚辞·招隐士》中有"王孙游兮不归，春草生兮萋萋"，白居易的《赋得古原草送别》中亦有"又送王孙去，萋萋满别情"

之句，用"春草"再一次回扣主题，渲染了离别的愁苦心绪。

纵观全词，欧阳修在上片写凭栏远眺的感受，引出离别相思之苦，下片用一系列离别相思的典故，使离愁别绪进一步深化。其中上片连用数字"十二""千""万""二""三"，以数字之凝练，铺陈渲染出情意之绵长，体现出词人的匠心独运。

《少年游·
咏草》课后
习题

📖 人文启迪

数学与文学的共鸣

我遇见过很多大科学家，尤其是有原创性的科学家，对文艺都有涉猎。他们的文笔流畅，甚至可以媲美文学家的作品。其实，除了文艺能够陶冶性情以外，文艺创作与科学创作的方法实有共通的地方。出色的理文创作，必须有浓厚的感情和理想，在这一点上，中国人并不比西方人逊色。中国古代学者都有浓厚的感情，它们充分地表现在诗词歌赋上。

诗人墨客，诗词歌赋，最能表现这种高尚的情怀。现代的杰出科学工作者，肉体上未必经得起上述诸贤的艰苦经验，但他们做研究时的毅力却可以跟上述诸贤媲美。科学家与文学家有很多能够产生共鸣的地方。事实上，除了有共同的感情，在研究的方法上，他们也有很多类似的地方。

数学家也可以用和古代中国文学家赋比兴类似的手法，做出一流的创作。苏东坡是一代词宗。在他七岁时，见到眉山的一个老尼，姓朱，年约九十。她告诉苏轼，自己曾经去过蜀主孟昶的宫廷中。有一日，天气炎热，蜀主和他的妃子花蕊夫人深夜纳凉于摩诃池上。孟昶作了一首词。这个尼姑还能记得这首词，并把他告诉了苏轼。

四十年后，苏轼只能够记得词中头两句。苏轼有天得暇，寻找词曲，猜测这词应该为洞仙歌令。苏轼因此循着这两句的意境猜测蜀主的想法，将词续完，成为《洞仙歌》："冰肌玉骨，自清凉无汗。水殿风来暗香满。绣帘开，一点明月窥人，人未寝，倚枕钗横鬓乱。起来携素手，庭户无声，时见疏星渡河汉。试问夜如何，夜已三更，金波淡，玉绳低转。但屈指西风几时来，又不道流年暗中偷换。"

苏轼续词对中国文学是一个贡献。但我们想想，不同的文人面对残缺的词句，一定会有不同的反应。假如是清代的乾嘉学者，就可能花很多时间对这件事做考据，得出一个结论：就是这词不可考！因此不会去续这首词。有一些文人，可能没有能力去猜测到这词的词牌名，另外有一些文人，可能像苏轼一样，猜到了词牌名，却没有兴趣去将它续起来。还有一些文人，虽然找到词牌名，但文艺功力太差，续出来没有趣味的词。但是，苏轼却兴致勃勃地花了时间去推敲，写了一篇传世的杰作！

科研的创作也有类似的情形。现在来看看科学的发展，在1905年，物理学家知道两个重要的理论，就是牛顿的"引力场论"和爱因斯坦"狭义相对论"。它们都与引力有关，同时都基本正确，却互相矛盾。爱因斯坦对这个问题有无比的兴趣，他知道这两个理论是一个更完美的引力理论的一部分，他在数学家闵科夫斯基、高斯、黎曼和希尔伯特的帮助下，完成了旷世大作，就是让我们钦佩的"广义相对论"。

爱因斯坦的创意和能力当然远胜于苏轼补《洞仙歌》，但却有点儿相似。我来做一个不大合适的比拟，苏轼记得蜀主的两句词，一句可比拟为"牛顿力学"，另一句可比

拟为狭义相对论里面的"洛伦兹变换"。爱因斯坦花了十年工夫来研究引力场，就是从这两件事情作为出发点，用他深入的物理洞察力和数学家提出的数学结构。

理学需要实验，数学需要证明，文学却不需要这么严格，但是离现象太远的文学，终究不是上乘的文学。一首词续得好，需要有文学修养，也需要有意境，才能够天衣无缝，但和大型歌剧或小说比较，它的创作，还是来得容易些。

现在来看看文学和科学的领域里，大型的结构是如何被创作出来的。曹雪芹并没有把经典著作《红楼梦》全部完成，这千古憾事，如何将它续完呢？除了需要有出色的文学技巧外，还需要了解该书的内容和背景。由于这部书的内容错综复杂，在现代的观点来看，可能需要用统计和数学的方法来帮忙。

曹雪芹写《红楼梦》，借用了自身的经历来描述当年家族的荣华富贵，也描述封建社会大家族所遇到的无可避免的腐败和堕落。他与评书人脂砚斋，一路著书，一路触目愁肠断。书中的笔墨，充满了他澎湃的感情，但却是有条有理的创造和叙述。在这本书差不多完成时，作者却因伤感而去世了，"芹为泪尽而逝"。但至今还没有任何作者能够将这部巨著完满地续成，对曹雪芹当年的想法如何处理，仍是争论不已的大问题。

《红楼梦》的创作过程有如一个大型的数学创作，或者一个大型的科学创作。数学家和科学家，也是企图构造一个架构，来描述见到的数学真理或是大自然的现象。在这个大型结构里，有很多已知的现象或者定理。在这些表面上没有明显联系的现象里，我们要企图找到它们的关系。当然我们还需要证明这些关系的真实性，也需要知道这些关系引起的效果。

但如何找到这些联系的方法，因作家而异。在小说的创作里，小说家的能力和经历，会表现在这些地方。一个好的科学家，都会创造自己的观点，或者自己的哲学，来观察我们研究的大结构。

（选自丘成桐：《数学与文学的共鸣》，《光明日报》2016 年 1 月 14 日第 11 版，原文有删减）

微课：题秋
江独钓图

诵读：题秋
江独钓图

题秋江独钓图

王士禛

学习指南

一、学习目标

1. 简要了解王士禛生平及其文学主张。

2. 理解诗歌大意，赏析诗中九个含有数字"一"的意象，体会数字对于意境营造的妙用。

3. 感受诗歌中渔者的逍遥的意境。

二、学习建议

1. 课前自主查询王士祯人物生平。
2. 课前自主梳理诗歌大意，欣赏《题秋江独钓图》诵读视频，体会诗歌意境。
3. 课中扫码检测自主学习成果，分享交流诗歌主题和艺术特点。
4. 课后完成思考与练习作业。

《题秋江独
钓图》课前
习题

📖 诗词浸润

一蓑一笠一扁舟，一丈丝纶一寸钩①。

一曲高歌一樽酒②，一人独钓一江秋。

（选自《三台诗词全集》，本书编纂委员会编，巴蜀书社 2019 年版）

📝 参考译文

一位垂钓者戴着一顶斗笠披着一件蓑衣坐在一只小船上，他手持一丈长的渔线一寸长的鱼钩。

时而高歌一曲，时而喝一樽酒，他一个人在这秋天的江上独自垂钓。

💬 知人论世

王士祯（1634—1711），原名王士禛，字贻上，号阮亭，晚号渔洋山人，世称王渔洋。山东新城（今山东桓台）人。清初官员、诗人、文学家、诗词理论家。

王士祯在诗论上提出"神韵说"，在理论上继承了钟嵘、司空图、严羽的诗学思想和南宗画论，总结了王维、孟浩然以来的山水田园诗歌的艺术传统，将神韵说发展为一套有系统的诗歌理论。他强调"兴会神到"，以"不著一字，尽得风流"为诗的最高境界，以"清"和"远"为有神韵的诗歌境界的审美特征。这首诗是王士祯早年应朋友邀请，为《秋江独钓图》而题的七绝。

🖌 文学鉴赏

这是一首别出机杼的七言绝句，全诗共用了就九个含有数字"一"的意象，描绘了一幅充满诗意的秋江独钓图。

首句"一蓑一笠一扁舟，一丈丝纶一寸钩"，先用白描的手法勾勒出独钓者的形象：垂钓者身着蓑衣，头戴斗笠，乘一叶扁舟，手持垂纶，等待鱼儿上钩。后两句"一曲高歌一樽酒"又刻画了垂钓者的动作和情态：或许是垂钓无果，又或许是钓得了一尾大鱼，钓叟意兴大发，引吭高歌，饮酒助兴，酣畅淋漓，最后"一人独钓一江秋"则是回

---

① 丝纶（lún）：拴系钓钩的绳子。
② 樽：酒杯。

归画意，再次点题。一个"独钓"的"独"字堪称本诗的"诗眼"，既呼应了这九个"一"字，又暗含了"秋"江的萧瑟秋意，在一片天人合一的自在逍遥中深藏了几分淡淡的苍凉。

全诗共有九个含有数字"一"的意象，如果说前五个意象"蓑衣""斗笠""扁舟""丝纶""钩"都是静态的，描绘的是垂钓者静待鱼儿上钩，那么后两句"一曲高歌一樽酒，一人独钓一江秋"中的"高歌""酒""人独钓"则使画面动了起来——在寥廓江天之上，垂钓者由静观等待，到饮酒高歌，也许在垂钓者畅饮之时，丝纶忽然微动，垂钓者又重新屏气凝神，回归到静谧之中，这也为读者留下了无限的想象空间。正是因为全诗九个含有"一"的意象具有明显的层次，错落有致，使得画面蕴含了动态和情节，酝酿出了诗意和美感。

纵观全诗，诗人运用匠心和巧思，使九个含有数字"一"的意象错落有致，动静结合，虚实相生，营造出一幅充满诗情画意的秋江独钓图，趣味盎然，又耐人寻味。

 **人文启迪**

《题秋江独钓图》课后习题

浅谈王士祯的"神韵说"

在中国古代文学的璀璨星空中，王士祯的"神韵说"如同一颗独特的星辰，以其深邃的内涵和独特的审美追求，照亮了诗歌创作的道路。这一理论不仅是对诗歌艺术本质的深刻洞察，更是对创作者心灵境界的一种高度提炼。

王士祯的"神韵说"，简而言之，便是追求一种含蓄蕴藉、空寂超逸、不着形迹的艺术境界。在他看来，诗歌不应仅仅停留在文字的表面，而应通过精妙的构思与深刻的情感，引领读者进入一个超越现实、充满想象的诗意世界。这种境界，既是对诗歌内在美的极致追求，也是对诗人心灵境界的深刻反映。

以王士祯早期的代表作《秋柳四首》为例，这组诗通过细腻入微的笔触，描绘了秋日里柳树的形象与情感。诗中并未直接抒发个人的喜怒哀乐，而是通过秋柳的萧瑟与孤寂，传达出一种淡淡的哀愁与感伤。这种情感的表达，既不张扬也不直露，而是以一种含蓄蕴藉的方式，让读者在品味中自行领悟。正是这种"言有尽而意无穷"的艺术效果，使得《秋柳四首》成为了"神韵说"的典范之作。

进一步拓展开来，我们可以发现，"神韵说"并不仅仅局限于王士祯个人的创作实践，它还广泛影响并渗透到了古代诗歌的各个领域。以王维的《鹿柴》为例，虽然这首诗并非王士祯所作，但其空寂超逸、不着形迹的描写方式，却与"神韵说"的审美追求不谋而合。诗中通过空山、人语、阳光与青苔等意象的巧妙组合，营造出了一个清幽静谧、超脱尘世的意境，让人仿佛置身于一个远离尘嚣的世外桃源之中。这种艺术效果，正是"神韵说"所追求的"色相俱空"之境的生动体现。

深入剖析"神韵说"的内涵，我们可以将其概括为三个方面：一是以禅喻诗，强调诗歌要入禅，达到"色相俱空"的境界；二是兴会之法，认为诗歌创作应该"兴会神到"，即有感而发，自然流露；三是清远之格，强调诗歌应具有冲淡、超逸和含蓄、蕴藉的艺术风格。这三个方面相互关联、相辅相成，共同构成了"神韵说"的核心要义。

王士禛的"神韵说"不仅是中国古代诗歌创作与评论的重要理论成果之一，更是对中华民族审美情趣与精神追求的高度概括与提炼。它以其独特的魅力和深远的影响力，成为了连接古代与现代、东方与西方诗歌艺术的桥梁与纽带。在今天这个多元化、全球化的时代背景下，"神韵说"仍然具有重要的现实意义和启示价值，它将继续引导我们探索诗歌艺术的无限可能，追求更加高远、更加深邃的精神境界。

画 竹

郑 燮

微课：画竹

诵读：画竹

 学习指南

一、学习目标

1. 了解郑燮生平经历及艺术成就。

2. 理解诗歌大意，赏析诗中"一二三""四五六"数字的妙用，体会诗画一体的意境。

3. 领悟诗人的美学追求，学习其高洁雅正的品格。

二、学习建议

1. 课前自主查询郑燮的人物生平，了解郑板桥画竹的艺术历程。

2. 课前自主观看《题画竹》诵读视频，梳理诗歌大意，把握诗歌主旨。

3. 课中扫码检测自主学习成果，分享交流诗歌主题和艺术特点。

4. 课后观看纪录片《郑板桥》，学习诗人刚正不阿、高洁自持的高尚品德，并完成思考与练习作业。

《画竹》课前习题

诗词漫润

一两三枝竹竿，四五六片竹叶。

自然淡淡疏疏，何必重重叠叠。

（选自《郑板桥全集》，卞孝萱、卞岐编，凤凰出版社 2012 年版）

参考译文

（画上墨竹）两三枝竹竿，四五六片竹叶。

竹子本来枝叶分明，疏淡有致，何必要将其画得密密匝匝，重叠在一起呢？

知人论世

郑燮（1693—1766），字克柔，号理庵，又号板桥，世称板桥先生，江苏兴化人，祖籍苏州。清代书画家、诗人。

曾任山东范县、潍县县令，政绩显著，晚年因以为民请赈忤大吏而辞官，后客居扬州，以卖画为生，为"扬州八怪"重要代表人物。其诗、书、画均旷世独立，世称"三绝"，擅画兰、竹、石、松、菊等植物，其中画竹五十余年，成就最为突出。著有《板桥全集》。

文学鉴赏

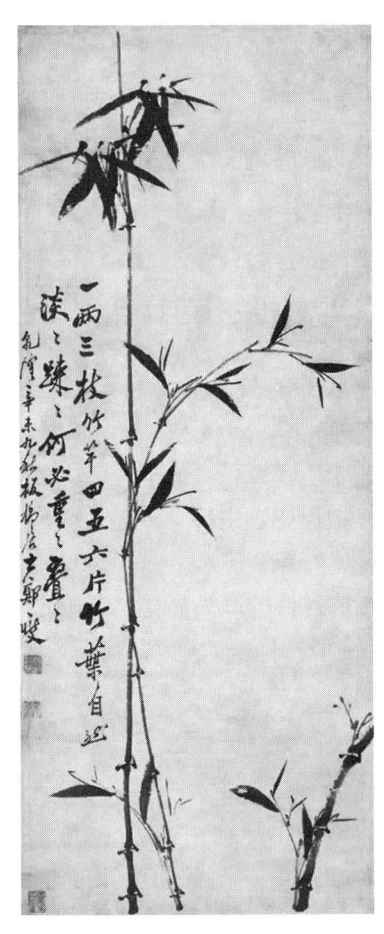

郑板桥《清风疏竹图》

本诗是诗人郑板桥在自己所作的《清风疏竹图》上所题。"一两三枝竹竿，四五六片竹叶。"前两句用数字将竹竿、竹叶量化，寥寥几枝竹竿，数片竹叶，便是郑板桥墨竹图所呈现的内容。郑板桥擅长用最简练的笔墨表现最丰富的内容，他画兰竹，往往整个画面只有几竿竹，几丛兰，但却疏密有致，形神兼备。而他为自己的画作所题之诗亦是如此，他没有将笔墨用于描写竹竿和竹叶具体姿态，而是用"一两三枝""四五六片"这几个简单的数字，将自己所画墨竹的清丽挺拔、萧散超逸之姿以白描的手法勾勒出来，留给读者丰富的想象空间，富有画意。同时也引出了后两句"自然疏疏淡淡，何必重重叠叠"，竹子本来枝叶分明，疏淡有致，何必要将其画得密密匝匝，重叠在一起呢？

这两句诗既反映了郑板桥的美学思想，又是其刚正不阿、高洁自持的人格写照。他曾在《题画》中这样叙述自己画竹的探索过程："始余画竹，能少而不能多；既而能多矣，又不能少。此层功力，最为难也。近六十外，始知减枝减叶之法。"刚学会画竹时不能画出多枝竹子相互掩映的错落之态，待到能驾驭多枝竹子之时，却发现自己很难只画几枝，最终经过长期的反复实践之后，才能由繁入简，悟得"简字诀"，删繁就简，返璞归真，这也是其艺术达到炉火纯青的成熟阶段的标志。同样，"自然疏疏淡淡，何必重重叠叠"也寄寓着诗人的人生操守，几枝墨竹浓淡相宜、清秀劲挺，正如君子清正廉洁、高洁傲岸，不攀附逢迎，始终保持着一颗赤子之心。

纵观全诗，先用简练的数字勾勒出墨竹的清雅之态，又以简洁的议论抒发了自己的美学追求和高洁志向，读来清新隽永，疏淡有味，诗画一体，浑然天成。

《画竹》课后习题

人文启迪

郑板桥趣事三则

一、题诗画竹

郑板桥最爱画竹，他画的竹枝少而瘦，但意境深远。他以竹喻人，以竹喻己。在山东当县官时，他曾送过一幅瘦竹图给山东巡抚，并题诗云："衙斋卧听萧萧竹，疑是民间疾苦声；些小吾曹州县吏，一枝一叶总关情。"后来，他因开仓赈贷而得罪上司，辞官归田时，又画瘦竹赠潍县绅士，题诗云："乌纱掷去不为官，囊橐萧萧两袖寒。写取一支清瘦竹，秋日江上作渔竿。"这两幅竹图及其题诗，深刻反映了他无论做官或辞官，都心系民间疾苦的高尚情操。

二、智对小偷

一个风高月黑的夜晚，郑板桥的书房悄然迎来了不速之客。小偷摸黑进入，正欲行窃，不料被郑板桥以诗相迎："寒舍虽贫亦有诗，清风明月入我室。金银财宝非所愿，唯愿君心向善时。"小偷听后，羞愧难当，正准备悄悄离去，却不慎碰倒器物，惊动了院中黄犬。郑板桥闻声而出，非但没有责难，反而轻声安抚："夜色已深，路远难行，此去当心。若有余暇，可读诗书，莫再行此偷盗之事。"小偷深受感动，发誓改过自新，从此江湖上再无此人行窃之事。

三、吟蟹诗讽知府

知府新官上任，设宴款待地方名流，郑板桥亦在被邀之列。席间，知府为显摆学识，命人呈上河蟹，并以此为题，要求众人即兴赋诗。郑板桥心知知府之意，却也不动声色，略一沉吟，便吟道："铁甲长戈横霸道，螯牙锯齿乱张扬。横行江海欺弱小，怎知腹内尽空肠。"此诗一出，四座皆惊。知府面有愠色，却也不好发作。众人皆知，郑板桥此诗乃是以蟹喻人，讽刺知府虽位高权重，却无真才实学，只知横行霸道，欺压百姓。郑板桥以诗为剑，直指人心，展现了其非凡的才情与胆识。

单元实践
"《人间词话》读书交流会" 主题活动

一、任务书

授课日期：		活动班级：	
学习团队：		团队成员：	

（一）任务描述

为了丰富同学们的课余文化生活，提高文学素养，加深对中国古典诗词的理解与欣赏，本班级决定举办一次以《人间词话》为主题的读书会活动，同学们需要完成以下任务：

1. 阅读与总结。选择《人间词话》中的一篇或一段，深入阅读并总结、思考其主要观点或理论，写下自己的感悟。

2. 交流与思考。结合自己的总结和感悟，以小组为单位进行讨论，并派代表进行展示。

3. 创作与分享。根据所学的文学理论和生活中的实践体验，创作一篇短文、诗或感悟，与同学们分享自己的心得和收获，最后线上评选出优秀作品。

（二）任务实施

1. 课前准备阶段

（1）确定主题与内容。由班级组织者提前确定本次读书交流会的主题为《人间词话》，并指定或让同学们自由选择书中的某一篇或一段作为重点阅读和讨论的内容。

（2）分组与分工。将全班同学分成若干小组，每组 4~6 人，并指定一名小组长。小组长负责组织小组成员进行讨论和准备展示内容。

（3）资料收集与准备。同学们提前阅读指定的《人间词话》内容，并收集相关资料，为讨论和展示做好准备。

2. 课中实施阶段

（1）开场与导入。由主持人简短介绍活动背景和目的，激发同学们的兴趣和期待。

（2）小组展示与交流。每个小组依次上台展示自己的讨论成果和感悟。展示形式可以是 PPT、口头陈述、朗诵等。其他小组的同学可以进行提问和补充。

（3）互动与讨论。在小组展示后，开放提问和讨论环节，鼓励同学们就《人间词话》的内容、文学理论、创作体验等进行深入交流和探讨。

（4）创作分享。邀请同学们自愿分享自己的创作作品，可以是短文、诗歌或感悟等。

3. 课后总结阶段

（1）总结与反馈。由主持人或班级组织者对本次活动进行总结，肯定同学们的表现和收获，并提出改进意见和建议。同时收集同学们的反馈意见，以便今后更好地组织类似活动。

（2）线上评选与展示。将同学们的作品在班级群进行线上展示和优秀评选，鼓励同学们互相学习和交流。

（3）持续学习与探索。鼓励同学们在课后继续深入阅读和探索《人间词话》的内容和相关文学理论，不断提高自己的文学素养和审美能力。同时鼓励同学们将所学应用于实际生活中，发现生活中的美好和诗意。

二、阅读记录表

阅读记录表			
组长		组员	
个人心得			
交流启发			
个人创作			

三、评价

（一）团队评分表					
项　目	内容深度	创　新	表　达	合　作	合　计
分值（分）	30	20	25	25	100
学生评价（50%）					
教师评价（50%）					
总分					

（二）组内互评表								
评价标准		姓　名						
团队贡献	40							
沟通能力	20							
配合程度	20							
创新意识	20							
总分								

逝者如斯 只争朝夕.

微课：
第九单元
导入

"夫天地者万物之逆旅也，光阴者百代之过客也"，时光匆匆，如白驹过隙，转瞬即逝。时间的流逝和生命的短暂让人们产生了无数的感慨和思考，"时间"也因此成为诗歌的永恒主题之一。这些以时间为主题的诗歌不仅诉说了时光流逝的无情，更展示了生命的脆弱与坚韧。它们以深邃的哲理和优美的语言，提醒我们珍惜每一刻，把握生命中的每一个瞬间。

　　陶渊明的"盛年不重来，一日难再晨。及时当勉励，岁月不待人"提示我们在短暂的人生中去追求和实现自我价值；李白则以他乐观的精神和博爱的胸怀向宇宙发出了最昂扬的呼唤："富贵非所愿，与人驻颜光"；杜荀鹤的"少年辛苦终身事，莫向光阴惰寸功"劝勉我们想要成就一番事业离不开勤奋耕耘的积淀……这些动人的诗篇不仅是对时间流逝的哀叹，更是对生命意义的探索和追求。无论是追思过去的辉煌，感叹岁月的流逝，还是憧憬未来的美好，这些诗歌都为我们提供了独特的视角，让我们重新审视自己与时间的关系，进而激发我们对生命的热爱与敬畏。

　　让我们珍惜每一个瞬间，把握生命中的每一个机遇，"不因虚度年华而悔恨，不因碌碌无为而羞愧"，在最美好的年华谱写新时代的青春之歌！

微课：杂诗十二首（其一）

杂诗十二首（其一）

陶渊明

诵读：杂诗十二首（其一）

✏️ 学习指南

一、学习目标

1. 了解《杂诗十二首》（其一）的创作背景。

2. 理解诗歌大意，把握诗歌主旨。

3. 体会陶渊明诚朴自然、坚持本真的高尚情怀，提高珍惜时间的意识。

二、学习建议

1. 课前自主观看纪录片《千古风流人物·陶渊明篇》，了解陶渊明的人物生平和本诗的创作背景。

《杂诗十二首（其一）》课前习题

2. 课前自主梳理诗歌大意，欣赏《杂诗十二首》（其一）的诵读视频。

3. 课中扫码检测自主学习成果，分享交流诗歌主题和艺术特点。

4. 课后完成思考与练习作业。

📖 诗词漫润

人生无根蒂①，飘如陌上尘。

分散逐风转，此已非常身②。

落地为兄弟③，何必骨肉亲！

得欢当作乐④，斗酒聚比邻。

盛年不重来，一日难再晨。

及时当勉励⑤，岁月不待人。

（选自《陶渊明集》，逯钦立校注，中华书局 1979 年版）

---

① 无根蒂：与草木各连根蒂者不一样。

② 非常身：指异于植物的人类。常身，合乎常理的实体，指具有根蒂而一枯一荣的草木等植物。《形影神》："草木得常理，霜露荣瘁之。谓人最灵智，独复不如兹。"可与此互证。

③ 落地：刚生下来。为兄弟：《论语·颜渊》"四海之内，皆兄弟也。"陶用此义又有引申。

④ 得欢：遇到欢悦时。

⑤ 勉励：勉励为善事。

参考译文

人生在世就如无根蒂之草木，又好似大路上随风飘转的尘土。

生命随风飘转，人生历尽了艰难，都已不再是最初的样子了。

来到这个世界上的都应该成为兄弟，又何必拘泥于骨肉之亲呢？

遇到高兴的事就应当作乐，有酒就要邀请近邻一起畅饮。

青春时光一旦过去便不会再重来，一天之中永远看不到第二次日出。

应当勉励自己努力为善，光阴流逝，并不等待人。

知人论世

陶渊明生活在东晋末年至南朝宋初期，这是一个政治黑暗、战乱频仍、国无宁日、民不聊生的时期。当时的社会动荡导致了人民生活困苦，士人阶层在官场中饱受排挤和打压，许多人因此选择辞官归隐，追求内心的宁静和自由。陶渊明便是这一时期的代表人物之一。《杂诗》共有十二首，此为第一首。王瑶认为前八首"辞气一贯"，当作于同一年内，大约作于晋安帝义熙十年（414），时陶渊明五十岁，距其辞官归田已经八年。

文学鉴赏

本诗为陶渊明《杂诗十二首》中的第一首，是其辞官归隐后所作。彼时的陶渊明在经历前半生的仕宦浮沉之后，思想更加成熟，世界观和人生观也更加通透，他对生命的感悟和自我的表达也在本诗中得到了集中的体现。

"人生无根蒂，飘如陌上尘。分散逐风转，此已非常身。"本诗的前四句以生动的比喻描绘了人生的无常和不确定。诗人将自己比作无根之木、无蒂之花，以及大路上随风飘转的尘土，表达了人生在世的无依无靠和漂泊不定的状态。这里诗人继续用风中飘散的尘土来形容人生的变化和无常。随着时间的推移，人们经历各种风雨变幻，人生的形态也在不断地发生变化，早已不再是最初的样子。

"落地为兄弟，何必骨肉亲！得欢当作乐，斗酒聚比邻。"接下来四句承上启下，既然人生如此飘零无常，又何必执着于血缘关系，更应该珍惜彼此的情谊，以博爱的胸怀坦诚相待。生命短暂而珍贵，何不与人为善，及时行乐，享受生活中的美好时光呢？值得注意的是，陶渊明这里的感慨

并不是提倡享乐主义，而是基于当时动荡的社会环境和黑暗的政治生活。在当权者为了谋求权力富贵相互戕害，不断掀起血腥之时，陶渊明"何必骨肉亲""斗酒聚比邻"的呼唤流露出赤子之心，反映了他对于和睦的人际关系和宁静生活的渴望。

陶渊明在作此诗时，已经年过半百，进入了人生的暮年。回首半生羁旅，再度抒发了对于生命和光阴的感慨："盛年不重来，一日难再晨。及时当勉励，岁月不待人。"美好的年华不会重来，每一天的早晨也不会再次出现，因而诗人希望提醒世人，应该充分利用宝贵的光阴。这里"及时当勉励"并没有点明具体要做什么，但结合诗人的人生经历和前文语境可知，陶渊明在自然中发现了纯净的美，在村居生活中感受到了质朴和谐的人际关系，在田园劳动中得到了自我价值的实现，陶渊明的前半生的生命历程是对自我价值的重新发现、思索、追求和实现，因而这里的勉励实际上是诗人鼓励世人去追求自己真正的理想，在短暂的人生中去寻找、探索、实现自我。

纵观全诗，诗人用真挚而质朴的文字表达了对人生无常和珍惜当下的深刻感悟，提醒我们珍视彼此的情谊，享受生活中的美好；同时也要珍惜时间，实现自己的人生理想和价值，言简意深，意蕴无穷。

《杂诗十二首（其一）》课后习题

📖 人文启迪

陶渊明的田园诗：超脱之境，自然之心

在中国古代文学的浩瀚星空中，陶渊明的田园诗犹如一颗璀璨的星辰，以其独特的魅力照亮了后世的心灵。他的诗篇，不是文字的堆砌，而是情感的流露、哲理的沉思与人生境界的展现。在陶渊明的笔下，田园不再仅仅是土地与作物的简单组合，而是成为了一个充满诗意与哲理的世界。

"采菊东篱下，悠然见南山。"这句诗几乎成为了陶渊明田园诗的代名词。在这里，菊花不再是单纯的植物，而是诗人高洁情操的象征；东篱下的采摘，则是一种远离尘嚣、亲近自然的生活态度。而"悠然见南山"中的"悠然"，更是道出了诗人内心的宁静与超脱。他仿佛与大自然融为一体，达到了物我两忘的境界。

"暧暧远人村，依依墟里烟。"这两句诗则描绘了一幅宁静祥和的乡村画卷。远处的村庄在薄雾中若隐若现，炊烟袅袅升起，与天空交织成一幅温馨的画面。这种宁静与和谐，正是陶渊明所向往的田园生活。他在这里找到了心灵的归宿，感受到了生活的真谛。

除了对自然美景的描绘，陶渊明的田园诗还常常流露出对隐逸生活的向往和对人生哲理的深刻思考。"晨兴理荒秽，带月荷锄归。"这句诗生动地展现了诗人日出而作、日落而息的田园生活。他亲手耕作，与土地亲密接触，体验到了劳动的乐趣和生活的充实。这种简朴而充实的生活方式，正是他对名利场的厌倦和对精神自由的追求。

"盛年不重来，一日难再晨。及时当勉励，岁月不待人。"这不仅是陶渊明对时间的珍惜，更是他对人生的深刻感悟。他意识到生命的短暂和宝贵，因此更加珍惜每一刻的时光。他用自己的行动告诉我们，要珍惜现在，努力奋斗，不要等到老去时才后悔莫及。

此外，陶渊明的田园诗还常常借物言志，寓情于景。如"羁鸟恋旧林，池鱼思故渊"，他以羁鸟和池鱼自喻，表达了自己对自由生活的渴望和对束缚的厌倦。这种寓情于景的手法使得他的诗歌更加含蓄而富有韵味。

陶渊明的田园诗以其独特的艺术魅力和深刻的思想内涵成为了中国古代文学中的瑰宝。他的诗篇不仅展现了自然之美和隐逸生活的理想追求，更蕴含了深刻的人生哲理和真挚的情感表达。在陶渊明的田园诗中，我们可以感受到他对自然的热爱、对人生的思考以及对精神自由的追求。这些元素共同构成了他田园诗的独特境界——一种超脱于世俗之外、回归自然本真的精神家园。

微课：
短歌行

诵读：
短歌行

短歌行

李　白

《短歌行》
课前习题

✏️ 学习指南

一、学习目标

1. 了解诗中涉及的古代神话传说，理解诗词大意，把握诗歌艺术特色。
2. 体会李白宽广博爱的胸怀和积极昂扬的精神风貌。

二、学习建议

1. 课前复习李白的人物生平，了解诗中涉及的相关神话传说。
2. 课前自主观看《短歌行》诵读视频，梳理诗歌大意，把握诗歌主旨。
3. 课中扫码检测自主学习成果，分享交流诗歌主题和艺术特点。
4. 课后完成思考与练习作业。

📖 诗词漫润

白日何短短，百年苦易满①。

苍穹浩茫茫，万劫太极长②。

麻姑垂两鬓③，一半已成霜。

天公见玉女，大笑亿千场④。

---

① "白日"二句：用曹操《短歌行》句意："对酒当歌。人生几何，譬如朝露，去日苦多。"百年，一生，终身。
② 万劫：即万世也。杨齐贤注："劫，世也，儒谓之世，道谓之尘，佛谓之劫。"
③ 麻姑：女仙名。
④ "天公"二句：传说天公与玉女一起玩投壶之戏，有投不中者则天公大笑。玉女，仙女。

吾欲揽六龙，回车挂扶桑^①。

北斗酌美酒^②，劝龙各一觞。

富贵非所愿，与人驻颓光^③。

（选自《李太白全集》，［清］王琦注，中华书局 1977 年版）

参考译文

白天何其短暂，百年光阴很快就过去了。

苍穹浩渺无际，万劫之世实在是太长了。

就连以长寿著名的仙女麻姑，头发也白了一半了。

天公和玉女玩投壶的游戏，若投不中则天公大笑，也笑了千亿次了。

我想驾日车揽六龙，转车东回，挂车于扶桑之上。

用北斗酌酒浆，劝每条龙各饮其一觞酒，让它们都沉睡不醒，不能再驾日出发。

富贵荣华非我所愿，只愿为人们留住光阴，永驻青春。

知人论世

李白游历四方，广交名士，留下了许多脍炙人口的诗篇。他曾得到唐玄宗李隆基的赏识，任翰林供奉，赐金放还后，他游历全国。本首《短歌行》并非是曹操所作的那首更著名的《短歌行》，而是李白在晚年创作的一首长诗。这首诗的创作时间虽然具体年份不详，但可以推断是在李白晚年流放途中或晚年隐居期间。黄锡珪先生《李太白编年诗集目录》认为此诗写于唐玄宗开元二十五年（737）。

文学鉴赏

在本诗的前两句，诗人先是感叹了白昼的短暂和人生的易老："白日何短短，百年苦易满。""何短短"以叠字的形式强调了光阴的易逝，太阳的升起和落下都非常短暂，而人的一生也在这昼夜交替中很快就过去了。而与人生短暂形成鲜明对比的则是"苍穹浩茫茫，万劫太极长"，宇宙浩渺无垠，万劫之世无穷无尽，人的一生与永恒的时空相比只是沧海一粟，"苍穹浩茫茫"中的"茫茫"叠字与"短短"再次形成了强烈对比，这种对比进一步强调了人生的渺小和短暂。

接下来诗人通过一系列充满浪漫色彩的神话传说进一步渲染了宇宙万世的漫长："麻姑垂两鬓，一半已成霜。天公见玉女，大笑亿千场。"麻姑是传说中以长寿著称的女

---

① "吾欲"二句：《楚辞·九歌·远游》"维六龙于扶桑。"此化用其句意。扶桑：神话中的树名，在东海中，日出于其上。

② "北斗"句：《楚辞·九歌·东君》"援北斗兮酌酒浆。"此用其意。

③ 驻：留住。颓光：逝去的光阴。

麻姑图

仙，但即便如此，在漫长的岁月中她的两鬓也已经斑白，一半头发染上了霜色。

天公与玉女的传说则更具奇幻色彩，传说天公常和玉女用箭作投壶游戏，每次投一千二百支，如果投不中，天公便会大笑，那么凡间便会不下雨而闪有电光。在诗人的笔下，天公已经笑了"亿千场"，这固然有夸张的成分在，但也足以见天神创世以来的旷古之久，呼应了上文的"万劫太极长"，也为下文诗人抒发想要挽留时间、留住青春的愿望埋下伏笔。

"吾欲揽六龙，回车挂扶桑。北斗酌美酒，劝龙各一觞。"传说中日神乘车，驾以六龙。扶桑则是在东海中的神树，日出于其上。这里诗人继续沉浸在神仙世界中，想象自己能够"揽六龙""挂扶桑"，能够控制时间，让时间停止。同时"北斗酌美酒，劝龙各一觞"再度诠释了诗人如何"揽六龙"，仅仅是依仗其力大无穷吗？并不是这样，原来是邀六龙共饮美酒！诗人的浪漫情怀和意趣也在此体现得淋漓尽致，同时一扫前文感慨人生苦短的苍凉，营造出一个奇丽梦幻、自由逍遥的艺术境界。

最后，"富贵非所愿，与人驻颜光"则抒发了诗人美好的愿望，他并不追求个人的荣华，只希望能够为世人留住青春和美丽。"长生"自古以来都是人们所热衷的话题，古代帝王将相在拥有了极致的王权富贵后皆求长生，但他们所谋求的都是个人的长生不老，是为了自己能够永久地享受富贵荣华，而此处诗人却是怀着济世之心，愿为天下人留驻青春容颜，去实现个体的价值，延续时代的辉煌。这是一种何等的乐观，何等的博爱！而诗人能够发出这样积极的呼唤，也与其所处的时代密不可分，是锦绣盛唐赋予了国民无与伦比的自信与希望，让诗人生发出如此瑰丽自由的想象和乐观美好的宏愿，也使得"光阴苦短"这一母题焕发出令人斗志昂扬的蓬勃生机。

《短歌行》
课后习题

人文启迪

李白三谢不能餐

诗仙李白豪迈奔放，高蹈旷达，有很多名篇佳句传世，余光中称他"酒入豪肠，七分酿成了月光，余下的三分啸成剑气，绣口一吐就半个盛唐"。无论是"长风破浪会有时，直挂云帆济沧海"，还是"天生我材必有用，千金散尽还复来"，都洋溢着李白超乎常人的自信与乐观。

他的一首《宿五松山下荀媪家》却体现了独特的情感和风格——"我宿五松下，寂

寥无所欢。田家秋作苦，邻女夜春寒。跪进雕胡饭，月光明素盘。令人惭漂母，三谢不能餐。"五松山下住着一位荀姓的农妇，李白借宿她家，"田家秋作苦，邻女夜春寒"，是夜宿的见闻，田家夜以继日地辛勤劳作，一个"苦"字，一个"寒"字，不着一字悲悯，诗人的悲悯情怀却充溢其中。

荀媪"跪进雕胡饭"，唐人仍旧席地而坐，跪坐是一种常见的姿势。李白吃饭时跪坐在案旁，荀媪将饭端进来时也是跪下身子呈给他，突显出荀媪对李白的尊重。"雕胡"就是"菰"，俗称茭白，生在水中，秋天结实，叫做菰米，田家以此为待客之美馔。农家呈给诗人的不是山珍海味、美味佳肴，可是已经是农家最好的食物，进一步深化荀媪待李白之诚挚。"月光明素盘"，素盘与明月交辉，皎洁灿烂，诗人由此礼赞荀媪诚以待人、慷慨无私的贤德。"令人惭漂母，三谢不能餐"，这里用的是韩信受漂母之恩而后重金相报的典故，以"漂母"比荀媪，荀媪如漂母为韩信提供饮食一样款待自己，诗人被深深感动，再三拜谢，不忍心享用这一顿美餐。

和李白并为唐代诗坛双子星的杜甫，关心百姓疾苦，永远为百姓而歌，反映安史之乱的"三吏""三别"同情人民疾苦，字字椎心泣血。杜甫在《又呈吴郎》中也写了一位老妇人，此诗前四句为"堂前扑枣任西邻，无食无儿一妇人。不为困穷宁有此？只缘恐惧转须亲"。来到堂前打枣的那位妇人，诗人从来不阻拦她，如果不是无食无儿，生活穷困，她怎么会这样呢？诗人担心她心存恐惧，反而对她格外亲切热情。杜甫"穷年忧黎元，叹息肠内热"的情怀一览无余，正如王嗣奭所说："读此诗见此老苦菩萨心肠"。

而李白一直是豪放纵逸、不卑不屈的存在。杜甫说他是"天子呼来不上船，自称臣是酒中仙"，他说自己是"仰天大笑出门去，我辈岂是蓬蒿人""安能摧眉折腰事权贵，使我不得开心颜"，充满着傲视权贵、昂扬振奋、潇洒出尘的浪漫主义精神。李白在青年时期游历渝州时曾谒见李邕，李邕当时是名闻海内的名士，而李白谒见时不拘俗礼，纵谈王霸，李邕不悦，李白对此不满，临别时写了颇不客气的《上李邕》，称自己是"大鹏一日同风起，扶摇直上九万里。假令风歇时下来，犹能簸却沧溟水"，以大鹏自比，表达自己的宏伟抱负，指责李邕"宣父犹能畏后生，丈夫未可轻年少"，意思是孔老夫子尚且觉得后生可畏，你李邕难道比圣人还要高明，李白傲岸不屈的性格可见一斑。就是这样一位李白，面对一位普通农妇，却是"令人惭漂母，三谢不能餐"，一盘普普通通的雕胡饭，让诗人再三拜谢，不忍食用。

在中华文明长期的发展历程中，形成了民本思想，"敬德保民"的观念世代传承、烛照青史。《尚书》中说"皇祖有训，民可近，不可下。民惟邦本，本固邦宁"。孔子说"修己以安人""修己以安百姓"。孟子说"民为贵，社稷次之，君为轻"。一代诗仙李白对于高高在上、养尊处优的名士权贵不作媚态，而在一位善良、勤劳、朴素的老妇面前却极为谦和，这体现了李白对劳动人民的尊重和敬畏，闪耀着民本思想的光芒。

（选自卜海艳：《李白三谢不能餐》，《中国纪检监察报》2022年11月18日第6版）

题弟侄书堂①

杜荀鹤

✏️ **学习指南**

一、学习目标

1. 简要了解诗人杜荀鹤生平和《题弟侄书堂》创作背景。

2. 理解诗歌大意，把握诗歌主旨。

3. 体会在逆境中坚守礼道、修身立德的卓越精神，深化惜时观念和奋斗意识。

二、学习建议

1. 课前完成课前预习测试，欣赏《题弟侄书堂》诵读视频，了解诗歌大意。

2. 课中检测自主学习成果，分享交流诗歌主题和艺术特点。

3. 课后完成思考与练习作业。

📖 **诗词漫润**

何事居穷道不穷②，乱时还与静时同。

家山虽在干戈地③，弟侄常修礼乐风④。

窗竹影摇书案上⑤，野泉声入砚池中⑥。

少年辛苦终身事，莫向光阴惰寸功。

（选自《全唐诗》，［清］彭定求等编，中华书局 1960 年版）

📖 **参考译文**

为什么处于穷困之境仍要注重修养，尽管外面已经战乱纷纷还是坚持如常。

故乡虽然饱受战乱之苦，可是弟侄仍然坚持修身立德。

---

① 弟侄：弟弟的儿子。书堂：书房。

② 居穷：身处贫困。

③ 家山：此处指故乡。干戈地：战乱的地方。"干""戈"均为古时兵器，后来"干戈"连用作兵器通称，且引申出"战争"之义。

④ 礼乐：儒家重礼乐教化，这里的"礼乐"代指儒家思想和修身之道。

⑤ 书案：读书人用来读书写字的桌案。

⑥ 砚池：洗砚的水池。

窗外绿竹的竹影印上书案，山野的清泉潺潺，流入堂前的砚池之中。

年轻时候奋斗是为了成就终身的事业，对着匆匆流逝的光阴，不要懈怠分毫。

知人论世

杜荀鹤（846—904），字彦之，号九华山人，池州石埭（今安徽石台）人，晚唐诗人。唐昭宗大顺二年（891）登进士第，历任翰林学士、主客员外郎、知制诰。曾自编诗集《唐风集》。这首《题弟侄书堂》作于晚唐的战乱时代，是杜荀鹤为弟侄书堂所题的勉励诗，旨在劝诫弟侄即使身处乱世也要心志笃定，勤奋不辍，惜时奋进。

文学鉴赏

本诗是诗人为侄儿书堂所题，前四句"何事居穷道不穷，乱时还与静时同。家山虽在干戈地，弟侄常修礼乐风"先赞扬了侄儿乱中自守、宁静致远的美好德行。尽管家乡正处于战乱之中，但侄子仍然勤学不辍，与太平年岁没有丝毫差别，这与世道的纷乱形成了鲜明的对比。这种对比不仅突出了弟侄的勤勉好学，更彰显了其在逆境中坚守礼道、重视修身立德的优秀品质。

接着，诗人在颔联中描绘了书堂的幽静景致，"窗竹影摇书案上，野泉声入砚池中"，窗外绿竹摇曳，竹影印上书案，山野的清泉潺潺，流入堂前的砚池之中。这两句描写调动了视觉和听觉，动静结合，动中寓静，营造出一种静谧又生机勃勃的意境，让人眼前自然地浮现出侄子在此钟灵毓秀之地潜心苦读的情景，从侧面赞扬其勤奋学习的精神风貌。

最后，诗人在尾联中对侄子以及天下与他年龄相仿的少年进行了劝勉，劝诫他们珍惜时光，不要因为偷懒荒废学业，因为少年时期的辛苦付出是终身事业的基础。这里，诗人以自身的经历和感悟来告诫弟侄，表达了对其未来成长的殷切期望，对晚辈的关爱之情跃然纸上。

整首诗语言清新自然，浅显易懂。诗人以书堂景致为衬托，生动地塑造了侄儿勤奋好学、宁静自守的形象，并传达了珍惜时光、勤奋学习的道理。这首诗不仅是对诗人弟侄的勉励，也是对广大读者的启示，提醒我们要在逆境中坚守信念，勤勉耕耘，才能为成就终身事业打下坚实的基础。

岳麓书院

《题弟侄书堂》课后习题

📖 人文启迪

从《感动中国》看如何做有理想有本领有担当的时代青年

在历史的长河中，每一代青年都承载着国家的希望与民族的未来。党的十九大报告明确指出："青年一代有理想、有本领、有担当，国家就有前途，民族就有希望。"近年来，《感动中国》年度人物评选活动，以其独特的视角和深刻的意义，为我们展现了新时代青年的理想、本领与担当。从这些人物身上，我们看到了新时代青年应有的精神风貌和价值追求。

一、理想之光，照亮前行之路

理想，是人生的灯塔，是前行的动力。在《感动中国》的舞台上，我们见证了无数青年以坚定的理想信念，照亮了自己的人生道路，也为社会带来了温暖与光明。

2023年度感动中国人物中，老科学家俞鸿儒便是一位典范。他长期致力于激波与激波管的理论、实验与应用研究，为中国科学事业做出了杰出贡献。俞鸿儒的故事告诉我们，理想不应只是空谈，而应转化为脚踏实地的行动。作为新时代青年，我们应当树立远大的理想，将个人梦想融入国家发展大局，用实际行动践行自己的信念。

同时，特教老师刘玲琍也是一位令人敬佩的楷模。她扎根特殊教育领域多年，用爱心与耐心点亮了无数残障孩子的希望之光。由此可见无论身处何种岗位，只要心怀理想、坚持不懈，就能为社会贡献自己的力量。

二、本领之基，铸就人生辉煌

本领，是实现理想的基石，是担当重任的保障。在《感动中国》的舞台上，我们看到了许多青年凭借过硬的本领，在各自的领域取得了卓越成就。

泳坛名将张雨霏便是其中的佼佼者。作为中国女子游泳运动员，她凭借出色的技术和顽强的拼搏精神，在国内外赛场上屡创佳绩。她的成功告诉我们，只有不断学习、提升自我，才能在激烈的竞争中脱颖而出。作为新时代青年，我们应当珍惜学习机会，不断拓宽知识视野，提升专业技能，为未来的挑战做好充分准备。

此外，大国工匠张连钢也为我们树立了榜样。他带领团队攻克了自动化码头技术难关，创造了多项世界纪录。这启示我们：创新是引领发展的第一动力。作为新时代青年，我们应当勇于创新、敢于突破，用智慧和汗水书写属于自己的辉煌篇章。

三、担当之责，彰显青年风采

担当，是新时代青年应有的责任与使命。在《感动中国》的舞台上，我们看到了许多青年在关键时刻挺身而出、勇于担当的感人瞬间。

2023年度感动中国人物中，孟二梅的事迹尤为感人。作为北京门头沟区落坡岭社区党支部书记、居委会主任，她在暴雨中带领社区居民救助被困乘客的事迹传遍了全国。孟二梅的担当精神体现了新时代青年在危难时刻的英勇与无畏。她用自己的行动诠释了"人民至上、生命至上"的崇高理念。

同样令人敬佩的还有蓝天卫士——空军航空兵某团飞行二大队。他们肩负着保卫国家领空安全的重任，在蓝天上书写着忠诚与奉献的壮丽篇章。他们的担当精神让我们看到了新时代青年在国防事业中的重要作用和价值所在。

做有理想有本领有担当的时代青年，是历史赋予我们的光荣使命。让我们以《感动中国》人物为榜样，树立远大的理想信念，不断提升自我本领，勇于担当时代重任。在实现中华民族伟大复兴的征程中贡献自己的青春力量！

微课：偶成

诵读：偶成

偶 成

朱 熹

✏️ **学习指南**

一、学习目标

1. 知人论世，了解朱熹生平经历，掌握相关文化常识。

2. 理解诗词大意，体会诗词意境。

3. 领会到珍惜时间、持之以恒和自我提升的重要性，形成积极的学习态度。

二、学习建议

1. 课前自主查询朱熹的人物生平。

2. 课前自主观看《偶成》诵读视频，梳理诗歌大意，把握诗歌主旨。

3. 课中扫码检测自主学习成果，分享交流诗歌主题和艺术特点。

《偶成》课前习题

4. 课后观看央视纪录片《大儒朱熹》，学习朱熹勤勉好学、自强不息的高尚品格和以仁为己任的责任精神，并完成思考与练习作业。

📖 **诗词漫润**

少年易老学难成，一寸光阴不可轻。

未觉池塘春草梦，阶前梧叶已秋声。

（选自《朱子佚文辨伪考录》，束景南考订，上海古籍出版社2022年版）

📝 **参考译文**

青春的日子十分容易逝去，学业却很难有所成就，所以每一寸光阴都不能轻视浪费。

还没从美丽的春色中一梦醒来，转眼间台阶前的梧桐树叶就已经在秋风中沙沙作响了。

知人论世

朱熹（1130—1200），字元晦，一字仲晦，号晦庵，又号紫阳，谥文，世称晦庵先生、朱文公。祖籍徽州府婺源县（今江西婺源），出生于南剑州尤溪（今属福建尤溪）。南宋时期理学家、政治家、教育家、诗人，后世尊称朱子。其思想与"二程"学说合称为"程朱理学"，对元、明、清三朝影响很大，成为三朝官方哲学。其著述甚多，有《四书章句集注》《资治通鉴纲目》《诗集传》等。其中，《四书章句集注》成为官方钦定的教科书和科举考试的标准。

朱熹祠

文学鉴赏

本诗的前两句"少年易老学难成，一寸光阴不可轻"，先用简洁有力的语言揭示了人生的两大真谛。一方面，"少年易老"提醒我们，时光如梭，青春易逝，人生短暂。另一方面，"学难成"则强调了学问的积累需要时间和努力，不是轻而易举就能达成的。继而"一寸光阴不可轻"告诫世人，要珍惜每一分每一秒的时间，不可虚度光阴，应该抓紧时间学习，充实自己。

接下来，"未觉池塘春草梦，阶前梧叶已秋声"这一联，则通过生动优美的自然景象，进一步强化了时间的无情和学习的紧迫性。诗人以池塘边的春草和台阶前的秋叶作为时间的象征，用春草和秋叶的对比，灵动地展示了时间的流逝和季节的更替。同时，通过"未觉"和"已秋声"的相互反衬，生动地说明了人们对于时间流逝的感知常常是迟钝的，而当我们醒悟过来时，往往已经错过了许多宝贵的时光。

这首诗的艺术手法也值得一提。诗人采用了对比、象征等手法，使得诗歌既有哲理的深度，又言辞生动。同时，诗的语言质朴自然，却蕴含着丰富的内涵，使得诗歌既易于理解，又耐人寻味。

《偶成》课后
习题

人文启迪

跟朱熹学读书之法

朱熹，儒学集大成者，后世尊称朱子，宋代理学家、思想家、教育家。他长期从事讲学活动，精心编撰了《四书章句集注》，成为后世科举的"考试用书"。关于读书，朱熹曾作诗如下：

> 半亩方塘一鉴开，天光云影共徘徊。
> 问渠那得清如许？为有源头活水来。

池塘里的水澄澈明净得像一面镜子，蓝天、白云倒映在水面上。池水怎么会如此明澈呢？因为不断有活水注入。这里，朱熹向我们说明了读书（学习）能滋润心灵、涤荡思想，且读书（学习）贵在坚持。那么，读书的妙计良方是什么？朱熹这样说——

循序渐进

这是朱熹依据孔子"欲速则不达"、孟子"进锐退速"等儒家学说提出来的。他说："读书之法，当循序而有常，致一而不懈。"他在《读书之要》中以《论语》《孟子》为例具体说明，"以二书言之，则先《论》而后《孟》，通一书而后及一书"，阐明要根据内容和难易程度确定读书的先后次序；对于某一本书而言，则"篇章句字，首尾次第，亦各有序而不可乱"，理解书中的内容要"未得乎前，则不敢求乎后，未通乎此，则不敢志乎彼"，这样才能"志定理明，而无疏易陵躐之患矣"。

要做到循序渐进，必须制订读书计划。《朱子语类》中说"读书不可不先立程限"，要"量力所至而谨守之"，即制订出符合自己实际情况的读书计划，并且严格遵守执行。对于"三分钟热度"的读书现象，朱熹很严肃地指出"初时甚锐，渐渐懒去，终至都不理会了"，心血来潮式的读书不会有什么收获。循序渐进，不仅提出了顺序性原则，而且体现了量力性原则，它是读书之法中最基础的部分。

熟读精思

这是朱熹对孔子"学而不思则罔，思而不学则殆"思想的继承。《朱子语类》中载："若读得熟而又思得精，自然心与理一"，"读了又思，思了又读，自然有意"，如果"读而不思，又不知其意味，思而不读，纵使晓得，终是虺虺（wù niè）不安"。《读书之要》则写道：熟读，要达到"使其言皆若出于吾之口"；精思，要达到"使其意皆若出于吾之心"的程度，才算得上是"有得尔"。读与思，是读书学习过程中不可偏废的两个方面，只读不思，必是死读，只思不读，终将无成。朱熹认为熟读精思要经历这样一个过程："读书，始读未知有疑，其次则渐渐有疑，中则节节有疑。过了这一番，疑渐渐释，以至融会贯通，都无所疑，方始是学。"也就是说，要经历"发现问题—解决问题"的过程，所读之书才能真正为己所用。

要精思，必须"逐句逐字，要见著落"，"用功粗卤，不务精思，只道无可疑处，非

无可疑，理会未到，不知有疑耳"；要"于无味处，当致思焉，至于群疑并兴，寝食俱废乃能骤进"。除此之外，还要"专静纯一，日用动静间，都无驰走散乱，方始看得文字精审"。如果精思有了结果，那也"未必便是，不可便执着，且放在一边，益更读书以来新见"，否则会"此心便被此见遮蔽了"。这是《朱子语类》中的独到见解。

虚心静虑

《读书之要》说，读书遇到疑难，出现"文义有疑，众说纷错"的情况时，要"虚心静虑，勿遽取舍于其间"，静下心来仔细思考，不要急于做出判断和选择。具体来说，"先使一说自为一说，而随其意之所之，以验其通塞"，即以其中的一种说法为参照，再把其他的说法拿来对照验证；然后"以众说互相诘难，而求其理之所安，以考其是非"，将各种说法互相比较，从而得出正确的结论。朱熹还进一步强调读书不能因人立言，因人废言。他在《答张敬夫》中说："如其可取，虽世俗庸人之言，有所不废。如有可疑，虽或传以为圣贤之言，亦须更加审择。"不因"庸人"而废言，不因"圣贤"而盲从，这样便不会自欺欺人。

切己体验

朱熹认为，读书必须与自己的思想实际、生活经验结合起来。他在《答陈师德》中说，要"从容乎句读文义之间，而体验乎操存践履之实"，否则"虽广求博取，日诵五车，亦奚益于学哉"。要让"理义"照进"现实"，使"理"在实践中受到检验，用"理义"指导实践。也就是说，书中的道理，要通过实践来体会检验，并指导日常生活。经过自身检验的理义是否就千真万确？朱熹在《答程正思》中补充道："观书以己体验，固为亲切，然亦须遍观众理而合其归趣乃佳。若只据己见，却恐于事理有所不周，欲径急而反疏缓也。"除了自我检验外，还要结合他人的做法和见解，这样才不会出现遗漏和偏差，才能找到读书的意义。

历代著名的思想家、教育家，在长期的教育实践中，总结出了许多宝贵的读书经验，值得我们继承和借鉴。朱熹的读书方法远不止以上四条，本文择要略作概括，其精微之处，还有待读者深入探寻。

（选自张艳玲：《跟朱熹学读书之法》，《语言文字报》2022年12月14日第3版）

微课：清平乐（朱颜渐老）

诵读：清平乐（朱颜渐老）

清平乐

白　朴

✎ **学习指南**

一、学习目标

1. 了解白朴生平经历及《清平乐》的创作背景。

2. 理解诗词大意，体味词中的情感变化，感受诗词意境。

3. 感受词中所表达的对时光流逝、人生无常的感慨，培养珍惜当下、乐观向上的生活态度。

二、学习建议

1. 课前自主查询白朴的人物生平，了解《清平乐》的创作背景。

2. 课前欣赏《清平乐》诵读视频，梳理诗歌大意，把握诗歌主旨。

3. 课中扫码检测自主学习成果，分享交流诗歌主题和艺术特点。

4. 课后完成思考与练习作业。

《清平乐（朱颜渐老）》课前习题

诗词漫润

朱颜渐老，白发添多少？桃李春风浑过了，留得桑榆残照。

江南地迥无尘^①，老夫一片闲云。恋杀青山不去，青山未必留人。

（选自《白朴全集》，韩瑞等编著，三晋出版社 2013 年版）

参考译文

年轻时的容颜逐渐衰老，两鬓又增添了多少白发？如梦的青春时光就这么全过去了，只剩下夕阳残照的暮年。

再次来到远离世俗清净无尘的江南，感觉我就像是一片闲散的白云。我留恋这青山，不想离开，只是青山未必能把人常留于她的怀抱中。

知人论世

白朴（1226—1310 后），原名桓，字仁甫、太素，号兰谷先生。世居陕州（今山西河曲），流寓河北真定（今正定）。元世祖至元十七年（1280 年），迁居建康（今江苏南京）。著杂剧十六种，现存《梧桐雨》《墙头马上》两种；另有《天籁集》，收词作二百余首，后附散曲四十多首。与关汉卿、马致远、郑光祖合称元曲四大家。据《清平乐》中提到的地名"江南地迥无尘"，以及时间"老夫一片闲云"，说明这首词是词人晚年寓居建康时所作。

文学鉴赏

《清平乐·朱颜渐老》应是白朴在暮年所作，词中首句"朱颜渐老，白发添多少？"直接表达了作者对自己逐渐衰老的感慨。这里的"朱颜"指的是青春时的红润面色，而"白发"则是衰老的象征。通过这种对比，直观地描绘了自己日渐老去的形象，抒发了对岁月流逝的无奈。

---

① 迥：远。

接下来"桃李春风浑过了，留得桑榆残照"则是表达了过去美好时光的怀念。"桃李""春风"皆是象征春天的意象，指代的是年少美好的诗酒年华，北宋黄庭坚也曾有"桃李春风一杯酒"之佳句，而这里紧接的却是"浑过了"，一个"浑"字大有一种浑浑噩噩、如梦初醒之感，暗藏了词人对韶华易逝的深深怅然和遗憾。在悲凉之后，词人笔锋一转，又道"留得桑榆残照"，"桑榆"意指日暮，与"残照"相连，描绘出一幅日薄西山的人生图景，这算是一种无奈，但也不妨看作一种安慰：春光固然是无限美好，但夕阳西下也算是另一番景致。

承接上阕，"江南地迥无尘，老夫一片闲云"，词人开始了对自己晚年生活的描绘。这里"江南地迥无尘"先用凝练的笔墨勾勒出江南山水明净秀丽，表露了自己远离北方政治中心，超脱世俗的明朗心情。词人紧接着又自比为"一片闲云"，让人联想到一片悠然的白云飘荡在辽阔无际的天空，生动地描绘出自己晚年生活的闲适和自在，此处的量词"一片"堪称是点睛之笔，十分利落地营造出独立于天地间无限逍遥的意境，抒发了词人对晚年生活的满足和对人生的达观。

江南山水秀丽，因而词人"恋杀青山不去"，这既是对秀美山水的讴歌，亦可引申为对人生晚景的留恋，而最后"青山未必留人"则揭示了人生的无常：绿水青山常在，但人生却如白驹过隙，稍纵即逝，即便青山有情而欲留人在，也"未必"能把人常留于她的怀抱之中。此处以永恒的宇宙为参照，通过对比再次凸显了人类个体的脆弱和微小，抒发了对生命短暂的无奈和感慨，也体现出对宇宙自然的留恋与敬畏。

纵观全词，词人先直抒胸臆，感慨岁月流逝，又以闲云自喻，描绘了晚年生活的怡然自得，最后又借山水之笔抒发了对宇宙人生的思考，读来平易流畅，清新隽逸，韵味无穷。

《清平乐（朱颜渐老）》课后习题

📖 人文启迪

让青春绽放绚丽之花

青春时光如同初升的太阳，光芒万丈，充满活力与希望。它不仅是年华的印记，更是梦想启航的港湾。在这片广袤的天地间，有这样一群优秀青年，他们或扎根基层，默默奉献；或科技创新，引领未来；或文化传承，守护根脉，用自己的行动诠释了"让青春绽放绚丽之花"的深刻内涵，以无畏的姿态，书写着属于自己的辉煌篇章。

扎根基层，青春在奉献中闪光

在偏远的山村，有这样一位青年，她叫黄文秀，一个从大山走出又毅然决然返回大山怀抱的壮家女儿。她以北京师范大学硕士研究生的身份，放弃了城市的繁华与安逸，选择成为广西百色市乐业县新化镇百坭村的驻村第一书记。面对贫困的困境，黄文秀没有退缩，她深入田间地头，走访农户，了解村民需求，带领乡亲们发展特色产业，改善基础设施，用实际行动诠释了"不忘初心，牢记使命"的深刻含义。然而，一场突如其来的山洪，带走了这位年仅30岁的年轻生命，却留下了她光辉灿烂的青春足迹。黄文秀的故事，如同一束光，照亮了乡村的夜空，让人们看到了青春在奉献中的无限价值。

科技创新，青春在探索中绽放

在科技创新的前沿阵地，有一群青年科学家，他们正以青春之名，挑战未知，突破极限。曹原，这位年仅二十几岁便登上《自然》杂志年度十大科学人物的青年物理学家，以其对石墨烯超导性的重大发现，震惊了科学界。他的研究不仅推动了物理学理论的进步，更有望在未来能源、电子等领域引发革命性变革。曹原的成就，是无数青年科研工作者勇攀科技高峰、不懈追求真理的缩影。他们以青春为笔，以智慧为墨，在科学的画卷上描绘出一幅幅壮丽图景，让青春在探索与创新的道路上绽放出最耀眼的光芒。

文化传承，青春在守护中延续

在中华文化的浩瀚星空中，有这样一群青年，他们肩负着传承与发展中华优秀传统文化的重任，用实际行动让古老的文化在现代社会焕发出新的生机与活力。李子柒，这位以短视频形式展现中国传统农耕文化和生活美学的青年，通过一帧帧精美的画面，向全世界展示了中国茶道、造纸、刺绣、木工等非物质文化遗产的魅力。她的视频不仅得到了国内外网友的喜爱与赞誉，更激发了人们对传统文化的兴趣与尊重。李子柒的故事，是当代青年积极参与文化传承、促进文化交流的一个生动例证。他们用青春的热情和创意，让传统文化在新时代的舞台上绽放异彩，让青春在守护与传承中得到了升华。

青春，是生命中最绚烂的篇章，它不应被平庸所淹没，更不应被虚度所辜负。黄文秀、曹原、李子柒等当代优秀青年人物，用他们的实际行动证明了青春的价值与意义。他们或扎根基层，用奉献书写忠诚；或投身科研，以探索追求真理；或传承文化，让古老文明焕发新生。正是这些青年，以他们的青春之我，创建青春之家庭，青春之国家，青春之民族，让青春之花在时代的舞台上绚丽绽放。

我们要以他们为榜样，不负韶华，不负时代，勇敢地追求自己的梦想，用实际行动去诠释青春的真谛，去创造属于自己的精彩人生。让青春在奋斗中闪光，在奉献中升华，在创新中绽放，共同书写中华民族伟大复兴中国梦的壮丽篇章！

单元活动
"我的一天"主题短视频比赛

一、任务书

授课日期：		活动班级：	
学习团队：		团队成员：	

（一）任务描述

为了丰富同学们的课余生活，提高大家的新媒体运用和创作能力，展示个人及团队风采，本班级决定举办一次以"我的一天"为主题的短视频比赛活动。同学们需要围绕这一主题，完成以下任务：

1. 策划与拍摄。以"我的一天"为主题，策划并拍摄一部短视频，内容需展现你的一天中的有趣、有意义或感人的瞬间。

2. 编辑与后期制作。对拍摄的素材进行剪辑、配音、配乐等后期制作，使视频更加生动有趣。

3. 展示与分享。将完成的短视频在班级群或其他平台进行展示和分享，接受同学们的点评和建议。

（二）任务实施

1. 课前准备阶段

（1）确定主题。围绕"我的一天"，确定视频的具体内容和呈现方式。

（2）分工合作。团队成员根据各自特长进行分工，如策划、拍摄、剪辑等。

（3）收集素材。收集与主题相关的照片、视频等素材。

2. 课中实施阶段

（1）实地拍摄。按照策划方案进行实地拍摄，捕捉一天的精彩瞬间。

（2）后期制作。对拍摄的素材进行剪辑、配音、配乐等后期制作。

3. 课后总结阶段

（1）班级展示。在班级群或其他短视频平台进行展示，有条件的班级可选择短视频平台创建班级平台号，方便进一步互动交流。

（2）线上评选与展示。将同学们的作品进行线上展示和优秀评选，鼓励同学们互相交流短视频拍摄灵感、剪辑技巧等。

二、创作记录表

团队成员	拍摄时间	拍摄地点	所需道具	拍摄内容

三、评价

短视频评分表					
项　目	内容创意	视频质量	技术运用	团队合作	累　计
分值（分）	30	20	25	25	100
学生评价（50%）					
教师评价（50%）					
总分					

模块四　知行合一

学诗明礼　温文尔雅

微课：
第十单元
导入

《荀子·修身》中有云"人无礼则不生，事无礼则不成，国无礼则不宁。""礼"是中华传统文化的重要组成部分，它不仅是一种社交规范和道德准则，更是一种文化修养和价值追求。

"礼"是我们修身、齐家、治国、平天下的基石。《诗经》作为周代礼乐制度的重要成果和礼乐文明的重要载体，以"乐"章的形式记录了周代宴飨、朝聘、丧葬、祭祀等礼乐程式，展现了"礼"对提升个人修养、促进社会和谐的教化作用。

《关雎》倡导发乎情、止乎礼的君子品格；《木瓜》传递出礼尚往来的真谛；《鹿鸣》描绘了一幅宾主有礼、和谐融洽的宴会场面；《思齐》通过歌颂祖先来阐释经世致用的修齐治平之法；《雍》通过祭祀仪式表达对祖先的诚敬感恩。清初思想家颜元说："国尚礼则国昌，家尚礼则家大，身尚礼则身修，心尚礼则心泰。"让我们共同感悟和传承礼仪的深刻内涵和重要思想，做"心中有礼、行中有仪、言中有雅、眼中有敬"的尚礼而行的时代新人。

微课：关雎

诵读：关雎

关　雎

《诗经·周南》

《关雎》课前
习题

✎ 学习指南

一、学习目标

1. 把握《诗经·周南》相关文化常识，理解《关雎》诗歌大意。

2. 品味诗歌的赋比兴艺术手法，体会"雎鸠"等文学意向的内涵。

3. 体会"发乎情，止乎礼"的意义，重视个人德行的培养，在浮华世事中能够不失本心，能够有所为有所不为。

二、学习建议

1. 课前完成课前预习测试，掌握文化常识，了解诗歌大意。

2. 课中掌握《关雎》的艺术手法和主旨思想，思考"雎鸠"等意向的象征意义；分析孔子评价该诗"乐而不淫，哀而不伤"的原因。

3. 课后配乐诵读《关雎》，分享感悟。

📖 诗词漫润

关关雎鸠①，在河之洲②。

窈窕淑女③，君子好逑④。

参差荇菜⑤，左右流之⑥。

窈窕淑女，寤寐求之⑦。

---

① 关关：象声词，雌雄二鸟相互应和的叫声。雎鸠（jū jiū）：一种水鸟名，即王鴡。

② 洲：水中的陆地。

③ 窈窕（yǎo tiǎo）淑女：贤良美好的女子。窈窕，身材体态美好的样子。窈，深邃，喻女子心灵美；窕，幽美，喻女子仪表美。淑，好，善良。

④ 好逑（hǎo qiú）：好的配偶。逑，"仇"的假借字，匹配。

⑤ 参差：长短不齐的样子。荇（xìng）菜：水草类植物。圆叶细茎，根生水底，叶浮在水面，可供食用。

⑥ 左右流之：时而向左、时而向右地择取荇菜。这里是以勉力求取荇菜，隐喻"君子"努力追求"淑女"。流，义同"求"，这里指摘取。之：指荇菜。

⑦ 寤寐（wù mèi）：醒和睡。指日夜。寤，醒觉。寐，入睡。又，马瑞辰《毛诗传笺注通释》说："寤寐，犹梦寐。"也可通。

求之不得，寤寐思服①。
悠哉悠哉②，辗转反侧③。

参差荇菜，左右采之。
窈窕淑女，琴瑟友之④。

参差荇菜，左右芼之⑤。
窈窕淑女，钟鼓乐之⑥。

（选自《诗经》，王秀梅译注，中华书局 2015 年版）

📖 参考译文

关关和鸣的雎鸠，相伴在河中小洲。
美丽贤淑的女子，是君子的好配偶。

参差不齐的荇菜，左右不停的采摘。
美丽贤淑的女子，梦中醒来难忘怀。

美好愿望难实现，醒来梦中都思念。
想来想去思不断，翻来覆去难入眠。

参差不齐的荇菜，左边右边不停摘。
美丽贤淑的女子，奏起琴瑟表亲爱。

参差不齐的荇菜，左边右边去拔它。
美丽贤淑的女子，鸣钟击鼓取悦她。

---

① 思服：思念。服，想。《毛传》："服，思之也。"
② 悠哉悠哉：意为"悠悠"，就是长。这句是说思念绵绵不断。悠，感思。哉，语气助词。悠哉悠哉，犹言"想念呀，想念呀"。
③ 辗转反侧：翻覆不能入眠。辗，古字作"展"。展转，即反侧。反侧，犹翻覆。
④ 琴瑟友之：弹琴鼓瑟来亲近她。琴、瑟，皆弦乐器。琴五或七弦，瑟二十五或五十弦。友：用作动词，此处有亲近之意。这句说，用琴瑟来亲近"淑女"。
⑤ 芼（mào）：择取，挑选。
⑥ 钟鼓乐之：用钟奏乐来使她快乐。乐，使动用法，使……快乐。

青 荇

知人论世

《周南》是《国风》中的部分作品，共十一首诗，有东周作品，也有西周作品。

周南，指的是位于周朝疆域以南的广阔地区，特指由周公旦分封治理的领地，大致涵盖了现今河南省的西南部以及湖北省的西北部。这里的《周南》不仅是一个地理概念，也代表着该区域内流传的民间歌谣。地域范围北起黄河以南，南至江汉流域，包括了河南西南与湖北西北的多个地区。由于采集地域广阔，又不便各自为编，故统称"南"以示南国之诗。《周南》歌谣，不仅描绘了南方的山川风物，更记录了江汉流域独有的民俗风貌，展露了南方楚地歌谣的独特韵味与风情。

文学鉴赏

《关雎》，一首穿越千年的恋爱颂歌，以其独特的艺术魅力和深邃的情感内涵，成为《诗经·周南》中一颗璀璨的明珠。此诗以爱情为主题，巧妙运用了"兴"的表现手法，开篇即以雎鸠鸟在河洲上的和谐鸣唱为引子，自然而然地引出"窈窕淑女，君子好逑"的美好愿景，奠定了全诗温馨而又不失庄重的基调。

首章之中，雎鸠的和鸣不仅是自然界的和谐之音，更是诗人心中对理想伴侣的深情呼唤。雎鸠的相依相恋，恰似君子对淑女的渴望与倾慕，二者相互映衬，使得这份情感显得尤为纯净而高尚。诗人以"窈窕淑女"四字，简练而传神地勾勒出了女子端庄秀丽、温婉贤淑的形象，而"君子好逑"则直接表达了男子对这份美好的向往与追求，情感真挚，动人心弦。

随后的章节，诗人巧妙地以"参差荇菜"这一自然景象为媒介，进一步抒发了对女子的深切思念与热烈追求。荇菜的流动与难采，不仅是对女子求之美的隐喻，也象征着追求过程中遇到的种种困难与挑战。然而，这并未让男子退缩，反而激发了他更加坚定的决心和无尽的相思。无论是醒时还是梦中，他都在不懈地追寻着那份美好的爱情，其情感之深切，令人动容。

第三章是全诗情感的高潮，诗人以"求之不得，寤寐思服。悠哉悠哉，辗转反侧"等句，生动描绘了自己因思念而夜不能寐、辗转反侧的情景。这种直白而又细腻的情感表达，不仅展现了男子内心的焦虑与痛苦，也体现了"哀而不伤"的美学追求。

最终，爱情之花终于绽放，诗人以"琴瑟友之""钟鼓乐之"等句，描绘了与心上人情感的升华，又体现了诗人对爱情生活的美好憧憬与向往。"钟鼓"为隆重场合使用的礼乐，爱慕的最终目的是给对方一场隆重的婚礼。孔子称该诗"乐而不淫"，强调的正是这种不过分、不放荡的"中庸"之道，君子行径。

整首诗以爱情为主线，通过"兴"与"赋"的结合，将男子对女子的思念与追求过程刻画得淋漓尽致，展现了爱情的甜蜜与苦涩、期待与失落、坚持与收获等多重画面。

《关雎》课后习题

📖 人文启迪

节制：礼的优雅呈现

礼，乃社会秩序与文明之象征。而节制，恰似礼的优雅呈现，赋予生活深邃魅力。

节制是智慧之光，面对利益，它教会我们"见利思义"。以礼为准则，不被一时之利冲昏头脑，确保所得正当，此乃对礼的敬重。在利益诱惑前，懂得节制的人能保持清醒，权衡利弊，坚守道德底线，展现高尚品德。

欲望如洪流，节制则如坚固堤坝。它是精准闸门，以理性为钥匙，引导欲望合理流淌。避免纵欲成灾，保持心灵宁静纯净，这是礼所倡导的内敛谦逊。在情感世界，节制同样关键。喜怒哀乐应有度，既不泛滥成灾，亦不压抑成疾。在礼的规范下，情感表达更加得体，让我们既能享受激情，又能维持内心平和。

日常生活中，节制是健康生活的基石。饮食有节，不暴饮暴食；起居有度，遵循自然规律；工作有序，避免过度劳累。节制让我们在生活各方面找到平衡，使身心在和谐环境中茁壮成长。

孔子"从心所欲，不逾矩"，完美诠释节制与礼的融合。在礼的框架内，我们自由展现个性，追求梦想，又不越道德法律界限。节制让人在自由与自律间达至平衡，享受真正愉悦与自由。

节制，作为礼的优雅呈现，是一种力量、智慧与生活态度。它让我们在纷繁世界中保持头脑清醒与心境平和。以节制为舟，以礼为帆，我们定能驶向更加美好的未来，让生活绽放优雅光彩。

微课：木瓜

诵读：木瓜

木 瓜①

《诗经·卫风②》

✏ 学习指南

一、学习目标

1. 掌握《诗经·卫风》相关文化常识，理解《木瓜》诗歌大意。

2. 掌握赋比兴的艺术手法，讲述"木瓜"中的文学意象。

3. 叙述"礼尚往来"的内容及文化内涵。

二、学习建议

1. 课前完成课前预习测试，掌握文化常识，了解诗歌大意。

2. 课中掌握《木瓜》的艺术手法和主旨思想；体会"友善"的社会主义核心价值观，珍惜别人的情义，懂得感恩，乐于付出。

3. 课后配乐诵读《木瓜》，分享学习感悟。

《木瓜》课前
习题

📖 诗词漫润

投我以木瓜③，报之以琼琚④。

匪报也⑤，永以为好也。

投我以木桃⑥，报之以琼瑶⑦。

匪报也，永以为好也。

投我以木李⑧，报之以琼玖⑨。

---

① 木瓜：植物名，落叶灌木或小乔木，果实长椭圆形，色黄而香，蒸煮或蜜渍后供食用。今粤桂闽台等地出产的木瓜，全称为番木瓜，供生食，与此处的木瓜非一物。

② 卫风：《诗经》"十五国风"之一，今存十篇。

③ 投：赠送。

④ 琼琚（jū）：佩玉，美玉为琼。

⑤ 匪：同"非"，不是。

⑥ 木桃：果名，即楂子，比木瓜小。

⑦ 琼瑶：美玉名。

⑧ 木李：果名，即榠楂，又名木梨。

⑨ 琼玖（jiǔ）：美玉名。

匪报也，永以为好也。

（选自《诗经》，王秀梅译注，中华书局2015年版）

你送我木瓜，我回赠你琼琚。不是为了报答你的馈赠啊，是为了让我们的情意长久。

你送给我木桃，我回赠你琼瑶。不是为了回报你的礼物啊，是希望我们的情谊更加深厚。

你送给我木李，我回赠你琼玖。不是为了报答你啊，是期望这份感情永远美好。

美玉

知人论世

《卫风》，十五国风之一，先秦时代卫国地方民歌，共十篇，分别为《淇奥》《考槃》《硕人》《氓》《竹竿》《芄兰》《河广》《伯兮》《有狐》《木瓜》。

《卫风》以水入诗的篇章有6篇，占到总篇章的3/5，与其他国风相比，形成了显著的基于河流水系及其衍生意象的书写特征。与水相关的诗篇多是情诗，但卫风中与水相关的诗篇却体现了强烈的道德倾向和"发乎情、止乎礼"的自我约束，呈现出浪漫而理性、活泼而健康的思想风貌，展示了卫地女性柔中带刚、独立坚强的精神面貌。

文学鉴赏

《大雅·抑》中的"投我以桃，报之以李"广为人知，凝结为成语"投桃报李"，象征着相互赠答、礼尚往来的美好风尚。然而，与之相仿却略显低调的《木瓜》，也孕育了"投木报琼"的成语，虽未能在成语的使用频率上比肩前者，却在诗歌的传诵程度上独领风骚，成为《诗经》中最脍炙人口的篇章之一。

《木瓜》之所以深入人心，很大程度上源于其主旨的多元解读与"木瓜"意象的丰富象征。从"臣子思报忠于君主"的忠诚，到"爱人定情坚于金玉"的深情，再到"友人馈赠礼轻情重"的友情，这些意象共同构筑了《木瓜》深厚而多义的文化内涵。多重视角的解读，让《木瓜》超越了单纯的物质交换，成为了情感交流与精神契合的载体。

从艺术手法上看，《木瓜》展现出了整齐的重章叠句结构与音韵美感。它摒弃了《诗经》中常见的四字句形式，采用更为灵活的句式，营造出一种跌宕起伏、韵味悠长的效果。同时，诗歌中的高度重叠复沓，不仅增强了节奏感，也通过重复中的微妙变化，如"木瓜""木桃""木李"与"琼琚""琼瑶""琼玖"的交替，展现了诗人对于细节的精妙把握。这种结构类似于唐代《阳关三叠》的乐歌形式，体现了《诗经》音乐与文学的完美融合。

更为深刻的是，《木瓜》通过"你赠我果子，我回赠你美玉"的描绘，传达了一种超越物质价值的情感观念。在这里，美玉的珍贵并非仅仅在于其物质价值，而是象征着对他人情意的珍视与回应。诗人借此表达的是，真正的情感交流不在于礼物的厚薄轻重，而在于心灵的契合与相互的理解。这种高尚的情感追求，使得《木瓜》超越了简单的物质交换，成为了人类情感世界中一道亮丽的风景线。

《木瓜》以其独特的艺术魅力、深厚的文化内涵以及超越物质的高尚情感追求，成为了《诗经》中最具魅力的篇章之一。它不仅让我们领略了古代诗歌的韵律之美，更让我们在物欲横流的社会中重新审视了情感的价值与真谛。

《木瓜》课后
习题

📖 人文启迪

弘扬友善美德，共筑温暖社会

友善，这一中华民族的传统美德，在现代社会依然闪耀着人性的光芒。它不仅仅是谦敬礼让、帮扶互助的具体体现，更是人与人之间情感交流的桥梁，是心灵相通的纽带。

在工作与生活中，我们应以谦逊之心待人接物，不炫耀自己的才能，不贬低他人的成就。面对品德高尚、才华横溢之人，我们应虚心学习，见贤思齐，努力提升自己的修为。而当他人犯错或遇到困难时，我们更应设身处地地给予理解和包容，用真诚的提醒和帮助温暖彼此的心房。

友善之情，往往源自心灵的共鸣与志趣的相投。志同道合的人们相互吸引，携手共进，共同追求理想与梦想。在当代中国，全体中华儿女正同心同德地走在实现中华民族伟大复兴的中国梦的道路上。这份共同的理想与追求，让我们紧密相连，共同奋斗。

友善的力量是巨大的，它能消除人与人之间的隔阂与冷漠，让社会充满温情与爱心。当我们用友善的言行去影响他人、感染他人时，这份温情与爱心就会在人与人之间流转和传递，如同春风化雨般滋润着每个人的心田。

让我们共同践行友善的价值观，用谦敬礼让、帮扶互助的实际行动去温暖他人、感动社会。让友善之花在中华大地上绚丽绽放！

微课：鹿鸣

鹿 鸣

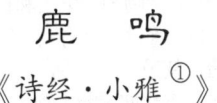

《诗经·小雅①》

诵读：鹿鸣

✏️ 学习指南

一、学习目标

1. 把握《诗经·小雅》相关文化常识，理解《鹿鸣》诗歌大意。

---

① 小雅：《诗经》中"雅"的部分，分为大雅、小雅，合称"二雅"。雅，雅乐，即正调，指当时西周都城镐京地区的诗歌乐调。小雅部分今存七十四篇。

2. 学习赋比兴的艺术手法，体会"天人合一"思想的内涵。

3. 体会"和合之美"的文化内涵。

二、学习建议

1. 课前完成课前预习测试，掌握文化常识，了解诗歌大意。

2. 课中掌握《鹿鸣》的艺术手法和主旨思想；体会社会主义核心价值观之"和谐"的意义，思考中华宴饮礼文化的内涵及在不同场合中的应用。

3. 课后配乐诵读《鹿鸣》，谈谈你的感悟。

《鹿鸣》课前
习题

📖 *诗词漫润*

呦呦鹿鸣①，食野之苹②。

我有嘉宾③，鼓瑟吹笙④。

吹笙鼓簧⑤，承筐是将⑥。

人之好我，示我周行⑦。

呦呦鹿鸣，食野之蒿⑧。

我有嘉宾，德音孔昭⑨。

视民不恌⑩，君子是则是效⑪。

我有旨酒⑫，嘉宾式燕以敖⑬。

呦呦鹿鸣，食野之芩⑭。

我有嘉宾，鼓瑟鼓琴。

---

① 呦（yōu）呦：鹿的叫声。朱熹《诗集传》："呦呦，声之和也。"

② 苹：藾蒿。陆玑《毛诗草木鸟兽虫鱼疏》："藾蒿，叶青色，茎似箸而轻脆，始生香，可生食。"

③ 宾：受招待的宾客，或本国之臣，或诸侯使节。

④ 瑟：古代弦乐，"八音"中属"丝"。笙：古代吹奏乐，属"八音"之"匏"。

⑤ 簧：笙上的簧片。笙是用几根有簧片的竹管、一根吹气管装在斗子上做成的。

⑥ 承筐：指奉上礼品。承，双手捧着。《毛传》："筐，筥属，所以行币帛也。"将：送，献。

⑦ 周行（háng）：大道，引申为大道理。

⑧ 蒿：又叫青蒿、香蒿，菊科植物。

⑨ 德音：美好的品德声誉。孔：很。昭：明。

⑩ 视：同"示"。恌（tiāo）：同"佻"，轻薄，轻浮。

⑪ 则：法则，楷模，此作动词。

⑫ 旨：甘美。

⑬ 式：语助词。燕：同"宴"。敖：同"遨"，嬉游。

⑭ 芩（qín）：草名，蒿类植物。

鼓瑟鼓琴，和乐且湛①。

我有旨酒，以燕乐嘉宾之心。

（选自《诗经》，王秀梅译注，中华书局 2015 年版）

参考译文

　　鹿儿呦呦地鸣叫，呼唤同伴吃青苹。我有尊贵的宾客，为他们奏起瑟与笙。笙管乐声响亮和谐，奉上礼物表深情。大家喜爱欣赏我，告诉我至善至真之道。

　　鹿儿呦呦地鸣叫，呼唤同伴吃青蒿。我有尊贵的宾客，品德高尚美名昭。他举止行事不轻浮，君子们纷纷来仿效。我备下香醇美酒，与嘉宾共享宴乐逍遥。

　　鹿儿呦呦地鸣叫，呼唤同伴吃黄芩草。我有尊贵的宾客，为他们鼓瑟又弹琴。琴瑟和鸣乐声美，欢乐和谐人陶醉。我斟满香醇的美酒，来愉悦安乐嘉宾的心。

知人论世

　　《小雅》收录了西周初期至春秋中叶，74 篇诗歌。作为《诗经》二雅之一，其作者包括贵族和底层劳动人民，反映了雅乐的广泛影响力和社会各阶层的参与情况；反映了当代社会的真实面貌和人民的生活状况，为我们了解当时的社会风貌、文化形态和人文精神提供了宝贵的资料。其战争诗，从正面描写了天子、诸侯的武功，表现了强烈的自豪感，充满乐观精神。劳役诗，从普通士兵的角度出发，描述他们的遭遇和心境，表达了对战争的厌倦和对家乡的深深思念。宴飨诗，以君臣、亲朋欢聚宴享为主要内容，展现了上层社会的宴饮文化和社交规范，反映了这一时期社会的价值观念、道德规范、交往方式，具有很强的政治和社会意义。怨刺诗，被后人称为"变雅"作品，作者多为地位较低的官员，主要反映了厉王、幽王时赋税苛重，揭批政治的黑暗腐朽、百姓的民不聊生，感叹自身的悲惨遭遇。

───────────

① 湛（dān）：深厚。《毛传》："湛，乐之久。"

文学鉴赏

　　《鹿鸣》作为《诗经》"四始"诗之一，为《小雅》之始，是古人宴会上演唱的一首礼乐。朱熹《诗集传》认为，此诗最初为君王宴请群臣而作，后融入民间。

　　全诗三章，每章八句。第一章以鹿鸣起兴，奠定和谐愉悦的基调。周王在礼乐声中迎来嘉宾，欢快的音乐更加营造出喜悦的氛围。伴随着优美的音乐，周王赠礼并致辞感谢，礼乐与礼物皆是礼的表现形式，展现出了主宾有礼、宾主尽欢的和谐场面。

　　第二章，周王赞美宾客品德高尚，如《诗集传》所云，意在要求臣下做清正廉明之官，矫正民风。祝酒之语暗含政治色彩，尽显文字与语言之美。

　　第三章大部分与首章重复，末句将欢乐气氛推向高潮，表明宴会的目的不仅是养其体、娱其外，更是"安乐其心"，使参与宴会的群臣心悦诚服。古人早在2500年前就从礼乐中委婉传递出了交流情感、统一思想、凝聚人心的团队相处之道。

　　《鹿鸣》巧用比兴手法，"呦呦鹿鸣"似呼朋引伴、欢快进食，洋溢欢快气氛，呈现宴会和乐融洽之态；又用赋的手法详细记录宴会流程，平铺直叙让人清晰看到宴会顺序，展现周代宴会礼仪规矩，营造和谐宴飨气氛。礼仪规矩是社会秩序的基石，《鹿鸣》展现的秩序之美与宾主得体的礼仪，是当时社会的真实写照，也体现礼仪的文化内涵，对当今社会有着深刻启示。在社会交往中，我们应遵守规则秩序，以礼待人，建立和谐友善的人际关系。

　　《诗经》作为中国古代诗歌的源头，其含蓄的表达方式与中正典雅的礼乐特色，影响着后世的诗歌创作及人们的审美观念。比兴的创作手法婉转传达思想情感，赋予诗歌想象的空间，让人们在欣赏美、追求美的同时，更注重和谐、平衡与自然。

人文启迪

中华礼文化的思想智慧

　　聆听宁静悠远的青铜礼乐，遥望庄重典雅的中华仪礼，重温五千年璀璨悠久的华夏文明，展望文明时代下的礼仪新风。历经千年的中华文明礼仪，在广袤的华夏大地上萌芽兴起、发展复兴，经典传承着他走过的每一段历程，历史铭记着他不可替代的丰功伟绩。大到国家层面的典章制度、风俗习惯、道德规范，小到生活中的仪容仪表、言谈举止、待人接物，礼仪存在于我们生活的时时处处。

　　《礼记·曲礼》中记载，子曰："夫礼者，自卑而尊人。"孔子说要用谦卑来表达对他人的尊敬。《论语·颜渊》中记载"克己复礼，天下归仁"。指出要用自我约束、自我克制来成就仁德。《论语·学而》中有曰："礼之用，和为贵。先王之道斯为美。"道出了礼的更高境界。礼的应用，贵在实现和谐。

　　古圣先贤留下的启示，似乎让我们更加明确了礼的丰富内涵。礼的核心思想是"敬"，采用的方法是谦卑和自律，追求的精神主旨是"仁"，而追求的最高境界是和而不同、天下大同的"和"。

　　敬、谦、仁、和，是孔子对礼表述的几种突出的境界，也与儒家思想的精神内核高度地结合在一起。将诚敬、自谦、仁爱、和谐深深地植根于每一个人的内心，不断地自省、自律、自觉、自知，以此修养身心、规范行为，大概就是传承千年的中华礼文化想要给予我们的精神滋养。让我们将其内化于心，外化于行，用实际行动去践行和传承，做知礼、懂礼、守礼的现代文明人。

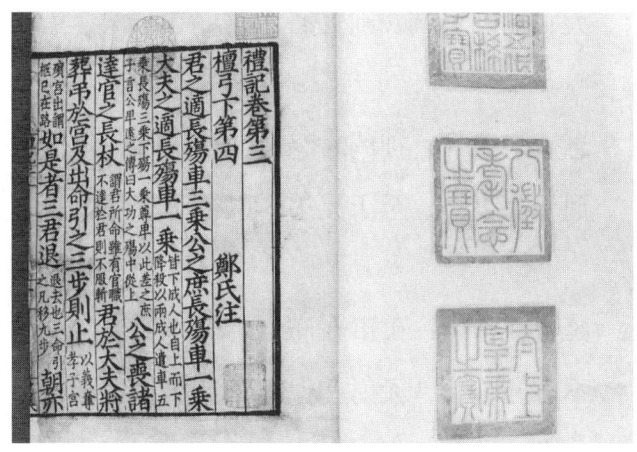

《礼记》书影

思 齐

《诗经·大雅①》

微课：思齐

诵读：思齐

✏ **学习指南**

一、学习目标

1. 把握《大雅》相关文化常识，理解《思齐》诗歌大意。

2. 思考"文王之治"的原因，探寻"天乃大命文王"的路径与方法。

3. 体会"家和万事兴"的文化内涵。

二、学习建议

1. 课前完成课前预习测试，掌握文化常识，了解诗歌大意。

2. 课中结合《思齐》，分析"文王之治"的原因；分析文王在周人记忆中呈现的人物形象。

3. 课后配乐诵读《思齐》，谈谈感悟。

《思齐》课前习题

---

① 大雅：《诗经》中"雅"部分，分为《大雅》、《小雅》，合称"二雅"。雅，雅乐，即正调，指当时西周都城镐京地区的诗歌乐调。《大雅》部分今存三十一篇。思：发语词，无义。齐（zhāi）：通"斋"，端庄貌。

📖 *诗词漫润*

思齐大任①，文王之母，

思媚周姜②，京室之妇③。

大姒嗣徽音④，则百斯男⑤。

惠于宗公⑥，神罔时怨⑦，神罔时恫⑧。

刑于寡妻⑨，至于兄弟，以御于家邦⑩。

雍雍在宫⑪，肃肃在庙⑫。

不显亦临⑬，无射亦保⑭。

肆戎疾不殄⑮，烈假不瑕⑯。

不闻亦式⑰，不谏亦入⑱。

肆成人有德，小子有造⑲。

---

① 大任：即太任，文王之母，王季之妻，商代小国挚国之任姓女。
② 媚：美好。一说爱，孝敬。周姜：即太姜。文王之祖母，王季之母，古公亶父之妻。
③ 京室：王室，指岐山的周家都城。京，王都称京。
④ 大姒（sì）：即太姒，文王之妻，武王之母，莘国之女，姒姓。嗣：继承，继续。徽音：美誉，美好典范。
⑤ 百斯男：众多男儿。百，虚指，泛言其多。斯，语助词，无义。男，男孩，这里指子孙。
⑥ 惠：孝敬。一说顺。宗公：宗庙里的先公，即祖先。
⑦ 神：此处指祖先之神。罔：无。时：所。
⑧ 恫（tōng）：哀痛，难过。
⑨ 刑：同"型"，典型，典范。寡妻：嫡妻。
⑩ 御：治理。一说推广，施行。
⑪ 雍雍：和洽貌。宫：宫殿，住室。
⑫ 肃肃：恭敬貌。庙：宗庙，庙堂。
⑬ 不：语助词，无实义。显：明。临：临视，来临，照临。
⑭ 无：语助词，无实义。射：通"夜"，指暗处僻处。保：保持。
⑮ 肆：所以。戎疾：西戎之患。殄（tiǎn）：残害，灭绝。
⑯ 烈假：指害人的疾病。一说罪大恶极。瑕（xiá）：通"遐"，远离。
⑰ 闻：听取好的意见。式：用。
⑱ 入：接受，采纳。
⑲ 小子：儿童，未成年的人。造：进步，造就，培育。

古之人无斁①，誉髦斯士②。

（选自《诗经》，王秀梅译注，中华书局2015年版）

参考译文

太任雍容又端庄，她是周文王的母亲。太姜贤淑又美好，住在周京的王宫里，是位了不起的王室妇人。太姒继承了前辈的好名声，子孙繁盛，周室兴旺发达。

文王特别孝顺祖宗，祖宗神灵对他一点怨言都没有，心里也没有任何不痛快。文王给妻子做了个好榜样，兄弟们也跟着学，这样治理国家和家里的事儿都顺顺利利的。

在家里他和和睦睦；到了宗庙里他恭恭敬敬。就算没人看着，神灵也在暗处盯着呢，所以文王修身养性，从不偷懒，家里家外都平平安安的。

西戎这类外患灭绝，病魔也不得不远离。文王处理事情，就算是从来没遇到过的事儿，也能拿捏得恰到好处。就算没人提意见，他也愿意听听不同的声音。

现在大人都讲道德有品行，年轻人也都有出息。这都是因为文王育人勤勉不厌其烦，年轻的读书人，一个个都非常优秀！

周文王渭水访贤

知人论世

《大雅》作为《诗经》中的雅诗篇章，应和了当时统治阶级对于颂扬盛世、祈求太平的强烈需求。不同于民间歌谣的随性自由，《大雅》展现对祖先与神祇的崇敬，以及对社会风貌，尤其是统治阶级生活的描绘。在内容上逐渐超越了单一的颂神祭祖，转而

---

① 古之人：指文王。无斁（yì）：无厌，无倦。斁，倦怠。
② 誉：美名，声誉。一说以。一说通"豫"，悦，乐。髦斯士：髦士，俊才，英才。髦，俊，优秀。一说勉励，激发。斯，语助词。

深入社会肌理，反映了当时社会的多个层面，尤其是上层社会的风貌与情态。这些作品紧密围绕着周王室的历史、政治、军事、祭祀活动，诗风庄重典雅，展现着西周王朝的辉煌与沧桑，是关于西周历史的壮丽史诗。诗作歌颂了先祖至武王、宣王等英明君主带领国家走向强盛的非凡成就，也不乏对厉王、幽王等昏庸暴虐统治下的社会动荡与危机四伏的揭示，为后人提供了宝贵的历史资料。

文学鉴赏

《思齐》，以精炼的笔触颂扬了周文王在修身、齐家、治国方面的卓越成就，展现了其作为古代圣王的典范形象。全诗共二十四句，结构严谨，情感深沉，是理解周代文化与道德观念的重要窗口。

首章以"周室三母"太姜、太任、太姒为引子，虽未遵循常规的世系顺序，却巧妙地铺设了文王成长的贤良环境。诗人通过对这三位女性的赞美，间接颂扬了文王所受的良好家教与熏陶。马瑞辰等学者的分析揭示了古人行文的灵活与深意，强调"周室三母"对文王成长的重要影响，但全诗主旨并未局限于此，而是以此作为引子，引出对文王圣德的全面颂扬。

第二章转而聚焦于文王本人，颂扬其忠于祖先遗训、光大祖业的崇高品德。文王不仅孝顺祖先，更以身作则，通过自身的德行影响并感化家人与族人，体现了"修身、齐家、治国、平天下"的儒家理想。特别是"刑于寡妻"一句，虽历代学者对"刑"字解释不一，但多数倾向于"效法"之意，强调文王作为道德典范的示范作用。这一章不仅展现了文王的个人修养，也为后文其治国理念的阐述奠定了基础。

第三章至第五章，诗人进一步深入描绘了文王的治国之道与卓越成就。第三章通过文王在家庭与宗庙中的表现，强化了其以身作则、为人表率的形象，并以"不显亦临，无射亦保"两句深化了主题，揭示了文王即便在幽隐之处亦能保持敬畏之心、不懈追求美好节操的"慎独"精神。第四章则歌颂了文王排除危难、倾听善言、关注民生的治国才能，展现了其治国理念的实践成果与天下太平的盛景。第五章则侧重于文王在人才培养与任用方面的贡献，强调了其通过选拔培养贤能人才，壮大周人的不朽功勋。

值得注意的是，尽管首章提及了"周室三母"对文王成长的影响，但全诗的核心仍是赞美文王之圣。首章作为引子，巧妙地为后文铺设了背景与情感基调，而真正展现文王圣德的则是后续四章。诗人通过对文王修身、齐家、治国三方面的全面颂扬，生动展现了其作为古代圣王的完美形象，同时也传达了传统道德在周文王身上的完美体现与对后世的深远影响。

《思齐》课后习题

人文启迪

传承优良家风，共筑美好社会

家风，犹如家族传承的璀璨明珠，是个人品德的塑造者、家庭和谐的守护者、社会进步的推动者。它绝非仅仅是墙上的家训条文，而是深深烙印在内心的行为准则与道德信仰。优良的家风，似潺潺细流，默默滋养着每一代家族成员，让他们在无声无息中成长为德才兼备、心中有爱的社会栋梁。

在飞速发展的现代社会，家风的力量愈发珍贵。它引领我们忠诚爱国，深刻领悟个人命运与国家兴衰的紧密关联，生动诠释"家国一体"的崇高情怀。崇德向善的家风，激励我们孝老爱亲、诚实守信、勤奋节俭。这些传统美德如明亮星辰，既照亮我们前行之路，又温暖社会的各个角落。

家亦是心灵的宁静港湾。无论外界多么喧嚣吵闹，家始终是我们最坚实的依靠。在这里，我们学会包容、理解与支持，爱成为连接家庭成员的坚固桥梁。优良家风以其独特的温柔与力量，调适我们的心态，引领我们不断向善向上，成就更好的自己。

更为重要的是，家风作为社会风气的微小缩影，其影响远超家庭范畴。一个个小家共同组成大家，优良家风如涓涓细流，终将汇聚成推动社会进步的强大力量。让我们携手并肩，传承优良家风，使其在新时代焕发出更加耀眼的光芒，共同营造更加和谐、文明、美好的社会。

微课：雍

雍

《诗经·周颂》

诵读：雍

 学习指南

一、学习目标

1. 掌握关于"颂"的文化常识，理解《雍》的诗歌大意。
2. 品味诗歌的韵律变化，体会诗歌的韵律美。
3. 感悟"慎终追远"的意义及文化内涵。

二、学习建议

1. 课前完成课前预习测试，掌握文化常识，了解诗歌大意。
2. 课中掌握《雍》的艺术手法和主旨思想；体会祭祀文化的意义与当代价值。
3. 课后配乐诵读《雍》，谈谈你的感悟。

《雍》课前
习题

📖 诗词漫润

有来雍雍①，至止肃肃②。

---

① 有：语助词。来：指前来祭祀的人。雍雍：和睦状。
② 肃肃：恭敬。

相维辟公①，天子穆穆②。

於荐广牡③，相予肆祀④。

假哉皇考⑤！绥予孝子⑥。

宣哲维人⑦，文武维后⑧。

燕及皇天⑨，克昌厥后⑩。

绥我眉寿⑪，介以繁祉⑫。

既右烈考⑬，亦右文母⑭。

（选自《诗经》，王秀梅译注，中华书局 2015 年版）

参考译文

来的时侯，和悦恬静，到了这里，肃穆恭敬。

诸侯群公都来助祭，天子仪态庄严肃穆。

献上肥大的公牛，帮我把祭品全部摆上。

伟大的父皇啊，请保佑您的孝子嗣王！

臣民聪慧睿智，君王有武能文。

德泽遍及宇内，定能昌盛子孙。

保佑我寿高命长，惠赐我许多福祥。

既敬祭我英烈的父王，也敬祭我慈爱的母亲。

① 相：助祭的人。维：是。辟公：诸侯。

② 穆穆：庄重盛美状。

③ 於（wū）：赞叹声。荐：进献。广：大。牡：雄性牲口。

④ 相：助。予：周天子自称。肆：陈列。

⑤ 假：大。皇考：天子对已故父亲的美称。

⑥ 绥：安，用如使动。

⑦ 宣哲：明智。人：指臣。

⑧ 后：君主。

⑨ 燕：安。

⑩ 克：能。厥：其。

⑪ 绥：安。一说通"赉"，赐。眉寿：长寿。

⑫ 介：助。繁祉：多福。

⑬ 右：佑，此指受到保佑。烈考：天子称呼先父。

⑭ 文母：有文德的母亲。

知人论世

《颂》是《诗经》的组成部分，作为古代王室宗庙祭祀和举行重大典礼时使用的乐歌，分为《周颂》《鲁颂》《商颂》三部，共四十篇，合称"三颂"。这些诗歌旨在颂扬天命、赞美祖先功德及描写生产成就，而较为缺乏形象性和韵律美，也极少运用比、兴的创作手法。

《周颂》年代较早，语言典雅而略显凝重。《商颂》时代较晚，篇章较长，文字精炼，叙事详尽，韵律和谐。《鲁颂》时代稍晚，创作上受到《风》诗与《雅》诗的双重影响，展现出一种融合与创新的艺术风貌。《颂》不仅承载了古代祭祀文化的深厚底蕴，也反映了不同历史时期的文学风貌与审美追求，为后人研究中国古代历史、文学提供了宝贵资料。

周文王塑像

文学鉴赏

这是一首祭祖诗，共十六句，按其内容可分为四章。

第一章描述参加祭祀的人物和神态。"有来雍雍，至止肃肃"，是总叙参祭者到来时的景象。人们来在路上，都还神色和悦；一到庙堂，全都肃然收容。一下显出了庙堂的庄严肃穆。后两句分写不同的参祭者，助祭的是诸侯公卿，主祭者就是天子了。诸侯公卿是怎样的神情，诗中虽未描摹，但连天子都是满脸庄重"穆穆"的神色，则"辟公"之无不肃静，也都可以想见了。这是一种静态的展示，整个庙堂似乎都沉入了无声的庄重之中。诗中连用三个叠词，描摹人们来到宗庙前后的不同神态，既渲染了庙堂的气氛，又显示了人们来此庄严场所经历的情感升华，极富表现力。

第二章便由无声静态的景象再现，转入祭祀中的献祭和祝祷，人称也由第三者变为主祭者（天子）的第一人称。"於荐广牡"二句以咏叹的口吻，叙述献牲和陈馔，与上文庄严的气氛紧相呼应，进一步表现出参祭者的虔敬。"假哉皇考"二句，是对"皇考"（先王）情不自禁地呼唤和祝祷，感情热烈而深长。从中简直可以感受到主祭者语调的延长和颤动。

第三章是对"皇考"功德的庄重颂赞，颂赞他英明睿智、文武双兼、德配皇天、泽被后世，能够使子孙兴旺发达。从咏诵的口气看，人称又变为第三者，似乎是助祭者所唱之词。

第四章又是主祭者的祈祷。他祈求"皇考"保佑他长寿，赐给他许多福祚。末二句说明他既敬祀自己的父亲文王，也连带敬祀自己的母亲太姒。古代帝王的先妣不另立庙，往往附于先王庙一起受祭。所以，诗中也表达了对先妣的怀思和祝祷。

这首诗，选取了"武王祭文王"这一特定事件，依次展开。其中，有生动的人物情

221

《雍》课后
习题

态；有盛大的祭祀场面；有强烈的主观抒情，结构完整、内容充实，是《周颂》祭祀先王乐章中的一篇成功之作。

人文启迪

寻根溯源，传承美德

祭祖，这一独特的中国文化现象，其核心要义是体现"慎终追远"，意义非凡。它不仅是对逝去先人的缅怀，更承载着丰富的社会价值与深刻的道德内涵。

祭祖，表达了我们对先人的感恩与敬意。它提醒着我们珍惜当下，感恩过去，勇敢地迈向未来。这种情感上的共鸣，促进了家庭成员之间的相互理解与支持。它就像一股正能量的源泉，为个人的成长和社会的发展注入源源不断的动力。

祭祖仪式，更是传承家风与美德的重要途径。在庄重肃穆的氛围中，后人得以学习先辈的德行与智慧，培养正直、勤劳、孝顺等优秀品质。这种精神的传递，为社会的和谐稳定筑牢了坚实的道德基础，也充分体现了中华民族对传统文化的尊重与传承。

让我们重视祭祖这一文化传统，在缅怀先人的同时，汲取力量，传承美德，为构建更加美好的社会而努力。

单元实践
"我们的节日" 主题活动

一、任务书

授课日期：		活动班级：	
学习团队：		团队成员：	

（一）任务描述

　　传统节日，作为中国传统文化的璀璨明珠，不仅承载着深厚的历史与文化内涵，更在岁月的长河中发挥着凝聚人心、传承文明的重要作用。为了弘扬与保护这些宝贵的文化遗产，春节、清明节、端午节及中秋节被正式确立为国家法定假日。其中，中国春节被第 78 届联大会议确定为 "联合国假日"。这些节日，各自蕴含着丰富的文化意蕴与情感价值，是中华民族精神情感与文化认同的生动体现。春节象征着团圆与希望，清明节寄托着对先人的哀思与缅怀，端午节承载着爱国与忠贞的情怀，而中秋节则寓意着团圆与和谐。请以 "继承传统节日，弘扬民族文化" 为宗旨，开展四大传统节日习俗介绍和活动体验。任务要求：

　　1. 思想积极向上，体现 "继承传统节日，弘扬民族文化" 的宗旨。

　　2. 通过查阅资料和调查访问，加深对传统节日习俗的了解。

　　3. 在探究过程中，增长见识，发挥个人特长，培养团队协作能力。

　　4. 培养收集整理资料、总结分析问题以及解决问题的能力。

　　5. 以小组为单位开展，要全员参与。

（二）任务实施

　　1. 课前准备阶段

　　小组选题：春节、清明节、端午节和中秋节。

　　各组制订详细的调查计划和方法，完成分工和记录表。

　　2. 课中实施阶段

　　交流分享，展示成果，组织评价。

　　（1）课堂分享小组调研结果和心得体会。要融入音乐、视频、图片等形式进行介绍。

　　（2）各小组手工制作具有代表性的节日物品，帮助同学感受节日气氛，体会节日内涵。

　　（3）老师和同学共同评价这次活动，分享感悟。

　　3. 课后总结阶段

　　在 qq 空间等网络平台分享 "文化感悟"，开展 "我们的节日" 文化宣传，分享真实的感动与思考。

二、调研方案

调研方案			
组长		组员	
调研主题			
调研目的			
调研内容			
调研方法			
调研分工			

三、调查记录

调查记录表

四、评价

（一）团队评分表							
项　目	语　言	层　次	主　旨	方　法	仪　表	参　与	累　计
分值（分）	30	20	20	10	10	10	100
自评（50%）							
师评（50%）							
总分							

（二）组内互评表									
评价标准		姓　名							
团队贡献	20								
沟通能力	15								
配合程度	15								
学习态度	30								
整体表现	20								
总分									

（三）文化感悟

微课:
第十一单元
导入

从牙牙学语、蹒跚学步，到读书、写字、求学、工作……学习，是人一生的事业，是国家兴盛的关键，是文明传承的方式。学习引领未来，绝非空谈，而是历代智者历经风雨、不断求索所凝聚的智慧结晶与成长真谛。

"唐宋八大家"之首的韩愈，在《符读书城南》中用"知识改变命运"的案例，告诫后代珍惜当下、刻苦读书；用《赠别元十八协律六首》(其五)总结求学"四患"，强调了知行统一的重要性。柳宗元用《读书》动情刻画痴迷读书的情态，为我们展示了读书的乐趣。爱国诗人陆游，近60岁的年纪，用《读书》表达为黎民百姓仍夜读不止的追求，告诉我们读书要有高尚的情怀、高远的志向。作为"心学"开创者的陆九渊，引诗《读书》说明读书的方法在于涵泳，在于精心。孔子说："工欲善其事，必先利其器。"读书也如此，既要勤奋学习，更要善于学习，掌握学习的方法。让我们一起从中国古代先贤的读书观中，学习善读书的智慧，找到善读书的方法，取得善读书的成效，成就最好的自己。

符读书城南^①

韩 愈

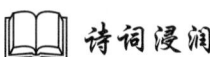 学习指南

一、学习目标

1. 了解作者韩愈及其文学主张和《符读书城南》的创作背景。

2. 理解《符读书城南》诗歌大意，品味《符读书城南》诗歌语言特色。

3. 思考学习的意义。

二、学习建议

1. 课前：完成课前预习测试，掌握文化常识，了解诗歌大意。

2. 课中：掌握《符读书城南》这首诗的语言特色和主旨思想；从诗人的经历及诗歌主旨体会"知识改变命运"的道理。

3. 课后：配乐诵读《符读书城南》，谈谈你的感悟。

诗词漫润

木之就规矩^②，在梓匠轮舆^③。

人之能为人，由腹有诗书。

诗书勤乃有，不勤腹空虚。

欲知学之力，贤愚同一初。

由其不能学，所入遂异闾^④。

两家各生子，提孩巧相如。

少长聚嬉戏，不殊同队鱼^⑤。

年至十二三，头角稍相疏^⑥。

---

① 符，韩愈之子韩昶，小名曰符。城南，韩愈别墅所在。

② 木之就规矩：木材能合乎规矩。就，符合。

③ 梓匠：木工。轮舆：指制作车轮和造车的古代工匠。

④ 异闾：里门。秦时贫民居里门左侧，富人居里门右侧，后代指富贵者与贫贱者异里而居。

⑤ 不殊：没有区别、一样。队鱼：指群鱼。

⑥ 头角：喻指人之间不同的气概、才华表现。

二十渐乖张^①，清沟映污渠。

三十骨骼成，乃一龙一猪。

飞黄腾踏去，不能顾蟾蜍。

一为马前卒，鞭背生虫蛆。

一为公与相，潭潭府中居^②。

问之何因尔，学与不学欤。

金璧虽重宝，费用难贮储。

学问藏之身，身在则有余。

君子与小人，不系父母且^③。

不见公与相，起身自犁锄^④。

不见三公后，寒饥出无驴。

文章岂不贵，经训乃菑畬^⑤。

潢潦无根源^⑥，朝满夕已除。

人不通古今，马牛而襟裾^⑦。

行身陷不义，况望多名誉。

时秋积雨霁^⑧，新凉入郊墟。

灯火稍可亲，简编可卷舒。

岂不旦夕念，为尔惜居诸^⑨。

恩义有相夺，作诗劝踌躇。

（选自《韩昌黎诗集编年笺注》，［清］方世举编年笺注，郝润华、丁俊丽整理，中华书局2012年版）

---

① 乖张：指彼此间差异变大，表现不相合。

② 潭潭府中：指豪华广阔的深府大院。潭潭，深广的样子。

③ 且（jū）：文言助词，用在句末，与"啊"相似。

④ 犁锄：犁和锄，借指农家。

⑤ 菑（zī）畬（yú）：耕地为民之本，喻指事物的根本。

⑥ 潢（huáng）潦（lǎo）：地上流淌的雨水。

⑦ 马牛而襟（jīn）裾（jū）：骂人的话，言说如同是穿人衣的牛马禽兽。

⑧ 霁：指天放晴。

⑨ 居诸：居、诸本是语气词，这里指时光、光阴。

参考译文

木料依照圆规曲尺加工成器，全在于木匠和造车工匠的巧手。人之所以能成为真正的人，是因为他们腹中有诗书学问。这些诗书学问需要通过勤奋才能获得，不勤奋的人只会腹中空空。

要知道学习的能力，贤能还是愚钝，最初都是一样的。只是因为他们是否能够学习，最终走上了不同的道路。有两户人家各自生了孩子，小时候聪明伶俐都差不多。少年时代聚在一起玩耍，就像同一群鱼儿中的两条，看不出什么差别。但到了十二三岁，渐渐开始有了气质的差距。到了二十岁，差异更加明显，像清澈的溪流与污浊的水渠形成的对比。到了三十岁，骨骼定型，人格与成就也完全分化，一个如龙般腾飞，一个却像猪般庸碌。那腾飞的骏马奔腾而去，再也不会回头顾及那蟾蜍般的同伴。一个沦为马前卒，受尽鞭打，背上甚至生出了虫蛆。另一个则成了公卿宰相，在深宅大院中安居。要问为何会有这样的差别？难道不是因为学与不学的缘故吗？

金银财宝虽然贵重，但花费起来难以积聚储存。而学问却藏于自身，只要人在，学问就永远不会消失。

一个人是君子还是小人，并不完全取决于父母的出身，而是看他是否愿意学习。你看那些公卿宰相，他们并非一开始就出身显赫，很多也是从耕田劳作家庭中起步的。而那些高官的后代，也可能落得贫寒饥饿，出门连驴子都骑不起。

文章诗词也是很宝贵的，其中的经典遗训是做人的根本。大雨过后的积水形成浅浅的池塘，早晨还满满当当，到了晚上就干涸了。人如果不通晓古今，那就如同穿着衣裳的马牛。如果行为不义，就更不要指望能赢得好的名声了。

如今秋天连绵的雨水已停，凉爽的空气吹进了郊外的村落。灯火微明，正是读书的好时光，书卷可以随意翻阅。我日夜挂念你，珍惜这宝贵的时光。虽然爱你，但还是要教你，要通过这首诗来劝勉你，学习不要犹豫。

知人论世

韩愈（768—824），字退之，河南河阳（今河南孟州）人，自谓"郡望昌黎"（今辽宁义县），世称"韩昌黎""昌黎先生"。唐朝中期政治家、文学家、哲学家、教育家。

他身为古文运动的领军人物，力主复兴先秦及两汉时期散文的质朴精神与深厚内涵，旗帜鲜明地反对过分追求音韵、对仗形式而忽略文章实质内容的骈俪文风。倡导"文道合一""气盛言宜""务去陈言""文从字顺"等写作理论；为文气势雄伟，说理透彻，逻辑性强，被尊为"唐宋八大家"之首。他反佛排道，提倡儒学，以继承儒学道统自居，开宋明理学家之先声。著有《昌黎先生集》等。

韩愈现存诗作逾三百首，其最鲜明的艺术特色在于诗风的豪放雄奇，气势磅礴，改变了大历时期以来诗坛流行的纤细柔弱之风。他的另一项杰出贡献在于"以文入诗"的创新实践。他借鉴散文的叙述技巧、结构布局及语言风格，拓宽了诗歌的表现范围；通

过扩展篇幅，赋予诗歌散文般的广阔空间；运用汉赋式的铺陈排比，丰富了诗歌的层次与节奏感；同时，在语言上打破诗歌原有的和谐与平衡，追求一种更为自由、直接的表达方式，使诗歌呈现出散文般的流畅与深度。这一创举对后世诗歌，尤其是宋代诗歌的散文化、议论化倾向产生了深远影响。

韩愈塑像

文学鉴赏

《符读书城南》一诗，不仅是韩愈对其子韩符的一次深情寄语，更是跨越千年时空，对后世学子的谆谆教诲。在这首充满哲理与情感的诗作中，韩愈以其深厚的文学功底和丰富的人生阅历，构建了一个关于知识、命运与人生选择的宏大叙事，展现了一位父亲对子女未来寄予的厚望与深切关怀。

前六句韩愈开篇即以木料需匠人雕琢方能成器为喻，巧妙地引出人之所以能为"人"，关键在于内心的修养与学识。他强调，学问并非天成，而是需要通过不懈努力与勤奋阅读来积累。韩愈通过自身成长的经历，鼓励儿子珍惜眼前的学习机会，勤奋向学。

7至22句，韩愈通过两组鲜明的对比意象，深刻揭示了读书与不读书之间的天壤之别。他设想了两家之子从童年时的无差别，到成年后因学识差异而导致的人生轨迹截然不同。这种从"一龙一猪"到"公与相"与"马前卒"的极端反差，不仅震撼人心，更深刻地阐述了"知识改变命运"的真理。

23至26句，韩愈巧妙地将知识与金钱进行了对比。他认为，金银财宝虽贵重，但难以长久保存且易耗散；而学问则如同随身携带的宝藏，一旦拥有便永不失去。

27至32句，韩愈指出，即便出身贫寒，亦能通过知识改变自己的命运，成为社会的栋梁；而若是出身显赫却不思进取，同样会陷入困境。这一观点，不仅是对儿子的鞭策，更是对当时社会风气的有力批判与反思。

诗的最后八句，韩愈以时令变化为契机，鼓励儿子珍惜眼前时光，趁年华正好努力

学习。他深知人生短暂且充满变数，唯有不断充实自己才能应对未来的挑战与机遇。因此他寄语儿子要勤奋向学、不懈追求，以期在未来能够成就一番事业。

《符读书城南》不仅是一首劝学诗，更是韩愈对其子及后世学子的殷切期望与深情寄语。它以深邃的思想内涵、鲜明的对比手法以及生动的意象构建了一个关于知识、命运与人生选择的宏伟篇章。在今天这个知识爆炸、信息泛滥的时代，它依然具有深刻的现实意义和重要的启示作用。

韩愈纪念馆

 人文启迪

《符读书城南》课后习题

以学为基，成就青春梦想

在我们的成长征途中，学习扮演着举足轻重的角色，它不仅是梦想的起点，更是成就事业的基石。正如古人云："学海无涯，志在千里。"青少年时期作为知识积累的黄金时期，其学识的深厚与否，将深远地塑造并影响着他们未来的人生轨迹。

立身百行，以学为基。学习能够赋予我们智慧，滋养我们的品德，照亮我们的志向。"玉不琢，不成器；人不学，不知义。"学习才能丰富心灵，拓宽视野。知识、智慧、才能，皆源自不懈的学习与努力。

面对日新月异的时代，知识迭代加速，社会分工日益精细，新兴技术、模式与业态层出不穷。这不仅为我们提供了前所未有的发展机遇，也对我们的综合能力提出了更为严峻的挑战。创新创造离不开深厚的知识底蕴，学习是通往未来的必经之路。学习不仅是时代的召唤，更是我们自我提升、适应未来的必然选择。

让学习成为我们的一种习惯，一种享受，一种贯穿生命始终的追求。让我们一起在成长的道路上稳步前行，用知识点亮青春之光，以才华书写人生华章，为社会的进步与发展贡献自己的力量。

微课：赠别
元十八协律
六首（其五）

诵读：赠别
元十八协律
六首（其五）

《赠别元
十八协律六
首（其五）》
课前习题

赠别元十八协律六首（其五）[①]

韩　愈

 **学习指南**

一、学习目标

1. 了解作者韩愈及其教育理念。

2. 理解《赠别元十八协律六首》（其五）诗歌大意，品味诗歌语言特色。

3. 思考"知行合一"的内涵与现实意义。

二、学习建议

1. 课前：完成课前预习测试，掌握文化常识，了解诗歌大意。

2. 课中：掌握《赠别元十八协律六首》（其五）的语言特色和主旨思想；借助作者诗中对学习的思考，探讨"知行合一"的内涵与现实意义。

3. 课后：配乐诵读《赠别元十八协律六首》（其五），谈谈你的感悟。

 **诗词浸润**

读书患不多[②]，思义患不明[③]。

患足已不学[④]，既学患不行[⑤]。

子今四美具[⑥]，实大华亦荣[⑦]。

王官不可阙[⑧]，未宜后诸生。

嗟我搤南海[⑨]，无由助飞鸣[⑩]。

（选自《韩昌黎诗集编年笺注》，[清] 方世举笺注，郝润华、丁俊丽整理，中华书局 2012 年版）

---

① 元十八协律：元集虚，字克己，行十八。元集虚时在桂管观察使裴行立幕下为吏，其职为协律郎，所以韩愈诗中称他"元十八协律"。

② 患：忧虑，担忧，担心。

③ 思：思考。义：义理；意义。

④ 足：满足。已：停止。

⑤ 既：已。行：实行。

⑥ 子：指元集虚。四美：承前面四句而来，即元集虚读书没有上面所说的四种毛病，反过来说，也就是读书多、思义明、足而学、学而行。

⑦ 实：果实。华：即"花"。荣：繁盛。白居易诗："一岁一枯荣。"

⑧ 阙：缺少。

⑨ 南海：指潮州。当时韩愈正由京城贬往潮州。

⑩ 飞鸣：喻指远大的目标。

参考译文

　　读书学习，只担心学得不够多；领会要义，只怕悟得不透彻。

　　学习最怕认为自己学得够了（骄傲自满）不再学习；学过之后最怕不能付诸实践。

　　如今你四个好处都做到了，实在是做得好而且应该感到荣耀。

　　藩王府里的属官不能缺了人，但也并不是所有知识学问之士都是合适人选。

　　叹我被贬往南海（即潮州），无法助你高飞宏鸣。

知人论世

　　韩愈，唐朝杰出的文学家、思想家、教育家，他引领了古文运动的风潮，被尊崇为唐宋八大家之首，享有"百代文宗"的称号。他广开师门，积极提携后辈人才，历任国子监四门博士、博士乃至祭酒之职，留下了教书育人的卓越功绩。《师说》深入阐述了从师求学的道理，讽刺耻于相师的世态，旨在引导和教育青年，起到转变风气的作用。

　　韩愈在《进学解》中说："业精于勤，荒于嬉；行成于思，毁于随。"意思是说，学业的精进在于勤奋刻苦，学业的荒废在于嬉戏游乐；为人行事的成功在于深思熟虑，而败毁在于因循苟且。他强调博学，又要求精约。他提出深入钻研并沉浸在典籍中，细微咀嚼与体味其中的精华。他赞成要有自己的真知灼见。

韩愈纪念馆

文学鉴赏

　　《赠别元十八协律六首》（其五），是韩愈在被贬谪至潮州的途中，为元十八所作的一首深情而富含哲理的赠别诗。此诗不仅展现了韩愈对学问之道的深刻见解，更寄托了他对元十八学识与品德的高度赞誉，以及因自身境遇无法为其提供助力的感慨。

　　韩愈以哲人的敏锐，开篇即直指求学路上的四大障碍——"四患"：读书不多、思义不清、自我满足、知而不行。韩愈认为，真正的求知之旅，应当是一场从"知"到"行"的完整旅程，其中，读书是起点，践行是终点，而贯穿始终的，是对知识的深刻思考与不懈追求。

　　随后，韩愈笔锋一转，将目光投向了元十八。他以这"四患"为镜，映照出元十八在求学道路上的卓越表现。元十八不仅博览群书，更能深入领会书中精髓，做到思义明澈；他学而不厌，永不满足于既有成就，始终保持着对知识的渴望与追求；更重要的是，他能够将所学付诸实践，真正做到知行合一。在韩愈眼中，元十八无疑是"四美具"的典范，他的学识与品德，均达到了儒家所倡导的高度，令人钦佩不已。

　　然而，在对元十八的赞扬之余，韩愈也不禁流露出对命运的无奈与感慨。他自叹身处逆境，被贬至遥远的南海之滨，无法亲眼见证元十八的宏图大展，更无法亲自为其"飞鸣"助力。这种无力感与遗憾，让他不禁发出"嗟我摈南海，无由助飞鸣"的深沉叹息。这叹息，是对时代不公、人才埋没的抗争。

　　韩愈所提倡的知行观，虽主要聚焦于个人修养层面，与现代社会所强调的社会实践有所区别，但其核心思想——即理论与实践的紧密结合，却具有跨越时空的普遍意义。

 **人文启迪**

《赠别元十八协律六首（其五）》课后习题

知行合一

　　青年之魂，既要深植于书页之间，更需在实践的风雨中砥砺前行。中华优秀传统文化的精髓，便蕴含于实事求是、知行合一的智慧之中，它教导我们：理论虽重要，但实践方能检验真理，深化认知。

　　从古人的"纸上得来终觉浅，绝知此事要躬行"，到"读万卷书行万里路"，再到"知是行之始，行是知之成"，乃至"一语不能践，万卷徒空虚"，无一不在强调实践的重要性，以及知识与行动相辅相成、相互促进的辩证关系。

　　青年人的成长之路，不应仅限于书斋之内，更需迈向广阔的社会天地。将书本上的

"有字之书"与生活中的"无字之书"紧密相连，于万物之中增长见识，于世事变迁中领悟道理，这样的历程，方能让青年的智慧之树根深叶茂，思想之泉源远流长，精神之翼更加坚韧。

读 书

柳宗元

✏ 学习指南

一、学习目标

1. 了解作者柳宗元及其诗文特点。

2. 理解《读书》诗歌大意，品味《读书》诗歌语言特色。

3. 思考学习的目的。

二、学习建议

1. 课前：完成课前预习测试，掌握文化常识，了解诗歌大意。

2. 课中：掌握《读书》这首诗的语言特色和主旨思想；借助读书给作者带来的快乐，思考书籍在我们成长中扮演的角色和作用。

3. 课后：配乐诵读《读书》，谈谈你的感悟。

📖 诗词漫润

幽沉谢世事①，俛默窥唐虞②。

上下观古今，起伏千万途③。

遇欣或自笑④，感戚亦以吁⑤。

缥帙各舒散⑥，前后互相逾⑦。

瘴疴扰灵府⑧，日与往昔殊。

---

① 幽沉：幽谷沉沦。指诗人被贬在穷乡僻壤。谢世事：不问世事。谢，谢绝。

② 俛默：低头不语。俛，通俯。窥：窥探，研究。唐虞：唐尧、虞舜，古代传说中的圣君。

③ 起伏千万途：指历史长河波澜起伏，千变万化。

④ 欣：高兴。

⑤ 戚：悲伤。吁（xū）：叹气。

⑥ 缥（piǎo）帙（zhì）：用青白色帛做的书套。这里指书卷。

⑦ 逾：越过，超越。

⑧ 瘴疴（kē）：泛指南方湿热蒸郁引发的各种疾病。瘴，瘴气；疴，病。灵府：心灵。

临文乍了了①，彻卷兀若无②。

竟夕谁与言③，但与竹素俱④。

倦极便倒卧⑤，熟寐乃一苏⑥。

欠伸展肢体⑦，吟咏心自愉⑧。

得意适其适，非愿为世儒⑨。

道尽即闭口⑩，萧散捐囚拘⑪。

巧者为我拙⑫，智者为我愚⑬。

书史足自悦，安用勤与劬⑭。

贵尔六尺躯⑮，勿为名所驱⑯。

（选自《柳宗元集》，中华书局 1979 年版）

参考译文

　　幽居于偏远之地，全然不问世间之事，每日皆潜心钻研唐尧、虞舜之德。纵览上下千年，细察古今变迁，历史长河波澜迭起，变幻万千。遇乐事则暗自欣喜，逢悲处唯有无奈慨叹。书籍翻阅过多，裹书之帙套已然松散，书卷前后相互连接。瘴疠引发之疾扰乱心境，身体亦日益衰弱。翻开书本初读，尚觉清晰明了，一旦放下，却又似一无所知。整日里能与何人交谈？唯有与书籍日夜相伴。疲倦时便倒头酣睡，睡足之后精神渐复。舒展身躯，抑扬顿挫地吟诗读书，心中自有愉悦之感。读书之乐在于与书中之意契合，而非欲成世间大儒。阐述完书中道理便缄口不言，

① 临文：打开书本阅读。乍：刚刚，初。了了：佛教语，清楚明了。
② 彻：通"撤"，撤除。彻卷：丢开书本。兀（wù）：犹兀然。依然还是。
③ 竟夕：一天到晚。
④ 竹素：指书籍。古代在使用纸张之前，文字都刻在竹简或书写在绢子上。俱：在一起。
⑤ 便：一作"更"。
⑥ 熟寐：熟睡，睡足。苏：苏醒，引申为精神恢复。
⑦ 欠伸：伸懒腰。
⑧ 吟咏：声调抑扬地吟诗读书。心自愉：心里自觉愉快。
⑨ 世儒：只会传授经学的儒生、庸俗的儒生。
⑩ 道尽：把书中的道理阐述清楚。
⑪ 捐：除去，抛弃。囚拘：拘囚，束缚。
⑫ 巧者：乖巧的人。为：谓，说。
⑬ 智者：聪明，智慧的人。这里反其意而用之，讽刺那些逢迎投机，争名夺利的世儒。
⑭ 勤与劬（qú）：指为争名逐利而奔走钻营，费尽心力。劬，劳苦。
⑮ 贵：珍惜。尔：你。躯：身躯。六尺躯，疑为七尺之误。
⑯ 名：名利。驱：驱使。

心境悠然，摆脱拘束。那些工于心计之人或视我为拙笨，聪慧之人或觉我愚钝。阅读史书足以令自己愉悦，何必为追逐名利而奔波劳碌？当珍惜大丈夫之六尺身躯，勿为名利所驱遣。

知人论世

柳宗元（773—819），字子厚，河东解县（今山西运城）人，唐代诗人、文学家，唐宋八大家之一。柳宗元自幼便展现出惊世之才，未满弱冠之年便金榜题名，进士及第，一时名动四方，后世文墨之士对其推崇备至，作有《柳河东集》。

柳宗元一生笔耕不辍，诗文作品累计逾六百篇，其中尤以文章著称，其文思深邃，笔力遒劲，论说之间，锋芒毕露，讽刺之语，入木三分。其骈文佳作近百，散文更是论点鲜明，逻辑严密，言辞犀利，展现了其深厚的学识与独特的文风。

柳宗元在被贬谪至永州之后，创作了大量诗歌。这些诗作，无论是叙事、寓言还是抒情，皆风格独特，意蕴深远。叙事诗中，他以质朴无华之笔，勾勒出鲜活生动的画面；寓言诗则形象鲜明，寓意深远，引人深思；抒情诗更是以其清新脱俗、委婉含蓄的笔触，深情地抒发着内心的情感波澜。每一首诗，都如同精心雕琢的艺术品，细腻而深邃，简洁而不失韵味，在淡雅之中透露出深沉的情感与独特的艺术魅力。

柳宗元塑像

文学鉴赏

《读书》是唐代文学家柳宗元创作的一首五言长诗，创作于唐宪宗元和四年（809年），正值他被贬至永州之际。此诗不仅是对柳宗元个人读书生活的深情记述，更是他面对政治失意时寻求精神慰藉与自我超越的生动写照。

全诗共二十八句。开篇六句，诗人以自叙的口吻，道出了读书的起因与内心收获。

他身处偏远之地，远离政治，转而沉浸于圣贤之书，寻求心灵的寄托与智慧的启迪，与古人对话，同悲共喜，书籍成了他最真挚的朋友和慰藉。

随后的十六句，诗人细腻地描绘了读书过程中的种种情景与感受。他废寝忘食，勤奋不辍，"缥帙各舒散"连裹书的外套都因频繁翻阅而松散，"欠伸展肢体"身体也因长时间坐着而需要伸展放松。这些生动的细节，展现了诗人对知识的渴望与对读书的痴迷，透露出一种憨态可掬的书痴形象。他时而自笑，时而悲戚，完全沉浸在书的世界里，忘却了世俗的烦恼与忧愁。

最后六句，诗人笔锋一转，表达了自己对于读书的深刻体悟与超脱的人生态度。他认为，读书是快乐自足的一件事，无需刻意追求勤奋与劳苦，更不要被名利所驱使，要在书中找到精神的自由与独立。这种豁达与超然的人生态度，正是柳宗元在逆境中寻求精神救赎与自我实现的重要体现。

整首诗语言简洁传神，风格古澹平和，与陶渊明的田园诗风颇为相似。它不仅仅是对读书生活的简单记述，更是诗人内心世界的真实流露与人生哲学的深刻表达。通过这首诗，我们可以感受到柳宗元在谪居生涯中那份自足于心、自得其乐的从容与淡然。他用自己的方式诠释了读书的意义与价值，也为后人留下了一份宝贵的精神财富。

《读书（幽沉谢世事）》课后习题

人文启迪

阅读的魅力：灵魂深处的启迪之旅

阅读如同一盏明灯，虽不能延展生命的长度，却能照亮我们所难以经历的广阔天地，更在无形中塑造着我们的气质与性格。在这个信息泛滥的时代，书籍如同一股清流，引领我们穿越纷扰，寻找心灵的归宿。

书籍，是知识的海洋，也是智慧的源泉。它赋予我们独立思考的力量，让我们在纷繁复杂的世界中保持清醒的头脑，不被表象所迷惑。通过阅读，我们学会了批判性思维，懂得了如何辨别真伪，如何在众多信息中筛选出真正有价值的内容。这种能力，是我们面对未来挑战的重要武器。

同时，阅读也是一场心灵的修行。它让我们在文字的世界里经历不同的人生，感受不同的情感，从而更加深刻地理解人性的复杂与多样。在阅读中，我们学会了宽容、理解和同情，这些品质让我们变得更加成熟和包容。正如历史上的智者所言，阅读能够磨砺品性，让我们在不知不觉中成为更好的自己。

热爱阅读的人，总是拥有一种独特的魅力。他们不仅拥有广博的知识和深邃的思想，更拥有一颗平和而坚定的心。在遭遇困难和挑战时，他们能够从书中汲取力量，找到解决问题的方法；在享受成功和喜悦时，他们也能够保持谦逊和低调，不断追求更高的境界。

阅读的魅力在于它能够启迪我们的智慧、丰富我们的情感、塑造我们的性格。在这个充满变数的时代里，让我们携手阅读，共同开启一段灵魂深处的启迪之旅吧！

读 书

陆 游

学习指南

一、学习目标

1. 了解作者陆游及其诗文特点。

2. 理解《读书》诗歌大意，品味《读书》诗歌语言特色。

3. 思考学习的目的。

二、学习建议

1. 课前：完成课前预习测试，掌握文化常识，了解诗歌大意。

2. 课中：掌握《读书》这首诗的语言特色和主旨思想；借助陆游学习的目的，思考我们学习的目的。

3. 课后：配乐诵读《读书》，谈谈你的感悟。

诗词浸润

归志宁无五亩园①，读书本意在元元②。

灯前目力虽非昔，犹课蝇头二万言③。

（选自《陆游全集校注》，钱仲联、马亚中主编，浙江古籍出版社2015年版）

参考译文

归隐的志向没有五亩田园也依然，读书本意是为了黎民百姓。

灯下读书，眼神已不比从前，却还是阅读完了两万的蝇头小字。

知人论世

陆游，生于两宋更迭的风云之际，成长于南宋的半壁江山之下。国恨家仇，时代动荡，在他心中刻下了深深的烙印。他不仅是文坛的多面手，更是以诗名世，一生创作近万首诗篇，流传至今者九千余首。其创作生涯可分为三阶段：早年注重文字雕琢；中年

---

① 归志：归家隐居的志向。宁无：难道没有。

② 元元：指人民。

③ 课：诗中作阅读解。蝇头：比喻字小的和苍蝇头一样。

入蜀后，诗风大变，激情澎湃，爱国之情跃然纸上；晚年归隐山阴，诗风回归质朴，田园生活的宁静与对过往岁月的感慨交织。

在南宋诗坛，陆游犹如一股清流，面对士风渐颓、诗坛萎靡的景象，他挺身而出，以屈原、李白、杜甫等先贤为榜样，融合欧阳修、苏轼、黄庭坚等当世大家及南渡文人的精髓，高举爱国大旗，以雄浑壮丽的诗篇重振诗风，深刻影响了后世诗人，如戴复古、刘克庄等皆受其启发。时至宋末，国家危难之际，陆游的爱国精神更成为激励民族精神的灯塔。

陆游雕塑

文学鉴赏

宋孝宗淳熙三年（1176）是陆游人生旅程中的一个重要转折点。面对朝廷主和派的种种非议与攻击，他以一种超然物外的姿态，自号"放翁"，以此作为对那些"狂放""颓放"言论的反击。在这一时期，陆游虽被任命为台州桐柏山崇道观的主管，实则是以"祠禄"微薄之资，勉力支撑家计，生活虽清苦，精神却未曾有丝毫萎靡。

在此背景下，陆游创作了《读书》一诗，此诗不仅是对他个人读书生活的真实写照，更是其高尚情操与远大志向的深刻体现。开篇"归志宁无五亩园"，诗人以《孟子》中的"五亩之宅"典故入诗，却赋予了新的含义。在陆游看来，归隐田园、享受田园之乐固然令人向往，但真正的归隐之志，并不依赖于物质的丰厚与否。他追求的是精神上的自由与超脱，是即便身处逆境，仍能坚守内心信念，不为外物所动的"恒心"。孟子曰："无恒产而有恒心者，惟士为能。"这种"无恒产而有恒心"的士人精神，正是陆游自我要求的真实写照。

紧接着，"读书本意在元元"一句直抒胸臆，道出了诗人读书的真正目的——为了天下苍生。在那个风雨飘摇的时代，陆游深知读书不仅是个人修养的提升，更是国家兴亡、民族未来的关键。他希望通过读书，能够修身立德、明辨是非，更希望能在书中找到解决现实问题的智慧与力量。这种"经世致用"的读书观，不仅展现了陆游深厚的家

国情怀，也体现了他作为一位文人士大夫的责任与担当。

"灯前目力虽非昔，犹课蝇头二万言。"这两句诗，将陆游晚年苦读的情景生动地展现在我们面前。在昏黄的灯光下，年迈的诗人视力已大不如前，但他依旧坚持每日的阅读计划，一丝不苟地阅读着那些密密麻麻的蝇头小字。这种对知识的渴望与追求，对学问的执着与坚守，令人动容。通过这一场景的描绘，陆游不仅展现了自己坚韧不拔的品格，也向后人传递了勤奋学习、自强不息的宝贵精神。

整首《读书》诗，虽以读书为题材，但诗人的视野却远不止于书斋之内。他将个人的读书体验与对国家、民族的忧虑与关切紧密结合在一起，使整首诗充满了深沉的思想内涵和浓郁的时代气息。综观全诗，我们仿佛看到了一个在逆境中不屈不挠、在困境中依然坚持理想与信念的陆游形象。他用自己的行动诠释了"士不可以不弘毅，任重而道远"的深刻内涵，也为后人树立了一个光辉的榜样。

《读书（归
志宁无五亩
园）》课后
习题

 **人文启迪**

立志为国，少年担当

志向，如璀璨星辰，照亮人生之路；似明亮航标，引领前行方向。一个人欲成就一番事业，必有志向，而人生至关重要之志向当与祖国和人民紧密相连，此乃各类具体志向之根基，亦是人生之脊梁。

"少年强则国强，少年进步则国进步。"梁启超先生的这句名言，至今仍振聋发聩。它激励着一代又一代的少年，将个人的命运与国家的兴衰紧密相连。正如革命先驱周恩来，少年时期便立下"为中华之崛起而读书"的宏伟志向，他刻苦学习，不懈奋斗，最终成为新中国的重要领导人，为国家的独立和富强作出了巨大贡献。

在当代，也有许多少年以实际行动践行了"立志为国，少年担当"的精神。他们有的投身于科技创新，用智慧和汗水推动国家科技进步；有的则投身于公益事业，用爱心

周恩来塑像

和行动温暖社会，传递正能量。这些少年，用自己的实际行动，证明了年龄不是障碍，只要有梦想、有担当，就能为国家和社会作出贡献。

让我们铭记历史使命，勇担时代重任。以实际行动践行"请党放心，强国有我"的青春誓言；在青春的赛道上奋力奔跑，用智慧和汗水书写无愧于时代、无愧于人民的青春华章！

微课：读书
（读书切戒
在荒忙）

诵读：读书
（读书切戒
在荒忙）

读 书

《陆九渊集》

《读书（读
书切戒在荒
忙）》课前
习题

✏️ **学习指南**

一、学习目标

1. 了解陆九渊的生平经历和思想主张。

2. 理解诗歌大意，品味诗歌语言特色。

3. 思考学习的方法。

二、学习建议

1. 课前：完成课前预习测试，掌握文化常识，了解诗歌大意。

2. 课中：掌握《读书》这首诗的语言特色和主旨思想；交流、探讨好的学习方法。

3. 课后：配乐诵读《读书》，谈谈你的感悟。

📖 **诗词漫润**

读书切戒在荒忙①，涵泳工夫兴味长②。

未晓不妨权放过③，切身须要急思量④。

自家主宰常精健⑤，逐外精神徒损伤⑥。

寄语同游二三子，莫将言语坏天常⑦。

（选自《陆九渊集》，钟哲点校，中华书局 1980 年版）

---

① 荒忙：荒，同"慌"。匆匆忙忙，急于求成。

② 涵泳：边吟诵边思考，慢慢琢磨消化。

③ 权：暂且。

④ 切身：对己有关系之处。

⑤ 主宰：掌握。精健：精干强健。

⑥ 逐外：追求书外的广义。精神：指人的精气元神。

⑦ 天常：自然规律。

参考译文

　　读书时务必避免匆忙急躁，要投入时间去深入体会和品味。遇到不理解或不清楚的内容，不妨暂时搁置，但对于那些与自己密切相关、迫切需要理解的问题，则必须集中精力，深入思考和探究。要时刻保持自我主宰的清醒和强健，不要让自己的精神被外界的纷扰所牵引和损伤。转告与我交游的几位友人，不要用语言破坏了自然规律。修行不是高谈阔论，还需实实在在下功夫。

知人论世

　　陆九渊（1139—1193），南宋理学家、思想家、教育家，字子静，自号象山，书斋名"存"，世人称存斋先生，抚州金溪（今江西金溪）人，著有《象山先生全集》。是宋明"心学"的奠基者，与后来的王阳明共同开创了影响深远的陆王学派。

　　自幼年起，陆九渊便展现出非凡的求学热情，但与众不同的是，他的好学并非仅仅局限于广泛阅读，更在于其深邃的思考与领悟能力。他的一生之所以辉煌，不仅在于学术上的卓越贡献，更在于他成功创立了自己的学派，并通过传道授业，培育了数千名弟子，这些学子遍布江西、浙江两地，成为传承与发扬心学思想的重要力量。

　　陆九渊认为，教育的真谛不在于单纯的知识传授，而在于引导学生"收拾精神，涵养德性"，通过教育使他们"明理，立心，做人"。他的这一教育理念，至今仍对现代教育产生着深远的影响。

陆九渊塑像

文学鉴赏

　　这是陆九渊表达读书见解的一首诗。诗以简练的语言，勾勒出一幅静心、涵泳、自我主宰与实践并重的读书画卷，为后世学子提供了宝贵的启示。

　　首联第一句开篇即点明了读书的首要原则——静心。在快节奏的现代生活中，人们往往追求速度与效率，却忽略了读书的本质在于沉淀与思考。陆九渊的"切戒在慌忙"倡导学子们在读书时抛却浮躁，以平和的心态去感受文字背后的深意，从而在心灵的静谧中开启智慧之门。第二句则揭示了读书的第二重境界——深入领会。涵泳，是一种沉浸式的阅读方式，要求读者不仅要看懂文字表面的意思，更要透过文字去感知其蕴含的深远意味。

　　颔联谈的是读书的策略。遇到一时半刻难以理解，甚至无法理解的部分；不妨暂且放下，以后工夫到了自然会豁然开朗。这两句诗告诉我们，不同书籍各有特点，使用的读书方法、读书策略也不相同，读书要把握灵活性和原则性。既要懂得把握重点，合理分配精力，不要因小失大，提高阅读效率；同时也要保证我们在阅读过程中能够抓住关键，将书中的知识更好地应用于实际生活。

　　颈联深刻揭示了读书过程中的自我掌控与内心修炼。陆九渊认为，读书人应当时刻保持自我主宰的能力，不被外界的喧嚣所干扰，始终坚守内心的信念与追求。只有这样，才能在知识的海洋中不迷失方向，保持精神的强健与独立。相反，如果一味追求外在的名利或随波逐流，只会让精神受到无谓的损伤，最终一事无成。在知识爆炸的时代，面对纷繁复杂的信息，保持内心的清醒与坚定显得尤为重要。

　　尾联"寄语同游二三子，莫将言语坏天常"，陆九渊以长者的身份向学子们发出谆谆告诫。他强调，真正的学问不仅仅在于书本上的知识积累，更在于将所学知识应用于实践之中。言语虽能表达思想，但若不付诸实践，便如空中楼阁，难以立足。因此，他鼓励学子们少说多做，注重将所学知识融入到日常生活中去，通过实践来检验和提升自己。这种理论与实践相结合的学习方式，不仅能让知识更加牢固地扎根于心中，还能让个人在实践中不断成长与进步。

《读书（读书切戒在荒忙）》课后习题

📖 人文启迪

大师的读书方法

　　孔子认为读书应博学多闻，博学、好问、多闻、广见，广泛吸收知识。勤于思考，学与思结合，避免主观臆想，固执己见。将所学知识与个人经历相结合，通过实践巩固和检验所学知识，加深理解。注重实践应用，将所学知识应用于实际生活中，实现知识的价值。

　　宋代理学家朱熹讲求循序渐进、熟读精思、虚心涵泳、切己体察、着紧用力、居敬持志。要注重读书的有序性，按一定的次序读书，先易后难，先基础后深入；思考深度，通过反复阅读来深入理解，思考时经历"无疑—有疑—解疑"的过程。学习态度，读书时保持虚心，不先入为主，反复咀嚼，细心玩味。实践结合，将所学知识与自身实际相结合，注重实践。专注力，读书要有紧迫感和积极性，坚持不懈；要精神专一，集中注意力，坚定志向。

　　鲁迅主张广泛涉猎，拓宽思路，增长知识，博采众家。有专门攻读的方向，实现博与专的结合。独立思考，注重实践，让所读的书活起来。挖掘周边参考资料，深入了解书籍背景。以硬看精神攻克难书，硬着头皮看下去，直到弄懂为止。灵活应对阅读中的挑战，遇到读不懂的地方先跳过去，再回过头来看。

单元实践
"经典我推荐" 主题演讲

一、任务书

授课日期：		活动班级：	
学习团队：		团队成员：	

（一）任务描述

　　一个有深厚历史文化传统的民族必然有自己经久不衰的经典。"经典"是历经岁月洗礼而不失其光彩的书籍，是承载着智慧与教诲的神圣典册。它们是时间的见证者，是价值的传承者，是人类文明史上璀璨的明珠。中华经典是中国人的精神家园。历史悠久、文化璀璨的中华民族，拥有怎样的文化经典呢？请以"经典我推荐"为主题开展主题演讲活动，分享阅读收获，让这些古老的经典散发智慧的光芒，给我们以人生的指引。任务要求：

　　1. 思想积极向上，挖掘经典的智慧。

　　2. 查阅资料，加深对中华经典的了解。

　　3. 融入 PPT、视频、音乐等多种方式，呈现中华经典的魅力。

　　4. 发挥个人特长，培养团队协作能力。

　　5. 以小组为单位开展，全员参与。

（二）任务实施

　　1. 课前准备阶段

　　（1）小组选题。确定一本经典作品。

　　（2）工作规划与分工。资料收集、文稿写作、ppt 制作、演讲彩排。

　　2. 课中实施阶段

　　（1）交流分享，展示成果，组织评价。

　　（2）各小组根据活动中获得的信息进一步筛选和整理，形成共识，课堂介绍经典作品。要融入音乐、视频、图片等多种形式，丰富介绍的方法。

　　3. 课后总结阶段

　　老师和同学共同评价这次的活动，分享感悟。

二、演讲稿

三、评价

（一）团队评分表							
项目	语言	层次	主旨	方法	仪表	参与	累计
分值（分）	30	20	20	10	10	10	100
自评（50%）							
师评（50%）							
总分							

（二）组内互评表							
评价标准		姓　名					
团队贡献	20						
沟通能力	15						
配合程度	15						
学习态度	30						
整体表现	20						
总分							

（三）活动感悟

第十二单元

天道酬勤 精进技艺

初心在方寸，咫尺在匠心。在平凡岗位上默默坚守、孜孜以求，追求职业技能的完美和极致，技术工人就能成为一个领域不可或缺的人才，并提升一个领域的技术水准。

中国自古就是一个崇尚劳动、崇尚技艺、崇尚工匠精神的国度。卢纶《割飞二刀子歌》让我们看到了古代能工巧匠技艺的精湛。张耒《示秬秸》印证着劳动没有高低贵贱之分，为目标努力拼搏的人都值得尊敬。王禹偁《畲田词》让我们看到了团队协作的力量。苏辙《文氏外孙入村收麦》传递出勤劳培养品格、磨炼意志的人生智慧。善住《谒金门·赠雕銮匠》告诫世人能工巧匠的娴熟技艺靠的是日积月累这一深刻道理。不要妄自菲薄，天道酬勤，一步一个脚印，坚定自己的职业理想，在精进技艺中孜孜以求，为成为大国工匠努力奋斗。

微课：割飞
二刀子歌

诵读：割飞
二刀子歌

割飞二刀子歌

卢 纶

《割飞二刀
子歌》课前
习题

 学习指南

一、学习目标

1. 了解作者卢纶及其文学特点。

2. 理解《割飞二刀子歌》诗歌大意，品味《割飞二刀子歌》诗歌语言特色。

3. 思考工匠精神的内涵。

二、学习建议

1. 课前：完成课前预习测试，掌握文化常识，了解诗歌大意。

2. 课中：掌握《割飞二刀子歌》这首诗的语言特色和主旨思想；结合唐代"刀子"的图片，从匠人改制"刀子"的工序与品质特点、诗歌主旨体会工匠精神的内涵。

3. 课后：配乐诵读《割飞二刀子歌》，谈谈你的感悟。

诗词漫润

我家有翦刀，人云鬼国铁①。

裁罗裁绮无钝时②，用来三年一股折③。

南中匠人淳用钢，再令盘屈随手伤。

改锻割飞二刀子④，色迎雾雪锋含霜。

两条神物秋冰薄，刃淬初蟾鞘金错⑤。

越戟吴钩不足夸⑥，斩犀切玉应怀怍⑦。

---

① 鬼国：中国神话传说中的古北方国名。

② 罗：稀疏而轻软的丝织品。绮：有花纹的丝织品。

③ 股：剪刀由两部分组成，这里指其中的"一支"。折：断了。

④ 刀子：唐代的"刀子"，窄瘦纤细，形似芦叶，长近一尺。唐代一尺约合30厘米，从正仓院所藏的各种刀子来看，绝大多数长度都在30厘米以下。

⑤ 初蟾：初升的月亮，形容刀微弯。古人认为月亮中有蟾蜍，故以"蟾"代月。"初"字强调了月亮刚刚升起。金错：在器物上用黄金涂饰或镶嵌文字或花纹。

⑥ 吴钩：钩，兵器，形似剑而曲。春秋吴人善铸钩，故称吴钩。后也泛指利剑。越戟：《文选》李善注引《考工记》："越铁利，习以为戟。"越戟吴钩：泛指利剑。

⑦ 斩犀切玉：泛指利剑。传说闻名于世的宝剑能够"陆斩犀兕，水截蛟龙"，非常厉害。怍（zuò）：惭愧。

日试曾磨汉水边，掌中悑栗声冷然[1]。

神惊魄悸却收得，刃头已吐微微烟。

刀乎刀乎何烨烨[2]，魑魅须藏怪须慑[3]。

若非良工变尔形，只向裁缝委箧箧[4]。

（选自《全唐诗》，彭定求等编，中华书局1960年版）

参考译文

我家有一把剪刀，人们说是由鬼国铁打制的。裁剪细薄的罗绮从不迟钝。用了多年，才折了一边。南中匠人善于使用钢材，让剪刀按照自己的意愿弯曲。再经锻造，做成了两把飞快的刀子，刀锋媲美霁雪，散发着寒霜。这两把神奇的刀片薄如秋冰，淬火后如新月微弯的刀身上镶嵌着金色花纹。越戟和吴钩与它的威力没法比，能斩犀切玉的宝剑也自愧不如。白天曾在汉水边磨砺刀刃，掌中的手感冰凉得让人惊愕心悸。刚收回神魄的惊悸感，刀刃上已冒出微微的白烟。刀啊，刀啊，你的光芒是如此炽热，魑魅鬼怪都会害怕地躲藏。若不是良工精心打造，改变了你的形态，就只能埋没在裁缝的箱子里了。

知人论世

卢纶（743—799），字允言，河中蒲县（今山西永济）人，中唐诗人，被誉为"大历十才子之冠"，一生跨越玄宗至德宗四朝。

早年，卢纶避乱南行，写下了《晚次鄂州》等行旅诗，细腻描绘了旅途夜泊的孤寂与对战乱社会的深刻感怀。代宗时，他宦海浮沉，与文士交游唱和，声名远播。至德宗朝，卢纶投身军旅，其《塞下曲》等军旅诗篇，雄浑慷慨，展现了战士豪情与边塞风光的壮丽。

卢纶诗歌题材广泛。他的咏物诗，如《腊日观咸宁王部曲擒虎歌》，描绘勇士斗虎，惊心动魄；又如《栖岩寺隋文帝马脑盏歌》等，借物抒怀，表达对时局的忧虑与自我抱负的抒发。其诗作风格朗俊，情感真挚，语言简练流畅，善于融情于景，寓情于事，创造出既生动又感人的艺术境界。卢纶的边塞诗，不仅展现了边疆的壮阔景象，更蕴含着深沉的家国情怀与激昂的英雄主义精神，气势恢宏，与盛唐边塞诗遥相呼应，为后世留下了宝贵的文学遗产。

---

① 悑（xì）：害怕。栗：畏惧。
② 烨烨（yè）：明亮，灿烂。
③ 魑（chī）魅（mèi）：古谓能害人的山泽之神怪。亦泛指鬼怪。慑：恐惧，害怕。
④ 委：放置。箧箧（qiè）：箱子。

文学鉴赏

《割飞二刀子歌》是唐代卢纶所作的一首咏物诗。这首诗描写了一把剪刀，经过良工重新锻造，加工成了两把刀子，刀片锋利、质地扎实。诗人用生动的比喻和华丽的形容词，渲染刀的品质精良，表达了对匠人技艺的敬佩之情。

前八句介绍了做刀子的原因、用料和性能。这把剪刀的材质是鬼国铁，使用多年，才折了一边。南中匠人淳，善用钢，对它进行了重新炼锻，制成了刀片锋利、薄如秋冰的两把刀子。"再令盘屈随手伤"句正面描写了匠人精湛的技艺。"随手"二字，不仅展现了匠人技艺的娴熟，更凸显了他们在锻打钢铁时的从容、自信、游刃有余。"霁雪"本意是雪后放晴，这里用雪的莹光与冷意，与刀的明亮色泽对比，衬托刀芒毫不逊色，甚至有一种迎面而上、一较高下的动态意味。以动写静，衬托了刀子的明亮与清冽。"锋含霜"则进一步描绘了刀的锋利程度，好像刀锋上凝结着霜花，晶莹剔透，寒光逼人。这里的"霜"象征了刀的锋利，是一把杀伐利器。两个比喻极富意境，我们读的时候，能身临其境地感受到刀子的清冷、明亮与锋利。

后面八句通过对比衬托的方式、夸张的修辞，说明这两把刀子的锋利。"刃淬初蟠鞘金错"是对刀具制作工艺及外观的精妙描绘。刀刃经过淬火的工艺后更加坚硬。"金错"是在器物上镶嵌金、银等金属丝或片，形成精美的图案或文字的装饰工艺。"吴钩""越戟"都是盛名一时的锋利的兵器，但是在"双刀子"面前只能惭愧。"犀"和"玉"都是非常坚硬的，但刀子却能够轻易"斩""切"，反衬出刀子的锋利。最后一句将刀子的锋利具象化为对魑魅魍魉的威慑，夸张强调刀子的锐利与威势。

最后两句，诗人赞叹匠人精良的工艺，变废为宝。裁衣服的剪刀经过重新锻造，改造成用来切割或者飞插的短刀，不仅是对其性能的提升，更是对工匠技艺的考验。通过这样的过程，原来损坏无用的剪刀焕发出新的生命力。

整首诗虽然兴寄方向不明显，但情节连贯，洋溢着激昂的格调、顿挫的声韵，流露着诗人意气勃发的情怀。

人文启迪

《割飞二刀子歌》课后习题

工匠精神：铸就辉煌的基石

在浩瀚的科技蓝海中，工匠精神如同一股不竭的力量，推动着中国制造向着更高、更远、更精的方向迈进。李凯军、顾秋亮、周永和……这些名字，是工匠精神的璀璨注脚，他们用双手雕刻出时代的精品，用执着诠释了何为极致追求。

工匠精神，是对技艺的无限热爱与不懈追求，是面对细微之处的全神贯注与精益求精。它不仅仅关乎技艺的高低，更是一种对品质的极致追求，一种对完美的不懈渴望。在钳工的方寸之间，李凯军以毫米为尺，以匠心为魂，将金属圆球幻化为精准至0.01毫米的正十二面体，这不仅是技艺的超越，更是对工匠精神的最好诠释。

从"两弹一星"到载人航天，从深海潜水到"天眼"探空，每一次国家科技的飞跃，都凝聚着无数工匠的心血与智慧。他们用双手托起国之重器，用汗水浇灌科技之花，将精益求精的工匠精神深植于每一次的探索与创造之中。

在新时代的征程上，工匠精神更是建设制造强国的灵魂所在。它激励着我们每一个劳动者，无论身处何种岗位，都要以认真负责的态度对待工作，以精益求精的标准追求卓越。只有这样，我们才能不断推动中国制造向中国创造转变，让中国制造在世界舞台上绽放出更加耀眼的光芒。

微课：
示秬秸

示秬秸[①]

张　耒

诵读：
示秬秸

✎ 学习指南

一、学习目标

1. 了解作者张耒及其文学特点。

2. 理解《示秬秸》诗歌大意，品味诗歌语言特色。

3. 端正劳动态度，提高职业认知。

二、学习建议

1. 课前：完成课前预习测试，掌握文化常识，了解诗歌大意。

《示秬秸》
课前习题

2. 课中：掌握这首诗的语言特色和主旨思想；结合社会发展，从诗歌主旨体会"职业不分贵贱""劳动光荣"的道理。

3. 课后：配乐诵读《示秬秸》，谈谈你的感悟。

---

① 本诗原题为《北邻卖饼儿每五鼓未旦即绕街呼卖虽大寒烈风不废而时略不少差也因为作诗且有所警示秬秸》，此处省略为《示秬秸》。五鼓：五更。未旦：天未亮时。废：停止。差：差别。因为：由于这一点。警：警示，启发。秬（jù）秸（jiē）：张耒的两个儿子张秬、张秸。

📖 诗词漫润

城头月落霜如雪，楼头五更声欲绝[①]。

捧盘出户歌一声[②]，市楼东西人未行。

北风吹衣射我饼[③]，不忧衣单忧饼冷。

业无高卑志当坚[④]，男儿有求安得闲[⑤]。

（选自《张耒集》，李逸安、孙通海、傅信点校，中华书局 1990 年版）

📓 参考译文

　　月亮从城头落下去，早晨的霜厚得像雪一样；楼上五更的更鼓声音将尽。捧着装饼的盘子，走出家门，拖着长声叫卖。这时候，街市上从东到西，一个人还没有呢！寒冷的北风像箭一样吹在我的衣服和饼上。我不担心自己衣服穿得少，却担忧饼会冷掉！职业不分高低贵贱，无论干哪一行都要志向坚定。男子汉有所追求，哪能贪图安闲。

💬 知人论世

　　张耒（1054—1114），字文潜，号柯山，楚州淮阴（今江苏淮安）人，祖籍亳州谯县（今安徽亳州市）人。北宋时期官员、文学家。

　　在文章风格上，他反对奇简，提倡平易；反对曲晦，提倡词达；反对雕琢文辞，力主顺应天理之自然，直抒胸臆，"文章之于人，有满心而发，肆口而成，不待思虑而工，不待雕琢而丽者，皆天理之自然，而情性之道也"（《贺方回乐府序》）。

　　张耒作为"苏门四学士"之一，诗歌创作深受白居易、张籍等唐代诗人的影响。其文风近似苏辙，苏轼对他有"汪洋冲澹，有一倡三叹之声"的称誉（《答张文潜书》）。诗风平易舒坦，不追求华丽的辞藻和繁复的雕琢，这在宋代诗坛中显得颇为独特。张耒在诗歌创作上积极学习唐人，尤其是模仿杜甫、李白、韦应物的作品，开启了北宋诗人学习唐调风气之先。代表作有《少年游》《风流子》等，著有《柯山集》《宛丘集》《张右史文集》等。

🀄 文学鉴赏

　　这首诗的题目很长，原题"北邻卖饼儿每五鼓未旦即绕街呼卖虽大寒烈风不废而时

---

① 绝：更声将尽。
② 盘：放烧饼的托盘。歌：叫卖。
③ 射：形容风像箭一样又疾又硬，急剧而猛烈。
④ 业：行业、职业。高卑：指高低贵贱。
⑤ 求：追求。安得闲：哪里能得到空闲。

略不少差也因为作诗且有所警示秬秸"是本诗写作动机的一个详细说明。"示秬秸"的意思是写给他的两个儿子"秬"和"秸"看，我们借用这三个字作本课题目。

张耒的邻居有一位烧饼儿。日复一日，诗人目睹了邻家烧饼儿的辛勤劳作：每日五更，他就沿街叫卖，风雨无阻，寒暑不辍。这份坚韧不拔的生活图景，激起了诗人深深的敬意与感慨。世间万业，行行皆需苦心经营，无论身处何职，只要持之以恒地奋斗，便都值得世人最高的敬意。于是，为了启迪儿辈，让他们从卖饼儿身上汲取不屈不挠的精神力量，张耒写下了这首质朴而深情的"诫儿篇"。

首联叙写环境，五更是夜末天还未亮时。"月落"从视觉方面落笔，"更声"从听觉方面濡墨。眼中之景，耳中之声，虽未明说卖饼儿早起，其含意已蕴乎其中。五更鼓刚要停的时候，卖饼儿就走出家门开始叫卖。可想而知，卖饼儿起床的时间应该更早。这里主要是为了反衬卖饼儿在艰难环境中的坚强意志。再结合题目里面写到的卖饼儿每天都是如此早起忙碌，可见其对待工作的坚韧执著。

颔联，卖饼儿呼喊着卖饼的小调，但是太早了，街上还没有人迹。虽然卖饼儿为生活所迫，不得不早起卖饼，过早地体味人生的凄风苦雨。但是，"歌一声""人未行"没有悲伤叹息，有的是强烈的生存意识和生命的崇高感，展现了卖饼儿与凄苦的命运抗争，于孤独、困顿、窘迫中展现出的坚强意志！

颈联与白居易"可怜身上正衣单，心忧炭贱愿天寒"有异曲同工之妙。钱锺书先生说："在'苏门四学士'中，张耒的诗作最富有关怀人民的内容。"简单而深情的十四个字，就是很好的例证。

尾联抒发作者的感慨，含教育子孙之意。行业不分高低贵贱，关键是要自强不息，奋发向上。好男儿要有追求，要自食其力，不能做游手好闲的懒汉。最后两句既是作者对两个儿子的教诲，也是对所有男儿的劝勉与鼓励。

张耒的《示秬秸》不仅是一首描绘市井生活的写实之作，更是一曲对劳动人民崇高品质的颂歌，以及一位慈父对子女的深情教诲。张耒以父亲的身份，用最直接、最朴素的方式，向孩子们传递了关于生活、关于奋斗、关于责任的重要教诲。诗人没有因为卖饼儿职业的卑微而轻视其人格，反而以此为榜样，教育孩子们要学习他们不畏艰难、勤劳向上的品质，学会在逆境中坚持与奋斗。这种平等的视角和深刻的人文关怀，令人敬佩。

《示秬秸》
课后习题

人文启迪

社会主义是干出来的，新时代是奋斗出来的

人民共和国的辉煌成就，源自亿万劳动者的辛勤耕耘。新时代背景下，工人阶级与广大劳动群众在追梦路上砥砺前行，以汗水浇灌希望，用奋斗书写华章。从脱贫攻坚到科技探索，处处可见劳动者的身影，他们是时代进步的坚实基石。

面对脱贫攻坚的艰巨任务，劳动群众勇挑重担，从基层干部到乡村教师，从农业技术人员到每一个亲身参与的劳动者，共同推动了贫困地区的发展，彰显了劳动的伟大力量。在建设社会主义现代化强国的征程中，无论是科技突破、实体经济发展，还是物流保障、服务业繁荣，均离不开劳动的支撑与奉献。

新时代为劳动者提供了更广阔的舞台，无论身处何地，从事何业，关键在于踏实劳动、勇于创新，找准定位，发挥所长，通过劳动创造社会价值，实现个人价值。

劳动光荣，劳动最美。在新时代的浪潮中，让我们携手并进，以劳动为笔，以奋斗为墨，共同绘制中华民族伟大复兴的壮丽画卷。

畲田词①

王禹偁

微课：
畲田词

诵读：
畲田词

学习指南

一、学习目标

1. 了解作者王禹偁及其文学特点，《畲田词》的创作背景。
2. 理解《畲田词》诗歌大意，品味《畲田词》诗歌语言特色。

---

① 畲（shē）田：烧荒垦种。

3. 增强团队意识，培养团队精神。

二、学习建议

《畲田词》
课前习题

1. 课前：完成课前预习测试，掌握文化常识，了解诗歌大意。

2. 课中：掌握《畲田词》这首诗的语言特色和主旨思想；结合校园生活，讨论一起劳动的好处；结合实际案例，思考团队精神的内涵。

3. 课后：配乐诵读《畲田词》，谈谈你的感悟。

诗词漫润

　　上洛郡南六百里，属邑有丰阳、上津，皆深山穷谷，不通辙迹。其民刀耕火种①，大抵先斫山田②，虽悬崖绝岭，树木尽仆③，俟其干且燥，乃行火焉。火尚炽，即以种播之。然后酿黍稷，烹鸡豚④，先约曰某家某日有事于畲田，虽数百里如期而至，鉏⑤斧随焉。至则行酒啖炙⑥，鼓噪而作⑦，盖斸而掩其土也。斸毕则生⑧，不复耘矣。援枹者⑨，有勉励督课之语，若歌曲然。且其俗更互力田，人人自勉。仆爱其有义⑩，作《畲田》五首，以侑其气。亦欲采诗官闻之⑪，传于执政者⑫，苟择良二千石暨贤百里⑬，使化天下之民如斯民之义⑭，庶乎污莱⑮尽辟矣。其词取乎俚，盖欲山民之易晓也。

　　　　大家齐力劚屠颜⑯，耳听田歌手莫闲。

　　　　各愿种成千百索⑰，豆萁禾穗满青山⑱。

　　　　杀尽鸡豚唤劚畲⑲，由来递互作生涯⑳。

---

① 刀耕火种：古时农民，在多山地区开荒，先伐去树木，烧去野草，以灰肥田。
② 斫（zhuó）：砍伐。
③ 仆：倒。
④ 酿黍稷，烹鸡豚（tún）：用高粱烧酒，煮鸡肉猪肉。这里指招待客人。豚，小猪，亦泛指猪。
⑤ 鉏（chú）：锄草翻地的农具。
⑥ 啖（dàn）炙（zhì）：吃肉食。
⑦ 鼓噪：擂鼓高歌。
⑧ 斸（zhú）：砍、斫。
⑨ 援枹（fú）者：司鼓人。枹，打鼓的棒。
⑩ 仆：自称的谦辞。
⑪ 采诗官：收集采访诗歌的官员。
⑫ 执政者：掌理国家政事的官员。
⑬ 苟：如果。二千石（dàn）：古代郡守的代称，指州官。百里：县令的代称，指县官。
⑭ 使化天下之民：以此教化国内的农民。如斯民之义：像此地农民一样有互助合作的义气。
⑮ 污莱：荒田。
⑯ 屠（chán）颜：通"巉岩"，高峻的山岩。
⑰ 索：古代长度单位，十丈为一索。作者自注："山田不知畎亩，但以百尺绳量之，曰某家今年种得若干索，以为田数。"
⑱ 豆萁（qí）：豆茎，这里泛指豆类作物。
⑲ 劚（zhú）畲（shē）：挖田。
⑳ 递互：交替互助。生涯：生活，活计。

莫言火种无多利，林树明年似乱麻 ①。

谷声猎猎酒醺醺 ②，斫上高山乱入云。
自种自收还自足，不知尧舜是吾君 ③。

北山种了种南山，相助力耕岂有偏 ④？
愿得人间皆似我 ⑤，也应四海少荒田 ⑥。

畲田鼓笛乐熙熙 ⑦，空有歌声未有词。
从此商於为故事 ⑧，满山皆唱舍人诗 ⑨。

（选自《宋诗钞》，［清］吴之振等选，［清］管庭芳、蒋光煦补，中华书局1986年版）

> ### 📖参考译文
>
> 　　在上洛郡南方六百里，有其属县丰阳、上津，多是深山穷谷，车辙不通。当地农民仍旧采用刀耕火种的农业生产方式，大致是先砍掉山田上的树木，即使是悬崖绝岭，也将树木全部砍倒，等到树木干燥后用火焚烧。火势猛烈之时，便可进行播种。之后，用高粱烧酒，煮鸡肉猪肉，在农事季节前约定："某家在某日要进行畲田。"届时，即使是在数百里外的人，也会带着锄头、斧子按时到来。到了以后就饮酒、吃烤肉，擂鼓高歌后开始耕作，锄土覆盖种子。覆盖好后种子就会生长，不需要再耕耘。耕作时，持桴指挥的人会唱着山歌似的调子勉励大家。而且当地保持

---

① 林树明年似乱麻：作者自注："种谷之明年，自然生木，山民获济。"
② 猎猎：风声，这里用来形容山中四面回应的鼓声、人声。
③ 自种自收还自足，不知尧舜是吾君：取《击壤歌》"凿井而饮，耕田而食，帝力于我何有哉"之意。尧舜，唐尧、虞舜，古时的贤明帝王。
④ 岂有偏：没有偏心，指互相帮助，公平无私。
⑤ 皆似我：都像我们一样的互助合作。
⑥ 四海：四海之内，即普天下。
⑦ 熙熙（xī）：和乐的样子。
⑧ 商於（wū）：古地区名，在今陕西商南县、河南淅川县内乡一带。战国时，张仪说楚怀王绝齐亲秦，愿以商於之地六百里献楚，即指此。（见《史记·张仪传》）一说指商（今陕西商县）、於（今河南西峡县）两邑及两邑间的地区，即今丹江中下游一带，宋代属商州所辖。於，《宋诗钞》作"于"。故事：过去的事。
⑨ 舍（shè）人：作者自称。《汉书·高帝纪》颜师古注："舍人，亲近左右之通称也。"作者曾任右拾遗、直史馆、左司谏知制诰等官，常在皇帝左右，故自称"舍人"。

着协力耕作的习俗，大家都自觉。我喜爱这种耕作制度的有义气，于是创作《畲田调》五首来发扬当地的风气。同时希望采诗官知道这种风气，上报给执政者，如果执政者能选择贤良的州官和县官，使各地的农民都能像商州人民一样有情谊，则荒地差不多都能得到开垦。用词通俗，是为了让山民容易明白。

大家齐心合力上山田砍树烧灰，耳听山歌的同时手不停地劳动。各家都希望种上千百亩的庄稼，豆子和稻谷的果实遍布在山中。

杀鸡杀猪招待前来助耕的乡亲，一向以互相帮助为谋生的办法。不要说烧山种谷没有什么好处，明年树木就会茂盛如丛生的麻。

在猎猎声响中喝酒喝得足足的，登山砍柴烧灰直到被云雾缭绕。自种自收而能够满足自家吃用，连尧舜是我们的国君都不知道。

耕完北山的田就去耕南山的田，互相帮助共同协作哪会有偏心？希望种田人都像我们这样合作，这样天下就不会有荒废的田园。

畲田时伴着鼓笛声而一派和乐，只是吟唱时有歌曲而没有歌词。这种情况在商於地区成为过去，满山人都将唱我写的这五首诗。

耕作场景

●●● 知人论世

王禹偁（954—1001），字元之，籍贯山东济州巨野，北宋初期政治家、文学家，北宋诗文革新先驱。有《小畜集》《小畜外集》。

王禹偁以其敢为人先的胆识，面对朝政弊端，毅然上疏，力陈边防巩固、冗员削减、宗教规范管理以及亲贤远佞等五策，为后世如范仲淹的庆历新政铺垫了先声。

在文学领域，王禹偁作为北宋诗文革新运动的先驱，力主文风变革，摒弃晚唐五代

雕琢纤弱的习气，也不同于柳开等人的艰涩奇僻。其诗作，既有白居易诗歌的平易近人、晓畅明白，又汲取了杜甫诗歌的深沉厚重、现实主义精神，形成了既清新平易又不失沉郁峻拔的独特风貌。苏轼称誉他"以雄文直道独立当世"。他不仅引领了当时的文学创作风尚，更为"宋调"的形成产生了深远影响。

文学鉴赏

宋太宗淳化二年（991），诗人因上疏为遭受诬陷的朝臣徐铉辩冤而触怒宋太宗，被贬为商州（治所在今陕西商县）团练副使。当时商州还很荒僻，其属县丰阳、上津一带多是深山穷谷，车辙不通，农业上仍是刀耕火种，而且保持着互相帮助、协力耕种的古老传统。诗人深为山区这种质朴淳厚的风习所感动，便在到商州的第二年（992年）春天写下《畲田调五首》。

《畲田调五首》展现了山民畲田的劳动场景，描述了劳动的欢乐，对相助力耕的淳美风俗予以热情赞颂。五首诗围绕一个中心展开，紧密联系，又各有侧重。

第一首描绘了齐力垦畲的情景，表达了山民纯朴的愿望。山民们登上高山，伐树斩草，烧灰种地，互相劝勉，齐力向前，烟云火影笼罩山头，悠扬田歌回荡山间，组合成一幅热情洋溢、气势磅礴的劳动图景，充满自信的语调中洋溢着积极乐观的精神。

第二首叙写了一家畲田而四邻相助的淳美风习。

第三首抒发了劳动的欢乐和对自食其力生活的自得之情，表现的是诗人对自给自足自然经济的推崇和对理想生活的向往。

第四首抒写了在团结互助、勤奋劳作中产生的自豪感。其中，前二句，以轻快的笔调描述了畲田中协力互耕、依次而进的特点，表现了山民的勤奋和愉快心情，朴素的诗句，道出一个深刻的哲理：团结互助，共同劳动，不仅能创造物质财富，而且可以使人的精神得到升华。

第五首描述了畲田时乐歌相和的欢乐景象，总结全篇。其中，第一句真切地刻画了劳动场景的欢快热烈。

整组诗仿效当地民歌格调写成，极富民歌情味。朴素浅近的语言，悠扬欢畅的节律以及对风土习俗的生动描绘，交织成一幅诗意盎然的风情画，呈现出浓郁的民俗美。同时，诗人不是站在观赏者的角度作客观描述，而是把自身的体验和情感化为畲田劳动者的心声，用他们的口吻唱出，使整组诗更显得活泼自然，真切感人。

《畲田词》课后习题

人文启迪

团队精神筑梦航天

在浩瀚无垠的宇宙舞台上，神舟十四号航天员乘组的首次出舱活动，不仅是对未知的探索，更是团队精神的辉煌展现。六小时的太空之旅，创造了多个"第一次"，每一幕都闪耀着团结协作的光芒。

从舱门的开启到与地球的凝视，从与小机械臂的默契配合到设备安装的精准无误，每一个细节背后，都是航天员之间、航天员与地面团队之间无缝对接、紧密合作的结

晶。这不仅是技术的较量，更是团队精神的深度诠释——在共同的目标下，个体汇聚成坚不可摧的力量，推动着人类探索的脚步不断向前。

航天事业的辉煌成就，是团队精神的最好证明。它告诉我们，无论面对多大的挑战，只要团队成员心怀信念、各司其职、相互支持，就没有克服不了的困难。正是这种"一个人的努力是加法，一个团队的努力是乘法"的理念，让我国在航天领域不断取得突破，书写着属于中华民族的太空传奇。

团队精神不仅是航天事业成功的关键，也是任何领域追求卓越的必备品质。它激励着我们每一个人，在各自的岗位上发光发热，以协同合作的态度面对挑战，共同创造更加辉煌的未来。

微课：文氏外孙入村收麦

诵读：文氏外孙入村收麦

文氏外孙入村收麦[①]

苏　辙

✏ **学习指南**

一、学习目标

1. 了解作者苏辙及其文学特点和《文氏外孙入村收麦》的创作背景。

2. 理解《文氏外孙入村收麦》诗歌大意，品味《文氏外孙入村收麦》诗歌语言特色。

3. 思考劳动的意义。

二、学习建议

1. 课前：完成课前预习测试，掌握文化常识，了解诗歌大意。

2. 课中：掌握《文氏外孙入村收麦》这首诗的语言特色和主旨思想；从诗人的经历及诗歌主旨体会劳动的意义。

3. 课后：配乐诵读《文氏外孙入村收麦》，谈谈你的感悟。

《文氏外孙入村收麦》课前习题

📖 **诗词漫润**

欲收新麦继陈谷，赖有诸孙替老人[②]。

———————————

① 文氏外孙：指文骥，苏辙的外孙。

② 诸孙：泛指孙辈。

三夜阴霪败场圃①，一竿晴日舞比邻②。

急炊大饼偿饥乏，多博村酤劳苦辛③。

闭廪归来真了事④，赋诗怜汝足精神。

（选自《苏辙集》，陈宏天、高秀芳点校，中华书局 1990 年版）

📖 参考译文

想要收割小麦储存起来，接续已经吃完的陈年谷物，幸好有孙子们帮忙，替我这位老人分担了许多农活。连续三个夜晚的阴雨，毁坏了打谷的场院，幸好放晴了一会儿，乡邻们都欢欢喜喜地忙碌起来。我赶紧生火做饭，用大饼来慰藉孙子们的饥饿劳累，多买些农家自酿的酒来犒劳这些辛勤帮忙收麦的家人。将粮食收归仓廪回到家，一切事情才真安排妥当。提笔赋诗，赞美一下孙子们不辞辛劳的精神。

💬 知人论世

苏辙（1039—1112），字子由，一字同叔，晚号颍滨遗老，籍贯眉州眉山。北宋文学家与思想家。苏辙与父亲苏洵、兄长苏轼，被誉为"三苏"，是"唐宋八大家"之一。苏辙的作品深受父兄影响，他以散文创作闻名，尤其擅长政治评论与历史论述。苏轼曾高度评价其弟的散文"汪洋澹泊，有一唱三叹之声，而其秀杰之气终不可没"。有《栾城集》，今人整理有《苏辙集》。

苏辙塑像

---

① 阴霪：连绵不断的雨。
② 一竿：指太阳升起的高度。
③ 博：求取。村酤：农家自酿的酒。酤，酒。
④ 廪：粮仓。

苏辙诗歌风格质朴无华，不事雕琢。早年写生活琐事，咏物写景，洒脱自然。晚年写的《秋稼》等反映现实生活的诗，较为深刻；《南斋竹》等抒写个人生活感受的作品，意境闲澹，情趣悠远。《文氏外孙入村收麦》是晚年作品，表现出诗人对田园生活的关注。

文学鉴赏

这首诗作于宋徽宗大观元年（1107）夏，当时作者后期仕途不顺接连遭贬，晚年隐居颍水之滨、自号颍滨遗老，读书学禅度日。本诗描述了他的外孙回村帮他收割麦子的情景。诗歌从家人亲耕务农，展现了农村劳动的艰辛，以及外孙在这个过程中所展现出的勤劳和精神韧劲，凸显了亲情和劳动的欢乐。

此诗开篇点题，农忙之际，外孙纷纷前来帮忙，展现了家族间互助的温馨画面。颔联则巧妙运用对比手法，将连日阴雨带来的愁云惨雾与突现的晴空万里相对照，阴雨让农田受损，人心沮丧；晴日则激发了村民们的活力与希望，共舞于田畴之间，抢收庄稼。

颈联以生活细节入诗，通过诗人忙碌着准备大饼给家人充饥、多购村酒犒劳外孙的生动场景，侧面描绘了麦收时节的紧张与繁忙，同时也流露出诗人对后辈辛勤付出的感激与疼爱之情。这种侧面描写的手法，使得劳动的场景更加鲜活，情感更加饱满。

尾联则是对外孙们劳动成果的肯定与赞美，诗人以诗为媒，表达了对他们精力充沛、勤劳能干的由衷钦佩。全诗语言风趣幽默，洋溢着喜悦之情，展现了诗人洒脱不羁的情怀与深厚的家族亲情。

苏辙晚年闲居时期，诗作多聚焦于日常生活的点滴，风格质朴无华，情感真挚自然。以平实的语言记录生活，抒发情感，使得诗歌充满了浓厚的生活气息与真实感。在《文氏外孙入村收麦》一诗中，这种朴素自然的诗风得到了淋漓尽致的展现，无论是对农村景象的描绘，还是对外孙们情感的抒发，都显得那么真实、那么动人。

苏辙的诗歌语言清新自然，他善于从生活中汲取灵感，将日常用语融入诗中，使得诗歌既通俗易懂又富有韵味。这种语言风格不仅增强了诗歌的诙谐趣味，也体现了宋代文学向通俗化、生活化转变的趋势。

《文氏外孙
入村收麦》
课后习题

人文启迪

传承耕读文化

耕读文化，作为中国古代社会独特的文化现象，深深植根于农耕文明的沃土之中，融合了农业劳作与文化学习的双重精髓。

从三国时期诸葛亮的"躬耕南阳"，西晋皇甫谧、东晋陶渊明的身体力行；到唐宋时期耕读成为修身齐家、明理养性的重要方式；再到明清时期张履祥等理学家强调耕读相兼，颜元等思想家倡导通过劳动治心修身。耕读文化不仅是中国古代士大夫阶层的生活写照，更是中华民族勤劳智慧、崇德尚学的精神体现。耕读结合成为培养个人品格、磨砺心性的重要途径。耕读文化成为维系家族传承、促进社会和谐的重要力量。

在当今社会，虽然生产方式和生活方式发生了巨大变化，但耕读文化的精神内涵和

价值追求仍然具有重要的现实意义。耕读文化不仅是农业劳动与文化学习的简单结合，更是一种生活方式、一种精神追求、一种文化传承。耕读文化强调勤劳、节俭、诚实、守信等传统美德，倡导自食其力、自强不息的奋斗精神，对于培养个人品格、促进社会和谐、推动文化繁荣具有积极作用。我们应该继续传承和弘扬耕读文化，让其在新的时代背景下焕发出更加绚丽的光彩。

谒金门·赠雕銮匠 [①]

善 住

微课：谒金门·赠雕銮匠

学习指南

一、学习目标

1. 了解作者善住及其文学特点。

2. 理解《谒金门·赠雕銮匠》诗歌大意，品味《谒金门·赠雕銮匠》诗歌语言特色。

3. 思考劳模精神的内涵。

二、学习建议

1. 课前：完成课前预习测试，掌握文化常识，了解诗歌大意。

2. 课中：掌握《谒金门·赠雕銮匠》这首诗的语言特色和主旨思想；从诗歌主旨体会劳模精神的内涵。

3. 课后：配乐诵读《谒金门·赠雕銮匠》，谈谈你的感悟。

诵读：谒金门·赠雕銮匠

《谒金门·赠雕銮匠》课前习题

---

① 雕銮：在金属器物上雕刻，传统工艺里的錾刻、镶嵌、错金银都属于雕銮。雕塑在中国画史上曾被称作"雕銮"，雕塑艺人也曾被称作"雕銮匠"。

诗词漫润

天赋巧，刻出都非草草①。浪迹江湖今欲老，尽传生活好。

万物无非我造，异质殊形皆妙。游刃不因心眼到②，一时能事了③。

（选自《全金元词》，唐圭璋编，中华书局 1979 年版）

参考译文

上天赋予其心灵手巧，雕刻出来的作品都并非马虎草率。行走四方到了今天也快要老了，到处传达着生活美好的信息。世间万物无不是我来创造，奇异的材质特殊的形态都表现得很巧妙。技艺的精湛不是凭小聪明就能达到的，也不是一时半刻所能做到的。

知人论世

善住（1278—1330），字无住，号云屋，吴县（今江苏苏州）人，元代高僧、诗人。元成宗元贞元年（1295）师从如镜，居报恩寺。泰定元年（1324）赴阳山福严精舍。晚年掩关于吴县修净土宗，著有《安养传》。他虽然身入空门，但与文士结交颇深，曾寓居钱塘千顷寺。工诗，往来吴淞江上，与仇远、白珽、虞集、宋无诸人唱和酬答。为元代诗僧之冠，有诗集《谷响集》3 卷，今有传本。

善住诗名颇著，宋无在《答无住师见寄》诗中说："句妙唐风在，心空汉月明。"他自己在论诗时也写道："典雅始成唐句法，粗豪终有宋人风。"以此可以概见他的诗歌风格。他的诗以近体为主，七言绝句、律诗最为擅长，以清隽、细微为事，近于南宋的四

---

①　草草：马虎，简陋。

②　游刃：本义是运刀自如，此处亦可引申为技艺精湛。心眼：原指是心计，此处指小聪明。

③　一时：短时间。

灵派、江湖派，总之不出宋人窠臼。他的五七言律诗中多有秀句。顾嗣立曾十分欣赏他的"雨声寒绕树，野色静连山""城鸦归晚色，庭树入秋风""野岸烧烟添柳色，败垣春雨长苔衣""江郭雨昏山色古，柳桥风暖鸟声春"等联。但它们也未能超出江湖派诗风。前人对善住评价较高，《四库全书总目》指出善住虽然受到宋人影响，"然造语新秀，绝无蔬笋之气，佳处亦未易及。在元代诗僧中固宜为屈一指也。"

🔖 文学鉴赏

《谒金门·赠雕銮匠》是元代善住赠给一位雕銮匠的词。谒金门，词牌名，又名"空相忆""花自落""垂杨碧""出塞""东风吹酒面""不怕醉""醉花春""春早湖山"等，原为唐教坊曲。以韦庄《谒金门》（空相忆）为正体，双调四十五字，前后段各四句、四仄韵。另有双调四十五字，前段四句四仄韵，后段五句四仄韵；双调四十五字，前后段各四句、四仄韵等变体。代表作品有冯延巳《谒金门》（风乍起）、李好古《谒金门》（花过雨）等。

酬赠诗，是古代文人墨客间独特的人际交往与情感表达的艺术形式。"酬"字蕴含答谢之意。古人以诗为媒，以文会友，将诗歌视为心灵相通的桥梁与情谊的载体。他们通过"酬唱"加深情谊，每当心中有所触动，无论是感激之情、深邃之思还是殷切之念，古人便以诗相赠，以此明志传情，谓之"赠诗"。总之，酬赠诗不仅是古代文人之间交往应酬的礼仪象征，也是他们心灵交流、情感共鸣的重要方式。

这首诗的前三句都是对雕銮匠技艺的赞美，从作品创作的用心，一生从事这份工作的执着与创造的价值，到作品的精妙。最后一句是总结雕銮匠拥有如此灵巧天赋的原因，在于持之以恒、日积月累。

"游刃不因心眼到，一时能事了。"雕刻这门艺术，需要日积月累地勤雕慢琢，才能达到游刃有余的地步，不是靠耍小聪明所能获得的！这里的"心眼"应该不是指"有心计"而是"小聪明"的意思。

"游刃"典出《庄子·养生主》里庖丁解牛的故事，说的是有个庖厨，他宰牛很有技巧，懂得牛身体的结构，所以宰起牛来，剔骨自如。别人要一个月或一年换一把刀，而他手中的刀用了19年，依然锋芒锐利。这则寓言说的是，无论做什么事，都要依循

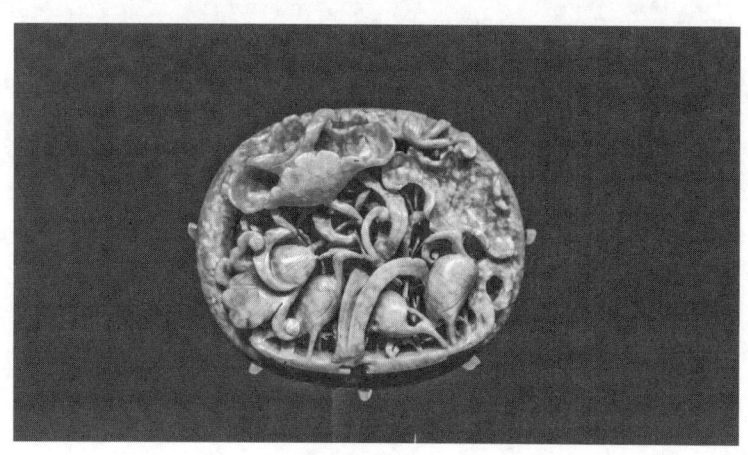

《谒金门·
赠雕銮匠》
课后习题

事物的规律，那么做起来就会事半功倍，得心应手。诗中"游刃"一词，本义是说雕銮匠运刀自如，此处亦可引申为他的技艺精湛。

人文启迪

爱岗敬业

在宽广的社会画卷中，无数劳动者用爱岗敬业描绘着属于自己的不凡篇章。他们用行动诠释了"干一行、爱一行、钻一行、精一行"的精神品格。

巨晓林，一位从基础务工人员蜕变为顶尖高铁专家的典范。面对复杂的铁路建设，他从未言弃，以匠心独运，攻克技术难关。他用数十年的坚持与汗水，为中国高铁的飞速发展铺就了坚实的基石。

煤矿机修厂班长徐波，在艰苦的工作环境中，以不屈不挠的毅力和精湛的技术，默默奉献着自己的青春。他不仅技术全面，而且勇于创新，通过修旧利废和自主设计加工，为煤矿节省了大量成本，展现了劳动者的智慧与力量。

这些爱岗敬业的典范，用他们的行动证明了：无论身处何种岗位，只要心怀热爱，勇于钻研，精益求精，就能创造出属于自己的辉煌。他们的故事，如同璀璨的星辰，照亮了我们前行的道路，激励着我们每一个人在自己的岗位上发光发热，为国家的繁荣富强贡献自己的力量。

单元实践
"古法制作麦芽糖" 劳动体验

一、任务书

授课日期：		活动班级：	
学习团队：		团队成员：	

（一）任务描述

"谁知盘中餐，粒粒皆辛苦。"本周我们通过体验式劳动，一起体会劳动的"甜蜜"。请以"自制麦芽糖"为任务，开展劳动体验。任务要求：

1. 通过查阅资料和调查访问，了解古法制作麦芽糖的整个过程。

2. 认真体会古法制作麦芽糖的每一个步骤，并做好视频与纸质记录。

3. 在探究过程中，增长见识，发挥个人特长，培养学生的团队精神。

4. 培养收集整理资料、总结分析问题以及解决问题的能力。

5. 以小组为单位开展活动，要求全员参与。

（二）任务实施

1. 课前准备阶段

各组制定详细的调查计划和方法，完成分工和记录表。

2. 课中实施阶段

交流分享，展示成果，组织评价。

（1）各小组根据活动中获得的信息进一步筛选和整理，形成共识，课堂分享小组调研结果和心得体会。要融入音乐、视频、图片等多种形式，丰富介绍的方法。

（2）各小组将麦芽糖制作成各种小美食零嘴，分享品尝劳动的"甜蜜"。

（3）老师和同学共同评价这次的活动，分享感悟。

3. 课后总结阶段

在 qq 空间分享"劳动感悟"，开展"我劳动，我快乐"文化宣传，分享真实的感动与思考。

二、调研方案

工作方案			
组长		组员	
活动主题			
制作目标			
工作计划与分工			

三、制作记录

制作记录表

四、评价

（一）团队评分表							
项　目	语　言	层　次	主　旨	方　法	仪　表	参　与	累　计
分值（分）	30	20	20	10	10	10	100
自评（50%）							
师评（50%）							
总分							

（二）组内互评表								
评价标准		姓　名						
团队贡献	20							
沟通能力	15							
配合程度	15							
学习态度	30							
整体表现	20							
总分								

（三）劳动感悟

模块五　情深意笃

椿萱恩重　手足情深

微课：
第十三单元
导入

亲情是我们生命中最珍贵的感情之一。孔子曰："爱亲者，不敢恶于人；敬亲者，不敢慢于人。"有子曰："孝弟也者，其为仁之本与。"亲情在我国传统思想体系中拥有重要地位，也是几千年来儒家思想占主导地位的封建宗法制社会的基础。

　　在中国古典诗词中，有许多描写母爱、父爱和手足情的诗篇，穿越千年历史仍能让人感受到亲情的温暖。杜甫在《又示宗武》中对儿子谆谆教导，充分体现了"父母之爱子，则为之计深远"的舐犊情深；白居易的《慈乌夜啼》以慈乌失母夜夜啼哭警醒世人不要留下"子欲养而亲不待"的遗憾；苏轼《狱中寄子由》让我们看到，在生命的终点手足情的弥足珍贵；陈师道《示三子》写出了一位久别儿女的父亲，再见儿女时"喜极不得语"的复杂心情；王冕的《墨萱图》生动描绘了"慈母倚门"挂念远方游子的画面。品读这些诗词，让亲情之美在心间绽放。

又示宗武

杜 甫

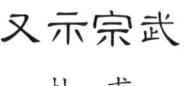 学习指南

一、学习目标

1. 了解唐代诗人杜甫及其诗歌创作特点和《又示宗武》的创作背景。

2. 了解"紫罗囊"典故。

3. 理解诗歌意义，体会杜甫对儿子的殷殷期望。

二、学习建议

1. 课前查阅资料熟悉杜甫生平及教子的诗篇。

2. 课前自主欣赏《又示宗武》诵读视频，结合注释理解《又示宗武》诗歌大意，体会杜甫对儿子的殷殷期望之情。

3. 课中扫码检测自主学习成果，分享交流诗歌主题和艺术特点。

4. 课后拓展阅读李白《寄东鲁二稚子》、陆游《冬夜读书示子聿》和韦庄《与小女》，结合本诗写作"藏在古诗词里的父爱"。

《又示宗武》
课前习题

📖 诗词漫润

觅句新知律①，摊书解满床②。

试吟青玉案③，莫羡紫罗囊④。

暇日从时饮⑤，明年共我长。

应须饱经术⑥，已似爱文章。

十五男儿志⑦，三千弟子行。

---

① 觅句：诗人苦思力索而得佳句，犹如有所寻觅。知律：通晓诗的格律。

② 解：摊散。

③ 青玉案：张衡《四愁诗》："美人赠我锦绣缎，何以报之青玉案。"这里用青玉案泛指古诗。

④ 紫罗囊：《晋书》记载，东晋大臣谢安的侄子谢玄，小时候喜欢佩戴装有香料的紫罗囊，谢安觉得不妥，于是便用游戏的方法，赚取过来，以免谢玄在服饰上用心过多。此以紫罗香囊指华丽的穿戴。

⑤ 暇日：闲暇之日。从时饮：择暇日而饮。

⑥ 经术：经学、儒术，即学问。

⑦ 此句说孔子十五岁而有志于学，杜甫以此勉励宗武。

曾参与游夏①，达者②得升堂③。

（选自《杜诗详注》，［清］仇兆鳌注，中华书局1979年版）

参考译文

寻找诗句刚刚知晓诗歌格律，摊开书籍堆满了床。
试着吟诵"青玉案"这样的佳作，不要羡慕紫罗香囊这样精美的服饰。
假日里可按时适量饮酒，明年你就和我一般高了。
应当饱读经术书籍，现在已经看得出你喜爱文章。
十五岁的男儿应有志向，要像孔子的三千弟子那样努力前行。
要以曾参、子游、子夏为榜样，有成就的人才能登堂入室。

孔子讲学群像

知人论世

本诗创作于唐代宗大历三年（768），此前已有《元日示宗武》，所以称作"又示"。此时宗武十五岁，而杜甫已五十八岁，次年便离世。

杜甫有两个儿子叫宗文和宗武，他对儿子可谓疼爱至极，"有子贤与愚，何其挂怀抱"便充分体现了这份深情。"父母之爱子，则为之计深远"，杜甫一生颠沛流离、穷困潦倒，没什么财富留给儿子，况且"黄金满籝，不如教子一经"，于是他把期望都寄托在孩子读书上。杜宗武并无作品流传于世，需要明确的是，导致这一情况的原因颇为复杂。暂且不论个人资质，单从社会因素来说，在杜甫儿子适宜读书的年纪，"安史之乱"

---

① 曾参与游夏：指曾参、子游、子夏，皆为孔子优秀弟子。
② 达者：思想高超的人。
③ 升堂：即升堂入室，古代宫室前为堂后为室。此以"升堂"比喻学问精深，成就显著。

爆发，他们被迫随父亲四处漂泊，失去了读书的时机。

杜甫的诗歌重现了一个时代的社会风貌，被尊为"诗史"，可与日月同辉。作为子孙，他曾凭借诗歌为家族增光添彩；作为父亲，他对儿子满怀深情，寄予厚望。关于杜甫如何教导子女，历代都有人发表看法，这一直是个热度不减的话题。孟子曾言："君子之泽五世而斩。"杜甫家族原本是官宦世家，但其儿子却默默无闻，似乎印证了孟子的观点。然而，"诗书继世长"是深深扎根于中国人心中的坚定信念，体现了中华民族对教育的高度重视。正因为如此，文化的火种在中华大地得以世代传承。

📖 文学鉴赏

这是一首"专言训子之意"的诗，但读此诗却丝毫没有艰涩之感，这主要是因为——它不是一味地指责、训教，而是有肯定，有告诫，有勉励，有希望，巧于引导，循循善诱。

它不是泛泛空言，而是熟悉孩子，根据需要，并结合这个年龄段所要把握的问题，作扼要的提示，不着痕迹地融入自己的一些观点、经历、体会和对世事的认识，既有针对性，也有普遍性，像"莫羡紫罗囊"的告诫，即或在今天也还有它的现实意义。

它不是孤立地就读书谈读书，而是把学习、生活、思想、志向等方面联系起来，去启发一个年轻人如何立志成才，塑造自己，追求人生理想的高度。浅而深，简而丰，亲切而耐读。它把严肃的话题寓于形象、风趣、活泼的表述之中，从而拉近了训谕者和被训谕者的距离，创造一种亲密和谐的气氛，这无疑有益于训喻的效果。

它还将前人之言、之事、之诗，随手取来，化用得贴切和精妙，这自然体现了诗人的学养与功力。但就作者而论，意不在此，恐怕更多的是为了淡化言出己见的主观色彩，从而使他的训谕之辞显得有理有据，以增强其可信性与说服力。如果此说不错的话，其良苦用心，亦于此可见。这一首应该说写得颇有特色，颇具深度，关怀与教诲，严肃与慈祥，轻松活泼而又语重心长，是那样自然流畅地融合在一首小诗中，这也让我们再一次看到唐人无事不可入诗的高超精湛的诗艺。

《又示宗武》
课后习题

📄 人文启迪

父母之爱

"父母之爱子，则为之计深远。"这句话出自《战国策》，它如一盏明灯，照亮了父母对子女之爱的正确方向。

父母之爱是无私且深沉的。父母往往愿意倾其所有，为孩子提供最好的生活条件。他们悉心照料孩子的饮食起居，关心孩子的身体健康，正如孟郊诗云："谁言寸草心，报得三春晖。"父母的爱就像春日暖阳，温暖着孩子的心灵。

然而，真正的爱不是溺爱，不是满足孩子的一切需求，而是为孩子的未来考虑。"爱之不以道，适所以害之也。"父母应该注重培养孩子的独立人格和生存能力。在孩子遇到困难时，不是立即伸出援手，而是引导他们自己去寻找解决问题的方法。让孩子在挫折中学会坚强，在失败中积累经验，这样他们才能在未来的人生道路上独立前行，就如鲁迅先生所说："即使慢，驰而不息，纵令落后，纵令失败，但一定可以达到他所向的目标。"

父母之爱还体现在对孩子的教育上。教育是孩子成长的基石，父母应该为孩子提供良好的教育资源，培养他们的学习兴趣和学习能力。"玉不琢，不成器；人不学，不知道。"同时，也要注重孩子的品德教育，教导他们做一个有道德、有责任感的人，如陶行知先生所言："千教万教教人求真，千学万学学做真人。"

孩子是父母的一面镜子，父母的言行举止会对孩子产生深远的影响。"其身正，不令而行；其身不正，虽令不从。"父母要以自己的实际行动为孩子树立榜样，让他们在潜移默化中学会正确的价值观和人生观。

微课：慈乌
夜啼

诵读：慈乌
夜啼

慈乌夜啼

白居易

✏ **学习指南**

一、学习目标

1. 了解白居易的人生经历和《慈乌夜啼》的创作背景。

2. 了解"吴起""曾参"孝亲的历史典故。

3. 理解诗歌意义，感受诗中慈乌失母的悲痛以及未能反哺的愧疚之情。

4. 把握"以鸟喻人"的写作手法。

二、学习建议

1. 课前自主查询关于白居易、吴起、曾参等孝亲的相关故事。

《慈乌夜啼》
课前习题

2. 课前自主欣赏《慈乌夜啼》诵读视频，梳理《慈乌夜啼》诗歌大意，了解"以鸟喻人"的写作特点。

3. 课中扫码检测自主学习成果，分享交流诗歌主题和艺术特点。

4. 课后观看百家讲坛《中华孝道》，并完成思考与练习作业。

📖 **诗词漫润**

慈乌失其母①，哑哑吐哀音②。

昼夜不飞去，经年守故林③。

夜夜夜半啼④，闻者为沾襟⑤。

---

① 慈乌：传说乌鸦反哺其母，为至孝之鸟，故称慈乌。

② 哑哑：形容乌鸦的叫声。

③ 经年：终年、整年。故林：旧林，指往日与母亲所栖息的树林。

④ 夜夜夜半啼：每晚在半夜里啼叫。夜夜，每天晚上。

⑤ 沾襟：眼泪沾湿衣襟。

声中如告诉，未尽反哺心^①。

百鸟岂无母，尔独哀怨深^②。

应是母慈重，使尔悲不任^③。

昔有吴起者^④，母殁丧不临^⑤。

嗟哉斯徒辈^⑥，其心不如禽。

慈乌复慈乌，鸟中之曾参^⑦。

（选自《白居易诗集校注》，谢思炜校注，中华书局 2006 年版）

参考译文

慈乌丧母，哀伤不已，哑哑啼哭不止。

早晚守于旧林，终年不肯离去。

每至半夜，哀啼声声，闻者亦难禁泪湿衣衫。

慈乌之啼，似在哀诉未能及时尽孝养反哺之责。

其他诸鸟岂无母乎？为何独慈乌你这般哀怨？

想必是母恩厚重，令你不堪承受。

昔有吴起者，母亡竟不奔丧。

叹此类之人，其心实如禽兽。

慈乌啊慈乌！你真乃鸟类中之曾参也。

---

① 反哺：慈乌初生的时候，母亲喂养它，等它长大了，便捕取食物来喂养母亲，这叫做反哺；引申是说报答父母的恩情。

② 尔：你。

③ 悲不任：不能承受悲痛。不任，不堪、不能承受。

④ 吴起：战国名将。他曾为了追求功名，母亲死了，却不回家料理丧事。他的老师曾申（曾参的儿子）知道这件事，就和他断绝来往。

⑤ 殁：死亡。丧不临：即"不临丧"，不奔丧的意思。古代习俗，父母或尊长过世，从外地赶回料理丧事或祭拜，称奔丧。

⑥ 斯徒辈：这一类的人。斯，此、这。徒、辈都是类的意思。

⑦ 曾参：字子舆，春秋时鲁国人，孔子的学生。是当时有名的孝子。

💬 知人论世

　　白居易现存的诗有2800多首，是唐代存诗数量最多的诗人，留下了"田家少闲月，五月人倍忙""日出江花红胜火，春来江水绿如蓝""可怜身上衣正单，心忧炭贱愿天寒"等千古名句，白居易有如此成就，离不开母亲的教育培养。

　　本诗作于唐宪宗元和六年（811），时诗人母亲病逝，诗人为母丁忧退居下邽，母亲去世让诗人悲痛而作此诗。白居易曾言，其母"亲执诗书，昼夜教导，循循善诱，未尝以一呵一仗加之。"三岁时，母亲便手把手地教他读书写字；五六岁时，他便开始写诗；八九岁时，白居易已懂得了诗词声韵。与此同时，母亲对白居易的要求也非常严格，寄予他厚望，希望他能如父辈在朝为官，光宗耀祖。

　　白居易母亲陈氏出生于一个书香家庭，15岁时嫁给任宋州司户参军的白季庚，即白居易父亲，两人年龄相差26岁。白居易父亲在外为官，聚少离多，家中事务及儿子抚养教育都由母亲承担。白居易兄弟几人，他排行第三。11岁时因躲避战乱，全家从新郑前往符离集，由于路途遥远，舟车劳顿，白居易最年幼的弟弟在途中不幸夭折，两年后白季庚病逝。白居易祖父、父亲为官清廉，白家家境并不殷实。尤其是父亲病逝后，家庭失去经济来源，生活更是窘迫，举债度日。陈氏不仅承担着家庭的重任，更是遭遇了精神的巨大打击，造成精神失常。白居易为求功名而远走宣州，儿行千里母担忧，也加重了白母的精神疾病。白居易曾在《奏陈情状》里说："臣母多病，臣家素贫。"为官以后，他也曾遍请名医为母亲看病。可由于当时的医疗条件非常有限，陈氏的病并不见好转，终于唐宪宗元和六年（811）病逝。

　　对于母亲的死，白居易伤心欲绝，写下了《慈乌夜啼》一诗，表达了自己未能尽孝的无尽愧恨和哀伤。

🏵 文学鉴赏

　　诗歌运用借物言志之法，以鸟喻人，通过慈乌传达出自身的愧恨与哀伤。同时，巧用典故，以吴起、曾参之事，从正反两面明晰诗歌的情感倾向。

　　前四句描绘慈乌丧母，日夜悲啼，守着旧巢不舍离去。慈乌乃乌鸦的一种，因能反哺报恩而得名。其每日每夜的啼叫，触动了诗人，引发了诗人对慈乌思母之情的感动。刚刚痛失母亲的诗人，恰似慈乌一般思念着母亲，而想要奉养母亲却已永无机会，心中满是无尽悲痛。

　　接下来的四句中，慈乌在深夜凄厉啼叫，令人动容。慈乌悲啼，是因其未能尽到反哺之责。以"夜夜"加以强调，是因其经月如此。夜半时分，万籁俱寂，万物皆已安睡，唯有慈乌因思念母亲而鸣叫。这叫声传入同样丧母的白居易耳中，使得他的思亲之情愈发绵长。

　　再往后的四句，诗人揣测慈乌的心境，明白慈乌与其他鸟不同，是因为亲恩厚重，才致使慈乌哀伤不止。这四句采用问答形式，由回答中确切表明母亲恩重如山，慈乌夜啼的缘由全在于此。

　　最后引用吴起、曾参的典故，吴起为求功名，母亲去世竟不回家奔丧，其师曾申

《慈乌夜啼》
课后习题

（曾参之子）得知此事后与之断绝师生关系。曾参以孝闻名，诗人将慈乌比作鸟中的"曾参"，凸显慈乌的不凡，借此规劝世人要孝顺。慈乌尚且知晓尽孝，何况作为万物之灵的人呢？

人文启迪

感恩母爱

"谁言寸草心，报得三春晖。"孟郊的这句诗，道尽了天下子女对母亲深深的感恩之情。母爱，如春日暖阳，温暖着我们的心灵；孝道，似璀璨星辰，照亮我们的人生之路。在这个纷繁复杂的世界里，母爱与孝道始终是我们心中最柔软的角落和最坚定的信仰。

母爱，是无私的奉献。从我们呱呱坠地的那一刻起，母亲就用她的生命守护着我们。她含辛茹苦地哺育我们成长，为我们遮风挡雨，排忧解难。在我们生病时，她日夜守候，焦虑不安；在我们遇到挫折时，她给予我们鼓励和支持，让我们重新振作起来。母亲的爱，如涓涓细流，滋润着我们的心田，陪伴我们走过人生的每一个阶段。她从不求回报，只希望我们能够健康快乐地成长。

然而，在享受母爱的同时，我们不能忘记孝道。孝道是中华民族的传统美德，是对母亲养育之恩的回报。"百善孝为先"，一个有孝心的人，才能成为一个有道德、有责任感的人。孝道不仅仅是物质上的供养，更重要的是精神上的慰藉。我们要关心母亲的生活，倾听她的心声，让她感受到我们的关爱和尊重。在母亲年老体弱时，我们要悉心照顾她，陪伴她度过晚年。

行孝道，需要我们从身边的小事做起。比如，经常给母亲打个电话，问候她的身体状况；回家时，帮母亲做一些家务，减轻她的负担；在母亲生日或重要节日时，送上一份贴心的礼物，表达我们的祝福。这些看似微不足道的举动，却能让母亲感受到我们的孝心和爱意。同时，我们还要努力奋斗，让母亲为我们感到骄傲和自豪。只有这样，我们才能真正回报母亲的养育之恩。

在现实生活中，也有一些人不懂得珍惜母爱，不履行孝道。他们对母亲的付出视而不见，甚至在母亲年老体弱时，嫌弃她们，抛弃她们。这种行为是极其不道德的，也是令人痛心的。我们应该以这些人为戒，时刻牢记母爱的伟大和孝道的重要性。

"树欲静而风不止，子欲养而亲不待。"这句话告诉我们，行孝道要趁早。不要等到失去了才懂得珍惜，不要让自己留下遗憾。让我们怀着一颗感恩之心，以实际行动践行孝道，让母爱在我们的生命中绽放出更加绚烂的光彩。

在这个充满爱的世界里，母爱与孝道是我们永恒的主题。让我们传承中华民族的传统美德，用我们的爱和行动，为母亲创造一个幸福美好的晚年，为社会传递一份正能量。

微课：狱中
寄子由二首

诵读：狱中
寄子由

狱中寄子由二首

苏 轼

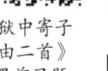 **学习指南**

一、学习目标

1. 熟悉苏轼的生平经历和诗歌创作特点。

2. 了解《狱中寄子由》诗歌创作背景，体会苏轼狱中处境和心情。

3. 理解诗歌大意，体会诗中苏轼对弟弟苏辙的情感。

二、学习建议

1. 课前复习苏轼的生平经历和诗歌、书法等艺术创作成就，了解《狱中寄子由》的创作背景。

2. 课前自主欣赏《狱中寄子由》诵读视频，梳理《狱中寄子由》诗歌大意，体会诗中情感。

3. 课中扫码检测自主学习成果，分享交流诗歌主题和艺术特点。

4. 课后观看百家讲坛《大宋词坛：苏轼》，感受苏轼的人格魅力，学习其积极乐观的人生态度。

《狱中寄子
由二首》
课前习题

诗词浸润

予以事系御史台狱，狱吏稍见侵，自度不能堪，死狱中，不得一别子由，故和二诗授狱卒梁成，以遗子由。

其一

圣主如天万物春，小臣愚暗自亡身。

百年未满先偿债，十口无归更累人①。

是处青山可埋骨②，他年夜雨独伤神。

与君世世为兄弟，更结来生未了因。

---

① 百年未满先偿债，十口无归更累人：时年苏轼四十四岁，家属由自己的弟子，也是苏辙的女婿王适（字子安）安置在南都（今河南商丘以南），由苏辙照料，而当时苏辙也是身负债务，因此苏轼说是自己拖累了苏辙。

② 是处：到处。

其二

柏台霜气夜凄凄^①，风动琅珰月向低^②。

梦绕云山心似鹿^③，魂飞汤火命如鸡。

眼中犀角真吾子^④，身后牛衣愧老妻^⑤。

百岁神游定何处，桐乡^⑥知葬浙江西^⑦。

（选自《苏轼选集》，王水照选注，上海古籍出版社 2014 年版）

参考译文

其一：圣明的君主如同苍天，使得万物都能感受到春天般的温暖，而我这个愚昧无知的小臣，却自己招致了杀身之祸。人生百年还未过半，却要先偿还前世的债务，如今我家十口人无家可归，还要连累你。到处的青山都可以埋葬我的尸骨，只是想起多年后在雨夜中独自伤神的你，我就心痛不已。我愿与你世世代代都做兄弟，更要在来生继续我们未了结的因缘。

三苏雕像

---

① 柏台：即御史台。汉御史府中多柏树（见《汉书·朱博传》），后世因此称御史台为柏台。
② 琅珰：指屋檐下悬挂的铃铎。
③ 云山：高耸入云之山。
④ 犀角：指额头隆起的骨头，古人认为额骨隆起是贵相。
⑤ 牛衣：供牛御寒的披盖物，如襄衣之类。《汉书·王章传》记载，王章为诸生学于长安，生病无被，躺在牛衣中，自料必死，哭泣与妻诀别。妻子怒而斥之，说京师那些尊贵的人哪比得上你呢。后王章官至京兆尹，以直言闻名。一次王章上书弹劾外戚权臣王凤，妻子闻讯劝阻，劝他知足，"独不念牛衣中涕泣时耶？"王章不听，下狱而死。这里苏轼自比王章，不听妻子劝告惹祸，表示愧对妻子。
⑥ 桐乡：今安徽舒城。西汉朱邑在桐乡做官，为人民做了很多好事，死后桐乡人将他埋在该地并立祠祭祀。
⑦ 作者自注：狱中闻杭、湖间民为余作解厄道场累月，故有此句。

其二：御史台的霜气在夜晚显得格外凄冷，寒风吹动着檐间的铃铎，月亮也渐渐西沉。在梦中向往故乡的心像小鹿乱撞一样忐忑，现实中自己的命运却如同面临着沸汤滚火的鸡一样脆弱。我看着眼前聪明出众的儿子，想到自己不听妻子劝告，而惹祸上身，心中感到愧疚。我死后，不知魂魄会在何处游荡，只知道在浙江西部百姓会像桐乡人纪念汉代朱邑那样祭祀我，那里会有我的安葬之地。

知人论世

这两首诗作于北宋神宗元丰二年（1079），这一年苏轼的人生遭遇了一场巨大的变故。当时，苏轼从徐州知州调任湖州知州，他对王安石推行的新法持反对态度，并在诗文中对新法及因新法而显赫的"新进"加以讥刺。这一举动引起了政敌的不满，他们上书弹劾苏轼，称其"作为诗文讪谤朝政及中外臣僚，无所畏惮"。

于是，在这一年的八月，苏轼在湖州被捕，随后被押至汴京，关进了御史台的狱中。在狱中度过的四个月里，审讯他的谏官竭力罗织罪名，多方株连，试图将他置于死地。苏轼的处境极为危险，他深知自己可能面临着严峻的刑罚。

在这艰难的时刻，苏轼首先想到的是他的弟弟苏辙。苏辙比苏轼小四岁，兄弟二人自幼生活在一起，感情深厚，彼此政见一致。从政以后，他们更是相互支持，关系亲密无间。当苏辙听到苏轼被捕的凶讯时，如晴天霹雳般震惊，整个家庭都陷入了恐慌和担忧之中。苏辙在《为兄轼下狱上书》中写道："臣早失怙恃，唯兄轼一人，相须为命。"他立刻上书神宗，表达了对兄长的担忧和对案件的看法，请求神宗能够从轻发落苏轼。

与此同时，苏轼在被押往狱中的途中，与长子苏迈一起动身。为了避免听到坏消息，苏轼与苏迈约定，送饭只送蔬菜和肉，如果听到不好的消息就把二者换成鱼。苏迈严格遵守约定一个多月，但恰逢粮尽，他去找人想办法时，嘱托的亲戚偶然弄到鲊鱼（腌制的鱼）就送了过去。苏轼见到鱼后大惊，以为自己罪将不赦，想要向宋神宗求情却无路可通。在这种绝望的情况下，他写下了《狱中寄子由》二首给苏辙，向弟弟解释自己的处境，并进行最后的关照。

这场震惊朝野的"乌台诗案"，使得苏轼成为宋朝开国以来因文字批评朝政而被系狱的第一人。许多与苏轼有诗文往来的人也受到了株连，包括张方平、王诜、司马光和胞弟苏辙等二十余人。然而，在众人的努力营救下，尤其是苏辙连连上表皇帝，欲解除在身之官以赎兄罪，以及已退休重臣张方平的痛心上书和营救，神宗最终下令从轻发落苏轼，于十二月责授他为检校水部员外郎黄州团练副使，在州中安置，不得签署公文。

文学鉴赏

这两首诗是苏轼在乌台诗案中身陷囹圄时写给弟弟苏辙的作品，情感真挚，深沉动人，展现了苏轼在困境中对亲情的珍视和对人生的思考。

其一开篇"圣主如天万物春，小臣愚暗自亡身"，苏轼表达了对皇帝的敬畏之情，

同时也反思了自己的行为，认为是自己的愚昧导致了如今的困境。这种自我反省体现了苏轼的豁达和对命运的坦然。接着，"百年未满先偿债，十口无归更累人"，感慨人生百年尚未过半，却要先偿还前世的债务，而自己的家人也因为自己而流离失所，这让他深感愧疚。这句诗既体现了苏轼对家人的责任感，也反映了他对生活的无奈。

"是处青山可埋骨，他年夜雨独伤神"，此句化用了汉代龚胜的典故，表明自己对生死的坦然，自己并不惧怕死亡，随处的青山都可以埋葬他的尸骨，但他担心的是弟弟苏辙在未来的雨夜中会因思念他而独自伤神。这句诗深刻地表达了兄弟之间深厚的情感，让人感受到苏轼对弟弟的牵挂和关爱。最后，"与君世世为兄弟，更结来生未了因"，苏轼希望能与弟弟世世代代都做兄弟，并且在来生继续这份情谊。这种对兄弟情的执着和坚定，令人动容。

第二首诗主要表达了对妻儿的思念愧疚之情，以及身陷困境中的自我伤感。

"柏台霜气夜凄凄，风动琅珰月向低。"这两句描绘了月夜下御史台监狱的阴冷氛围。因汉代御史台多植柏树，又被称为"柏台"（参见《汉书·朱博传》）。"琅珰"指的是屋檐下悬挂的铃铛。诗人身处寒夜无法入眠，想到自己命悬刀刃之下，心中充满了惊恐与不安。

"梦绕云山心似鹿，魂惊汤火命如鸡。"写出了心绪如鹿撞般不安、命运如待宰之鸡般脆弱的感受。据记载，苏轼被捕时押送他的狱卒目光凶恶，入狱后狱吏问他是否有祖辈功勋可免死，这是惯例对死囚提出的审问。而在狱中，他遭遇狱吏的辱骂，彻夜难忍，正如他在序言中所述"狱吏稍见侵，自度不能堪，死狱中，不得一别子由"的实际处境。

"眼中犀角真吾子，身后牛衣愧老妻。"前句表达了对儿子的思念，称赞他天庭饱满、惹人怜爱；后句则言及对妻子的愧疚。"牛衣"指的是给牛御寒的草衣。《汉书·王章传》记载，西汉王章贫病交加时，曾与妻同卧牛衣中，妻子鼓励他不要气馁，继续努力读书。后来王章官至京兆尹，但因上书弹劾权臣，被捕入狱，最终死于狱中。苏轼借用这一典故，既表达了对妻子的歉意，也以王章的忠义自喻，表明对朝廷的忠诚。

"百岁神游定何处？桐乡知葬浙江西。"诗人自注提到，狱中听闻杭湖百姓为他设立道场祈福数月，因此写下此句。当年苏轼被外放为官，曾在杭州任职三年，造福当地百姓，深受爱戴。他相信，百姓会像西汉朱邑之于桐乡一样，将他安葬于浙江西湖，并为其建祠奉祀。这种念想给了他极大的精神慰藉。

《狱中寄子由二首》课后习题

这两首诗语言质朴，情感真挚，深刻地表达了苏轼在狱中对家人的思念和牵挂，以及对人生的感慨和思考。它们不仅是苏轼文学才华的体现，更是他高尚人格的写照。

人文启迪

手足深情

半生受父母之恩，一世怀手足之情，唤一声兄弟姐妹，便是此生不渝的手足情深。有人言，父母在时，家便在；父母离去，家亦散。实则，亲情乃是无法割舍的情感，即

　　便父母过世，兄弟姐妹仍是最亲近之人。除去父母，最为亲近者当属兄弟姐妹。父母不在，兄弟姐妹便是至亲近亲。兄弟姐妹间的情感，并不会因双亲离世而消逝，它流淌于每个人的血脉之中，与生俱来，相伴一生。

　　常言道：兄弟姐妹亲，骨头断了连着筋。在这世间，除了父母，兄弟姐妹便是我们最亲近的人。年少时，或许会因些许琐事而争吵不休，纷争不断。然而，无论何时何地，那份骨肉相连的手足情，始终未曾改变。成年之后，虽不像儿时那般天天相聚，彼此联系减少，但心中无时无刻不在惦念着对方。家虽分成了一个个小家庭，各自有了自己的生活，但心依旧紧紧相连。逢年过节时相互串串门、聚聚餐，清明时节一同为父母的坟茔除草、祭拜，便是最温暖人心之事。在这世间所有的亲情关系中，一母同胞、心心相连的手足之情，任何时候都会彼此牵挂。

　　人生有时，一转身或许便是一辈子，人生短暂，生命亦不长。有兄弟姐妹相伴左右，便是莫大的幸福。兄弟姐妹就如同天上的雪花，飘落在一起，便永远不会分离。

　　人越年长，情越深厚。随着年龄的增长，愈发觉得亲情无比珍贵。终于明白，有了兄弟姐妹的关爱，便多了一份与生活较劲的勇气，增添了一分与命运抗争的力量。兄弟姐妹是相互扶持、相互陪伴最长久的人，这是父母给予的一份厚礼，我们都应用心珍惜。

微课：
示三子

诵读：
示三子

示三子

陈师道

学习指南

一、学习目标

1. 了解宋代诗人陈师道及其诗歌创作特点。

2. 了解《示三子》创作背景，理解诗歌大意。

3. 体会诗中父亲对儿女的深切情感。

二、学习建议

1. 课前自主查询关于陈师道的生平和诗歌创作，了解《示三子》创作的背景。

2. 课前自主欣赏《示三子》诵读视频，梳理《示三子》诗歌大意，体会诗中情感。

3. 课中扫码检测自主学习成果，分享交流诗歌主题和艺术特点。

4. 课后观看《陈师道拒绝"拖延症"》，学习名人精神品格，并完成思考与练习作业。

《示三子》
课前习题

📖 诗词漫润

时三子已归自外家 ①

去远即相忘 ②，归近不可忍 ③。

儿女已在眼，眉目略不省 ④。

喜极不得语，泪尽方一哂 ⑤。

了知不是梦 ⑥，忽忽心未稳 ⑦。

（选自《后山诗注补笺》，任渊注，冒广生补笺，冒怀辛整理，中华书局 1995 年版）

👆 参考译文

你们走远了，我倒也不再惦念；及至归期接近，反而难以忍耐。

儿女们站在眼前，你们的容貌我已认不出来。

欢喜到了极点，不知说什么好。收泪一笑，包含着多少悲哀。

明知这不是在梦中，可我的心仍在摇摆不踏实。

••• 知人论世

陈师道（1053—1102），字履常，又字无己，号后山居士，彭城（今江苏徐州）人，北宋诗人。

陈师道出身于官宦家庭，其祖父陈洎曾官至三司盐铁副使，父亲陈琪官至国子博士、通判绛州。然而，到了陈师道这一代，家境却逐渐衰落。

宋神宗元丰七年（1084），陈师道的岳父郭概提点成都府路刑狱。由于陈师道家境贫寒，无力赡养家室，为了让家人能有更好的生活，他不得不忍受与妻子儿女离别的悲痛，让妻子和一女二子随外祖父入川就养，而自己则留下来侍奉年老的母亲。在这漫长的分别时光里，陈师道心中充满了思念与牵挂。宋哲宗元祐二年（1087），陈师道因苏轼、孙觉等人的举荐，充任徐州州学教授。此时，他终于有能力将妻儿接回到徐州。

这段生离死别的经历，让陈师道写下了许多情意诚笃、感人至深的佳作。如《送外舅郭大夫概西川提刑》《送内》《别三子》《寄外舅郭大夫》等。其中，《示三子》作于妻儿

---

① 外家：外公家。

② 去远：离去很远。宋神宗元丰七年（1084 年），陈师道因家贫而将妻子儿女送往在四川做官的岳丈处寄养。

③ 归近：归期临近。不可忍：难以忍耐，形容与子女见面的急切心情。

④ 略：全，都。省（xǐng）：识，记得。

⑤ 哂（shěn）：微笑。

⑥ 了知：确实知道。

⑦ 忽忽：恍惚不定貌。

们刚回来之时，这首诗极为杰出，它生动地描述了诗人思亲、见亲的全程心灵感受。整首诗言语通俗易懂，却又饱含深情，让人读来感同身受。

陈师道一生安贫乐道，闭门苦吟，有"闭门觅句陈无己"之称。他作为"苏门六君子"之一，也是江西诗派的重要作家。他不仅能诗，亦能词，词的风格与诗相近，以拗峭惊警见长。当然，他的诗、词也存在着一些不足之处，如内容狭窄、词意艰涩等问题。尽管如此，他的作品依然有着独特的艺术价值，为后人所传颂。陈师道著有《后山先生集》，词有《后山词》。

📖 文学鉴赏

《示三子》如同一幅饱含深情的画卷，缓缓展开，将诗人与子女久别重逢的复杂情感淋漓尽致地展现出来。

"去远即相忘，归近不可忍。儿女已在眼，眉目略不省。"诗的开篇便将那种矛盾的情感推向读者。子女远走时，似乎可以渐渐淡忘思念之苦，然而当他们即将归来，那即将重逢的喜悦却让人难以忍受等待的煎熬。当子女真的出现在眼前，诗人却又恍惚觉得陌生，甚至连他们的眉目都有些认不出来了。这种真实的反应，恰恰体现了分别之久，久到记忆中的孩子模样与眼前的现实产生了落差。这几句诗，生动地刻画出了诗人在久别重逢之际的惊讶、激动与迷茫。

"喜极不得语，泪尽方一哂。了知不是梦，忽忽心未稳。"喜悦至极，竟不知该说什么好，泪水流尽，才露出一丝笑容。诗人深知这不是梦，可心中却仍无法完全安定下来。这种复杂的情感，是历经长久分离后的必然反应。喜，是因为终于见到了日思夜想的子女；泪，是思念之情的宣泄；而那一丝哂笑，则是对这份喜悦的一种自嘲，仿佛在说自己竟如此失态。即便确认了这不是梦，心中依然忐忑不安，生怕这幸福的时刻转瞬即逝。

整首诗语言质朴无华，却有着震撼人心的力量。陈师道以最平实的文字，描绘出了最真挚的情感。在那个交通不便、通信困难的时代，分别往往意味着漫长的等待和无尽的思念。诗人与子女的这次重逢，不仅仅是亲人之间的团聚，更是对生活苦难的一种慰藉。

从艺术手法上看，这首诗通过细腻的心理描写，将诗人在重逢瞬间的情感变化层层递进地展现出来。从开始的"不可忍"，到"略不省"，

教子图

再到"不得语""泪尽""一哂",最后是"心未稳",每一个阶段的情感都刻画得入木三分。同时,诗中的对比也增强了情感的张力。去与归、忘与忍、喜与泪、梦与现实,这些对比让诗歌的情感更加丰富和立体。

📖 人文启迪

家,幸福的港湾

杨绛先生曾言:"家在哪里,我不知道,我还在寻觅归途。"家,是我们心灵的港湾,是温暖的避风港。当家人闲坐,灯火辉映,那份平淡却又珍贵的幸福便悄然弥漫。

家人,或许并非最了解我们的人,但他们却是陪伴我们最早也最久的人。因为家的存在,我们的心灵才有了归属;因为家人的陪伴,漂泊的心灵才能找到栖息之所。世间最幸福之事,莫过于与家人相守相伴。而最令人痛苦的,莫过于独自翻山越岭,却发现身旁无人等候。

著名学者胡适先生回忆起自己的年少时光,那时他为了求学,早早离开了家乡,离开了母亲。由于家境贫寒,路途遥远,他很少有机会回家探望、陪伴母亲。他曾暗暗下定决心,要努力学习,将来有能力把母亲接到身边,好好孝敬她。然而,命运却未能让他如愿,母亲在他还未实现愿望时就离开了人世。母亲临终前的那句"早知你一去不回,我真不该让你离开",成了胡适先生心中永远的痛。在这世上,除了家人,又有多少人能真正陪伴我们一生呢?

幸福,从某种意义上说并非只是在外面的世界奋力拼搏,而是也能与家人一起,安心地过着平淡的生活。身体健康,家庭团圆和睦,这便是最大的幸福。守在家人身边,我们可以以自己喜欢的方式度过每一天,让平淡的日子变得充实而有意义。

幸福的人生,是每个人的追求。心胸宽广,幸福便会如泉水般充盈。真正幸福的人,不会刻意去追求,而是用心去感受身边的美好,珍惜身边的人和事。将"感恩"化为一种习惯,慢慢地品味生活的滋味。就像一颗糖果,含在口中,时间会让它的甜蜜在心中绽放。诗人徐志摩曾写道:"我将于茫茫人海中访我唯一灵魂之伴侣,得之,我幸;不得,我命。如此而已。"其实,幸福就在我们身边,只要我们用心去发现和感受。

一场突如其来的疫情让我们深刻领悟到,在生死面前,其他事情都显得微不足道。能够健康平安地活着,便是上天的恩赐。

幸福其实很简单:一是能在自己的床上安然入睡;二是能品尝到父母做的美味饭菜;三是能与爱人倾诉心声;四是能陪伴孩子快乐成长。最珍贵的东西,往往隐藏在最平凡的生活中。只要一家人相互陪伴、相互支持,哪怕是琐碎的日常,也是一种无比珍贵的幸福。

微课：墨萱
图（其一）

诵读：墨萱
图（其一）

《墨萱图（其
一）》课前
习题

墨萱图（其一）

王　冕

✏️ **学习指南**

一、学习目标

1. 了解王冕的生平经历和创作特点。

2. 了解"萱草花""北堂""南风""云林""慧鸟"的用典情况及蕴含意义。

3. 理解诗歌意义，体会诗人对母亲的情感。

4. 品味细节描写的写作手法。

二、学习建议

1. 课前自主查询关于王冕的生平资料，了解他的绘画和诗歌创作成就。

2. 课前自主欣赏《墨萱图》（其一）诵读视频，梳理《墨萱图》（其一）诗歌大意，品味用典的写作手法。

3. 课中扫码检测自主学习成果，分享交流诗歌主题和艺术特点。

4. 课后拓展阅读《诗经·邶风·凯风》和清代诗人蒋士铨《岁暮到家》，结合所学写作"藏在古诗词里的母爱"。

📖 **诗词漫润**

灿灿萱草花①，罗生北堂下②。

南风吹其心③，摇摇为谁吐？

慈母倚门情，游子行路苦。

甘旨日以疏，音问日以阻。

举头望云林④，愧听慧鸟语⑤。

（选自《王冕集》，寿勤泽点校，浙江古籍出版社2012年版）

---

① 萱草花：又名忘忧草，来自《博物志》中："萱草，食之令人好欢乐，忘忧思，故曰忘忧草。"相传隋末时，唐太宗李世民与父亲李渊南北征战，他的母亲因思念儿子而病倒。大夫用具有明目安神效果的萱草煎煮给李世民的母亲服用，并在北堂种植萱草，以解其忧思。早间被誉为"母亲花"。

② 北堂：《诗经》疏称："北堂幽暗，可以种萱。"北堂，一般都是母亲所住的地方，即代表母亲之意。古时候当游子要远行时，就会先在北堂种萱草，希望母亲减轻对孩子的思念，忘却烦忧。所以，人们也雅称母亲的居所为萱堂，萱堂也代称母亲。

③ 南风：也叫凯风，温暖的风，出自《诗经·凯风》，中国文学中常用"凯风""寒泉"典故来代表母爱。

④ 云林：《大唐新语》载："（阎本立）特荐（狄仁杰）为并州法曹，其亲在河阳别业，仁杰赴任于并州，登太行，南望白云孤飞，谓左右曰：'吾亲所居，近此云下。'悲泣，伫立久之，候云移乃行。"

⑤ 慧鸟：疑为"慈鸟"，传说乌鸦反哺其母，为至孝之鸟，称慈乌。

参考译文

灿灿的萱草花，生在北堂之下。

南风吹着萱草，摇摆着是为了谁吐露着芬芳？

慈祥的母亲倚着门盼望着孩子，远行的游子是那样的苦啊！

对双亲的奉养每天都在疏远，孩子的音讯每天都不能传到。

抬头看着一片云林，听到慧鸟的叫声，思念起来至此很是惭愧。

知人论世

王冕（1287—1359），字元章，别号煮石山农、食中翁、梅花屋主等，生于诸暨（今属浙江），是元末声名远扬的画家、诗人与篆刻家。其出身贫苦，幼年曾为他人放牛，凭借自学成就非凡。

王冕性情清高孤傲，对权贵嗤之以鼻。他的诗作多为同情百姓疾苦、斥责豪门权贵、看淡功名利禄以及描绘田园隐逸生活之作。著有《竹斋集》三卷及续集两卷。一生钟情于梅花，既种梅、咏梅，又擅长画梅。其所画梅花花朵繁密、枝干繁茂，充满生机活力，对后世影响颇深。现存画迹有《南枝春早图》《墨梅图》《三君子图》等。他还精通治印，首创用花乳石刻章，篆法精妙绝伦。《明史》中对其有记载。

此诗为王冕题于自己的画作《墨萱图》之上。王冕极为孝顺母亲，这幅画或许是他在外游历之时所绘。然而，由于年代久远，这幅画未能流传至今。不过，从这首诗里，我们能够畅想王冕画中的景致以及他作画、写诗时的心境。

文学鉴赏

"萱"即萱草花，是中国最早的母亲之花，象征着母爱。它另外有一称号"忘忧草"。据《博物志》记载：萱草，食之令人好欢乐，忘忧思，故曰"忘忧草"。这首《墨萱图》，正是王冕写给天下母亲的一首拟古佳作。

前四句写北堂之下一排萱草花，在夏风（南风）的吹拂下，色彩鲜艳，芳香尽吐，令人身心愉悦，可是，游子离家后的孤单母亲，此时已无心思欣赏这盛开的花朵，她的心早已飞向漂泊在外的游子身上。摇摆的萱草花呀，你在为谁倾吐着芬芳！这四句诗意与孟郊的"萱草生堂阶，游子行天涯，慈母依堂前，不见萱草花"有异曲同工之妙——虽然母亲抬眼就能看到堂前的萱草，但此时母亲的心思全在游子的身上，

萱草花

面对鲜艳的萱草母亲自然视而不见。是啊，"儿行千里母担忧"，忘忧草啊忘忧草，你如何能让慈祥的母亲忘却为游子的担忧？

接下来四句写慈祥的母亲倚着门扉期盼着孩子一路平安，期盼着儿子早日归来，可是每每想到母亲倚门而望的情景，远行的游子心中就有无尽的悲苦。奉养双亲的愿望难以实现，游子的音讯渺茫，少有和家里联系的机会，家中的母亲只能苦挨时日。游子离家时，那不经意回头而见的"慈母倚门"的情景，就这样定格在了中华民族的记忆深处，成为一种温馨而痛苦的煎熬，每每在孤独寂寞时，就自然而然地从心底悠悠浮起。

"举头望云林"语用典故，据《大唐新语》载："（阎本立）特荐（狄仁杰）为并州法曹，其亲在河阳别业，仁杰赴任于并州，登太行，南望白云孤飞，谓左右曰：'吾亲所居，近此云下。'悲泣，伫立久之，候云移乃行。""举头望云林"意为眺望双亲居处——抬头望见白云，就不由得想到白云之下的故乡，以及家中双亲。

"愧听慧鸟语"写慧鸟的鸣叫勾起了游子疏于奉养的愧疚。慧鸟，疑为"慈乌"，白居易《慈乌夜啼》云"慈乌失其母，哑哑吐哀音。昼夜不飞去，经年守故林"，说的是：慈乌失去了它的母亲，哀伤得一直哑哑啼哭，早晚守着旧树林，整年都不肯飞离，仿佛为自己没有尽到反哺的义务而哀伤不已。作者借物抒怀，感慨自己连一个鸟都不如呀，从而哀痛自己不能尽孝。

《墨萱图（其一）》课后习题

人文启迪

孝亲敬老

孝亲敬老，是一种感恩的情怀。从我们出生开始，父母便含辛茹苦地抚养我们长大。他们为我们遮风挡雨，为我们付出了无数的心血和汗水。当我们渐渐长大，他们却在岁月的侵蚀下渐渐老去。乌鸦尚知反哺，羔羊亦懂跪乳，作为万物之灵的人类，我们更应该懂得感恩父母的养育之恩。孝亲敬老，就是要以一颗感恩的心去回报父母的爱，让他们在晚年能够享受到天伦之乐。

孝亲敬老，是一种责任的担当。父母为我们付出了太多，当他们年老体弱时，我们有责任照顾他们的生活起居，关心他们的身心健康。孝亲敬老不仅仅是物质上的供养，更重要的是精神上的慰藉。我们要多陪陪父母，倾听他们的心声，让他们感受到我们的关爱和温暖。同时，我们还要以身作则，教育好自己的子女，让孝亲敬老的美德在家庭中传承下去。

孝亲敬老，是一种社会的风尚。一个社会的文明程度，很大程度上取决于这个社会对老年人的关爱程度。在当今社会，随着人口老龄化的加剧，孝亲敬老显得尤为重要。我们应该大力弘扬孝亲敬老的传统美德，营造尊老、敬老、爱老的社会氛围。政府要加大对老年人的关爱力度，完善养老保障体系，为老年人提供更好的生活条件。社会各界也要积极参与到孝亲敬老的行动中来，开展各种形式的敬老活动，让老年人感受到社会的温暖。

"老吾老以及人之老"，孝亲敬老不仅仅是对自己父母的关爱，也是对所有老年人的尊重和关爱。我们要将孝亲敬老的美德推广到整个社会，让每一位老年人都能过上幸福的晚年生活。

单元实践
"感恩父母情，家书传孝道"
给父母写一封书信活动

一、任务书

授课日期：		活动班级：	
学习团队：		团队成员：	
（一）任务描述			
书写家书，深入思考父母的养育之恩，表达对父母的感激与敬爱之情，传承中华民族的孝道文化。			
（二）任务实施			

（二）任务实施

  1. 课前准备阶段

  教师准备：收集有关感恩父母、孝道文化的相关资料，如文章、图片、视频等。

  学生准备：（1）回忆与父母相处的点滴，思考父母为自己付出的爱和关怀。（2）收集一些能够表达感恩之情的优美语句或诗词。（3）准备信纸、信封等书写工具。

  2. 课中实施阶段

  （1）导入。教师播放一段关于父母养育子女的感人视频，引发学生的情感共鸣，引出活动主题，或展示一些名人感恩父母的家书示例，如《胡适家书》等，让学生初步了解家书的形式和作用。

  （2）讨论与分享。学生分组讨论以下问题：父母做过的最令自己感动的事情是什么？自己平时是如何对待父母的？如何通过家书表达对父母的感恩之情？每组选派代表进行发言，分享小组讨论的结果。

  （3）写作指导。教师结合 PPT，讲解家书的写作格式、语言表达、情感抒发等方面的技巧和注意事项。提供一些开头、结尾的范例，以及一些表达感恩、敬爱之情的词汇和句子，供学生参考。

  （4）写作实践。学生开始动笔书写家书，教师巡视指导，解答学生在写作过程中遇到的问题。鼓励学生在信中真实地表达自己的情感，写出内心深处对父母的感激和爱。

  （5）展示与交流。邀请部分学生上台朗读自己的家书，分享自己的写作思路和情感体验。其他学生认真倾听，并进行点评和交流，提出改进建议。

  3. 课后总结阶段

  （1）学生总结。反思自己在本次活动中的收获和不足，如是否真实地表达了情感、语言是否流畅等；对自己的家书进行修改和完善，然后装入信封，写上地址和姓名。

  （2）教师总结。对本次活动进行全面总结，肯定学生的积极参与和精彩表现；强调感恩父母、传承孝道的重要性，鼓励学生在日常生活中用实际行动回报父母的养育之恩。

  （3）活动延伸。将学生的家书进行展示，如在班级文化墙上张贴或制作成电子文档分享到班级群里。鼓励学生将家书亲自交给父母，并观察父母的反应，与父母进行进一步的沟通和交流。

二、评价表

（一）团队评分表					
项　　目	情感表达	写作能力	仪容仪表	课堂展示	累　计
分值（分）	20	30	20	30	100
自评（50%）					
师评（50%）					
总分					

（二）组内互评表							
评价标准		姓　名					
团队贡献	20						
沟通能力	15						
配合程度	15						
学习态度	30						
整体表现	20						
总分							

（三）家书展示

友情，是生命中最美好的相遇。它无需华丽的言辞，却能穿越岁月，历久弥新。古人云："人生得一知己足矣。"在古诗词中，我们能看到许多古代文人的深厚友谊。唐代两颗璀璨的明星李白和杜甫，携手同游结下深厚友谊，分别后杜甫写下许多怀念李白的诗篇，"何时一樽酒，重与细论文"直接表达了与李白再相见的期待。白居易和元稹一起高中进士，政见相合，兴趣相投，结下深厚友谊。元稹离世，白居易痛心疾首，一句"君埋泉下泥销骨，我寄人间雪满头"写出让人动容的深情。柳宗元和刘禹锡是一对文学上的挚友，也在政治上风雨同舟。他们临别赠诗，柳宗元一句"皇恩若许归田去，晚岁当为邻舍翁"，让我们看到他们愿白发相守的情谊。黄庭坚和黄几复的友情也是一段佳话，"桃李春风一杯酒，江湖夜雨十年灯"，无论在庙堂之上，还是江湖之远，他们的友情始终如一。纳兰性德和顾贞观的友情故事同样令人动容。他们跨越年龄、跨越民族、跨越身份成为至交。纳兰一句"一日心期千劫在，后身缘、恐结他生里"许下了友谊长存的诺言。

　　在人生的道路上，我们都是孤独的旅人。然而，有了真挚的友情，便不再孤单。同学们，珍惜身边每一个朋友，用心经营每一份友情吧，这会是你人生最宝贵的财富。

微课：春日
忆李白

诵读：春日
忆李白

春日忆李白

杜 甫

✎ 学习指南

一、学习目标

1. 了解杜甫的诗歌创作特点和其与李白的友谊。

2. 了解《春日忆李白》的创作背景和诗中涉及典故。

3. 理解诗歌意义，品味诗歌语言质朴的特点，体会杜甫对李白的钦仰和思念之情。

4. 把握白描和对比的写作手法。

二、学习建议

1. 课前自主查阅资料，了解李白和杜甫的友谊。

2. 课前自主欣赏《春日忆李白》诵读视频，梳理《春日忆李白》诗歌大意。

3. 课中扫码检测自主学习成果，分享交流诗歌主题和艺术特点。

4. 课后阅读《蒙曼品最美唐诗：杜甫〈春日忆李白〉》，并完成思考与练习作业。

《春日忆李
白》课前
习题

📖 诗词漫润

白也诗无敌，飘然思不群①。

清新庾开府②，俊逸鲍参军③。

渭北春天树④，江东日暮云⑤。

何时一樽酒，重与细论文⑥。

（选自《杜诗详注》，[清]仇兆鳌注，中华书局 1979 年版）

🖋 参考译文

李白啊，你的诗作无人能比，潇洒飘逸的才思超凡脱俗。

你的诗风清新宛如庾信，俊逸恰似鲍照。

---

① 不群：不平凡，高出于同辈。这句说明上句，思不群故诗无敌。

② 庾开府：指庾信，南北朝时期著名诗人。在北周官至骠骑大将军、开府仪同三司（司马、司徒、司空），世称庾开府。

③ 鲍参军：指鲍照，南北朝时期著名诗人。南朝宋时任荆州前军参军，世称鲍参军。

④ 渭北：渭水北岸，借指长安（今陕西西安）一带，当时杜甫在此地。

⑤ 江东：指今江苏省南部和浙江省北部一带，当时李白在此地。

⑥ 论文：即论诗。六朝以来，通称诗为文。细论文：一作"话斯文"。

我在渭北独自对着春天的树木，遥想你在江东远望日暮的彩云。
什么时候才能再次相聚，一同饮酒，细细地研讨诗文呢？

知人论世

李白杜甫雕像

本诗作于唐玄宗天宝五载（746）春杜甫居长安时。天宝三载（744）李白与杜甫在洛阳邂逅，二人一见如故，自此友谊悄然生根。随后他们一同前往宋州，在单父（现今山东单县南）以北的汶水之畔，与诗人高适不期而遇，而后又结伴共赴大梁城。在这段共处的时光里，杜甫对李白的才华与人格有了更为透彻的认知和钦佩。分别后，李白奔赴江东，杜甫则前往长安。抵达长安后，杜甫创作了数首怀念李白的诗作，《春日忆李白》即为其中之一。彼时的杜甫在长安谋求仕途，生活充满坎坷不如意，而李白正在江东四处游历。这般相隔两地的情形，让杜甫对李白的思念之情愈发浓烈。

文学鉴赏

杜甫与李白的情谊，起初是在诗歌领域缔结的。这首怀念李白的五言律诗，便是从这一方面着笔。开篇四句，气势连贯，皆是对李白诗作的热忱夸赞。首句称扬他的诗在当世堪称翘楚。第二句是对前句的阐释，表明他之所以"诗无敌"，是因其思想情致超凡脱俗，故而创作的诗篇超凡拔俗，无人能及。接着赞誉李白的诗如庾信般清新，似鲍照般俊逸。庾信、鲍照皆是南北朝时期的知名诗人。这四句，笔力雄健，情感热烈，首联的"也""然"这两个语助词，既增强了赞美的口吻，又加重了"诗无敌""思不群"的程度。

对于李白奇伟瑰丽的诗作，杜甫在题赠或怀念李白的诗中，始终不遗余力地赞扬。从此诗直率坦诚的赞誉中，也能看出杜甫对李白的诗作极为钦佩。这不仅展现了他对李白诗歌的极度喜爱，也彰显了他们之间真挚的友情。这四句是因思念其人而联想到其诗，赞诗也就是忆人。但作者并未直白表明此意，而是通过第三联写离情，自然而然地加以补充说明。如此处理，不但简洁明了，还能避免平铺直叙，使诗意前后连贯，富有曲折变化。

从表面看，第三联两句只是写了作者和李白各自所处之地的景色。"渭北"指杜甫所在的长安一带区域，"江东"指李白正在游历的江浙一带地方。"春天树"和"日暮云"都只是平实的叙述，未作任何修饰描绘。单独来看，两句都很平常，并无奇特之处。然

而作者将它们组合在一联之中，却产生了一种奇妙而紧密的关联。也就是说，当作者在渭北思念江东的李白之时，也正是李白在江东思念渭北的杜甫之时；而杜甫远望南方天空，只见天边的云彩，李白翘首北方大地，只见远处的树色，又显现出两人的离别之憾，仿佛"春树""暮云"，也承载着深沉的离情别绪。两句诗，牵连起双方同样的无尽情思。回想在一起时的诸多美好时光，揣测二人分别后的状况以及此时的各种情形，这里面有着极为丰富的内容。这两句，看似平淡，实则每个字都经过精心锤炼；语言极为质朴，蕴含却极为丰富，是历来备受传颂的名句。《杜臆》引用王慎中的评价赞为"淡中之工"，极为推崇。

上文将离情抒写得极为深沉浓烈，这便引出了末联的热切期盼："何时能够再次欢聚，如同往昔那般，把酒论诗啊！"把酒论诗，这是作者最为难忘、最为向往的事情，以此作结，正与诗的开头相互呼应。说"重与"，是表明过去曾经有过这样的经历，这就使眼前无法再次重逢的惆怅更为悠远，加深了对友人的思念之情。用"何时"作为疑问语气，将希望早日重聚的愿望表达得更为强烈，使结尾余韵无穷，回荡着作者的无限情思。

在内容和结构方面，全诗以赞诗开篇，以"论文"收尾，由诗过渡到人，由人又回归到诗，转折承接极为自然，通篇始终围绕着一个"忆"字，将对人和对诗的仰慕怀念，融合得完美无缺。以景寓情的手法，更是达到了出神入化的境界，把作者的思念之情，抒写得深厚至极，情韵悠长不绝。

人文启迪

《春日忆李白》课后习题

打开追星的正确方式

追逐偶像实则是追寻理想中的自我，是踏上一段见贤思齐、从善如流的成长征程。袁隆平被誉为"杂交水稻之父"，他是无数农业科研工作者的偶像，他用一生的坚守和付出，为解决全球粮食问题做出了卓越贡献。他的事迹激励着后来者们在农业科研的道路上奋勇前行，以他为榜样，努力为农业发展贡献力量。优秀的偶像就是这样以身作则、润物无声的楷模。偶像的价值绝非仅仅是让人仰望，更在于激励人们奋发向前，促使你竭力成为像他那般出色的人。"随风潜入夜，润物细无声"，偶像以自身的拼搏诠释着，成功与希望就在前方，只要你足够坚韧，终有一日你定能达成目标。因为受其影响，你开始追逐自己的梦想，"就朝着他的方向拼搏吧！"而卓越的偶像总是值得人们用一生去追随，成为你追逐梦想的强劲驱动力。

追星的意义在于成就更优秀的自己，让生命焕发出更为绚烂的光彩。所谓追星，就是借助他们的光芒去探索从未见识过的领域，由于喜爱那个熠熠生辉的人，你奋力让自己变得更出色，与自己心仪的人一同进取。那些始终不懈努力、心怀美好、光芒四射的优质偶像，足以给予你勇气和能量，引领你一同成长。当你竭尽全力追逐着偶像的光芒奋勇奔跑时，所有的付出都不会白费，人生的每一步都意义非凡。判断自己是否追随了一位优质偶像，最佳的方式就是看他是否真的能让你也随之绽放光芒。

偶像的意义在于使你领悟为何要变得更出色，而你甘愿以他为标杆全力奔跑。世间的喜爱皆有缘由。你会钟情于一位偶像，大多是因为他传授了你以往未知的事理，唤起了你对美好人生的热切憧憬，从此努力让自己愈发优秀，为人处世更加得当，思想更具深度。"令公桃李满天下，何用堂前更种花。"对于偶像而言，最有力的支持，绝非过度的狂热追捧，而是将喜爱的品质传承下去，让他知晓，支持他的人，是一群拼搏奋进的人。因为有了这样的精神偶像作为指引，目睹过他为梦想全力以赴的磅礴力量，经历了内心世界"觉醒时刻"的你，在让自己变得卓越的道路上，会更加扎实地努力，每前进一步都能收获一份喜悦。

星光不负赶路人，岁月不欺有心人。追逐优质的偶像，既是督促我们要心怀梦想、目光坚定、不满足于平庸的生活，也是鼓舞我们要从偶像的奋斗历程中汲取经验和力量。仰望远方的星辰，不忘做真实且努力的自己，永远保持积极向上的心态，永远心怀热忱，永远充满豪情，永远光明磊落，永远在前行的道路上。期待有朝一日，你能够凭借自身的实力用成就赶超曾经的偶像，在追逐梦想的旅途中闪耀光芒，成为理想中更出色的自己。

微课：
梦微之

诵读：
梦微之

梦微之[①]

白居易

✏️ **学习指南**

一、学习目标

1. 了解《梦微之》的创作背景及白居易和元稹的友情。

2. 理解诗歌意义，体会白居易对元稹的思念之情。

二、学习建议

1. 课前自主查阅资料，了解白居易和元稹的友谊。

2. 课前自主欣赏《梦微之》诵读视频，梳理《梦微之》诗歌大意。

3. 课中扫码检测自主学习成果，分享交流诗歌主题和艺术特点。

《梦微之》
课前习题

4. 课后拓展欣赏白居易《梦微之十二年八月二十日夜》与元稹和诗《酬乐天频梦微之》，并完成思考与练习作业。

📖 **诗词漫润**

夜来携手梦同游，晨起盈巾泪莫收。

漳浦老身三度病[②]，咸阳宿草八回秋[③]。

---

① 微之：唐朝诗人元稹（779—831），字微之，与白居易同科及第，并结为终生诗友。

② 漳浦：指漳河。今山西省东部有清漳、浊漳二河，东南流至河北、河南两省边境，合为漳河。刘桢《赠五官中郎将四首》（其二）："余婴沉瘤疾，窜身清漳滨。"作者这里以刘桢卧病漳浦自比。

③ 宿草：指墓地上隔年的草，用为悼念亡友之辞。出自《礼记·檀弓》"朋友之墓，有宿草而不哭焉"。

君埋泉下泥销骨①，我寄人间雪满头。

阿卫韩郎相次去②，夜台茫昧得知不③？

（选自《白居易诗集校注》，谢思炜校注，中华书局 2006 年版）

参考译文

夜里我们携手梦中一同游玩，早晨醒来泪水湿透巾帕怎么也止不住。

我多次生病好似刘桢卧病漳浦，你在咸阳城墓地的荒草也已历经八个秋天。你埋葬在黄泉之下，泥土侵蚀着你的尸骨，而我还暂居人间，已是白发满头。阿卫和韩郎也相继离世，在幽冥渺茫昏暗的地下你可知道这些？

知人论世

本诗作于唐文宗开成五年（840），此时距元稹去世已有九年。元稹卒于唐文宗大和五年（831）七月，次年七月归葬咸阳，至开成五年已届八秋。白居易与元稹的感情很深，他们一起高中进士，政见相合，兴趣相投，打开元稹的诗集，你会惊人地发现，如果没有"和乐天""酬乐天""赠乐天""闻乐天""得乐天""寄乐天"几个字，几乎不会写诗了。听到白居易被贬九江，元稹病中写下了"垂死病中惊坐起，暗风吹雨入寒窗"深情诗句，感情至深，催人泪下。

后来元稹官至宰相，忙着给体弱多病的白居易出诗集，没想到小七岁的元稹却先走一步。之后，白居易常常去元稹家，只见人去楼空，满园萧索，他写下了许多怀念元稹的诗句："落花不语空辞树，流水无情自入池。"（《过元家履信宅》）"失却东园主，春风

---

① 君埋泉下：指微之去世。

② 阿卫：微之的小儿子。韩郎：微之的爱婿。

③ 夜台：指坟墓，因为闭于坟墓，不见光明，所以称为夜台，后来也用来指代阴间。茫昧：模糊不清。

可得知？"（《元家花》）"何处曾经同望月？樱桃树下后堂前。"（《感月悲逝者》）"自问老身骑马出，洛阳城里觅何人。"（《自问》）可见，元稹的去世对于白居易精神层面的打击之深。这首诗，是白居易写怀元稹诗中最深情、最动人、最凄美的一首。

🎐 文学鉴赏

"夜来携手梦同游，晨起盈巾泪莫收。"首联是说，深夜里，又梦见与你一起携手同游；早晨醒来，涕泪满巾，泪水止也止不住。这是写"夜梦见元稹"。"夜来携手梦同游"与题目"梦微之"相呼应。"携手"二字，言二人感情之好。杜甫与李白的友谊也是如此，曾一起同游，留下"醉眠秋共被，携手日同行"之佳句。这里化用了杜甫的诗句。"晨起盈巾泪莫收"，言梦醒之后的凄怆与伤心。原来一起游玩的只是一场梦，而那些美好的时光再也不会回来了。

"漳浦老身三度病，咸阳宿草八回秋。"颔联是说，"我"体弱多病，常常生病；你葬在咸阳，坟头草已经枯荣八年了。这是写"多病思元稹"。"漳浦"，指漳河之畔，用刘桢卧病漳浦典故。"宿草"，指墓地上隔年的草。一个在洛阳年老多病，一个在咸阳墓穴，时空的遥远，阴阳的相隔，都没能阻断诗人的怀念之情。"咸阳宿草八回秋"一句，颇有"人世几回伤往事，山形依旧枕寒流"之怆然。

"君埋泉下泥销骨，我寄人间雪满头。"颈联是说，你埋在九泉之下，泥土侵蚀你的骨肉；"我"暂时寄寓人海之间，早已是满头白发。这是写"别后之寂寞"。此联为怀友千古佳句。自从你走之后，留我一人在人世间，多么寂寞孤独啊。"君埋泉下"有"八回秋"，"我"的思念与寂寞就有"八回秋"。一个"寄"字，道出了诗人对于世上无知音的寂寞，以及对于好友的无比思念。

"阿卫韩郎相次去，夜台茫昧得知不？"尾联是说，小儿子阿卫、爱婿韩郎都已相继去世，黄泉渺茫昏暗，你能够知晓吗？这是写"夜话与元稹"。"阿卫"，指元稹小儿子，"韩郎"，指元稹的爱婿。这两句交代了元稹去世后，家中发生的大事，白居易这里以老友的身份，告诉元稹家中之事，一则表示长期关心，二则表示人间人事变化之快。

《梦微之》
课后习题

📖 人文启迪

《论语》中的交友之道

在人生的旅程中，交友是一门至关重要的学问。"无友不如己者"，这是《论语》中关于交友的一个重要观点。它并非让我们去结交各方面都比自己优越的人，从而产生功利性的交友倾向，而是倡导我们要善于发现朋友身上的优点和长处，以他人之长补己之短。每个人都有其独特的闪光点，我们应带着一颗谦逊的心去与他人交往，从朋友身上汲取正能量和智慧，不断提升自己。与积极向上、品德高尚的人为友，我们会受到潜移默化的影响，激励自己追求进步。反之，若结交不良之友，可能会受到负面的影响，偏离正道。

"友直，友谅，友多闻"，则明确指出了理想朋友应具备的品质。"友直"，意味着要

结交正直的朋友。正直的朋友会在我们犯错时直言不讳地指出，帮助我们及时纠正错误，避免在错误的道路上越走越远。他们不会为了迎合我们而隐瞒真相，这种真诚的友谊是难能可贵的。"友谅"，要交诚信的朋友。那些诚实守信的朋友值得交往，他们的友谊建立在互相尊重互相信任的基础上。"友多闻"，强调要结交有丰富的知识和阅历的朋友。与这样的朋友交往，我们可以拓宽视野，增长见识，从他们那里获取更多的信息和经验，丰富自己的人生。

然而，交友并非一厢情愿之事，还需我们自身做到"己所不欲，勿施于人"。在与朋友相处时，要学会换位思考，理解朋友的感受和需求。如果我们自己不愿意接受的事情，就不应该强加给朋友。只有以尊重和理解为基础，才能建立起深厚而真挚的友谊。同时，我们也要遵循"君子之交淡如水"的原则，不过分亲昵或依赖朋友，保持适当的距离和独立性。这样的友谊不会因利益的纠葛而变质，反而能够在平淡中见真情，经得住时间的考验。

在当今社会，交友的方式和范围日益广泛，但《论语》中的交友智慧依然具有强大的生命力和现实意义。我们在结交朋友时，应秉持正确的价值观，以真诚、善良、正直为准则，选择那些能够与我们相互促进、共同成长的人作为朋友。同时，我们也要不断提升自己的品德和修养，成为他人愿意结交的朋友。

微课：重别
梦得

重别梦得①

柳宗元

诵读：重别
梦得

✏️ 学习指南

一、学习目标

1. 了解《重别梦得》的创作背景及柳宗元和刘禹锡的友情。

2. 理解诗歌意义，体会柳宗元对刘禹锡的深情厚谊。

二、学习建议

1. 课前自主查阅资料，了解柳宗元和刘禹锡的友谊。

2. 课前自主欣赏《重别梦得》诵读视频，梳理《重别梦得》诗歌大意。

3. 课中扫码检测自主学习成果，分享交流诗歌主题和艺术特点。

《重别梦得》
课前习题

4. 课后拓展欣赏中央电视台《宗师列传·唐宋八大家·柳宗元篇》节目，并完成思考与练习作业。

---

① 梦得：即唐代文学家刘禹锡，"梦得"是他的字。

📖 诗词漫润

二十年来万事同①，今朝歧路忽西东②。

皇恩若许归田去③，晚岁当为邻舍翁。

（选自《柳宗元集校注》，尹占华、韩文奇校注，中华书局 2013 年版）

📖 参考译文

二十年来历经万事都是相同境遇，如今却在岔路口忽然各奔西东。

如果皇恩浩荡允许我们辞官归田，晚年的时候我们应当做邻居老翁。

耕斋图

💬 知人论世

此诗作于唐宪宗元和十年（815）刘禹锡同柳宗元于衡阳分道之际。柳宗元和刘禹锡都是永贞革新的核心人物。永贞元年（805），唐顺宗任用王叔文等人进行改革，史称"永贞革新"。他们试图打击宦官势力、革除政治积弊等。但这场革新在宦官和保守势力的联合反对下很快失败。

柳宗元和刘禹锡等革新派人士都遭到了残酷的政治打击。他们被贬到偏远之地，柳宗元被贬为永州司马，刘禹锡被贬为朗州司马。在永州和朗州的漫长岁月里，他们经历了政治上的失意、生活环境的艰苦等诸多磨难。十年后，他们被召回京城。但是，很快又被贬到更偏远的地方。柳宗元被贬柳州，刘禹锡被贬播州。后来因为刘禹锡有老母在堂，柳宗元上书请求以自己所去的柳州和刘禹锡交换，最终刘禹锡改贬连州。二人一同出京赴任，至衡阳分路，至此已有二十三年了。二人相互赠诗惜别，柳宗元共作三首诗赠刘禹锡，此为第二首，故题名为《重别梦得》。

---

① 二十年来：柳宗元和刘禹锡二人同时中进士，到作此诗时已度过了二十二个春秋。

② 岐（qí）路：岔路。《列子·说符》："杨子之邻人亡羊，既率其党，又请杨氏之竖追之。杨子曰：'嘻！亡一羊，何追者之众？'邻人曰：'多歧路。'"

③ 皇恩：皇帝的恩德。归田：谓辞官回乡务农。

在这种辗转流离的过程中，他们有着共同的命运，相互扶持。在短暂的重逢后，又要面临分别。《重别梦得》便是在这样的背景下创作的，诗中"二十年来万事同"就高度概括了他们从永贞革新以来共同经历的风雨，包括政治上的起起落落、人生的坎坷磨难。"今朝岐路忽西东"则是对即将再次分别的无奈和感慨。诗的后两句也表达了他们对未来的一种美好期许，希望如果有机会归隐田园，能够相邻而居，度过晚年。这反映出他们在艰难的政治环境和人生困境中，依然珍视彼此之间的友情。

文学鉴赏

这是一首饱含深情与人生感慨的诗作，展现了柳宗元在特殊人生境遇下复杂而深沉的内心世界。

"二十年来万事同"，短短七个字，却涵盖了他与刘禹锡二人二十年来共同的政治起伏与生活磨难。他们一同参与永贞革新，又一同遭受失败后的贬谪，历经了无数的坎坷与挫折，这体现了他们命运的紧密相连，以及在时代洪流中无法自主的无奈。此句不仅是对过去岁月的回顾，更是对他们共同经历的一种深刻总结，蕴含着对世事无常的感慨。"今朝岐路忽西东"，他的心中满是不舍与惆怅，不知此去何时再能相见，未来的命运又将如何。然而，在这无奈与惆怅之中，他对刘禹锡的友情始终坚定不移。他期待着有朝一日能与好友一起归隐，这种期待是他在困境中坚持下去的动力之一，也展现了他们之间友情的深厚与真挚，超越了时间和空间的限制，成为他心灵的寄托。

"皇恩若许归田去，晚岁当为邻舍翁"则表达了诗人对归隐田园生活的向往。在历经了官场的黑暗与纷争，饱尝了贬谪之苦后，柳宗元渴望能摆脱这一切，回归到宁静的田园生活中。与好友刘禹锡相邻而居，共度晚年，这是他在困境中描绘出的一幅美好愿景，体现了他对平淡、宁静生活的追求，以及对真挚友情的珍视，希望在未来的岁月里，能与好友在平凡的生活中相互陪伴，寻找心灵的慰藉。

诗的前两句与后两句形成了鲜明的对比和转折。前两句描述了现实的分别和二十年来的坎坷，充满了无奈和伤感；而后两句则突然转向对未来归隐生活的美好想象，形成了一种情感上的落差。这种对比和转折使诗歌的情感更加丰富多样，也增添了诗歌的张力，让读者在无奈的现实与美好的憧憬之间徘徊，更深刻地体会到诗人内心的复杂情感。

整首诗语言平实，但情感真挚动人。没有华丽的辞藻堆砌，却能通过朴素的文字将对友人的深情厚谊、对人生的感慨以及对未来的期许淋漓尽致地表达出来。

《重别梦得》
课后习题

人文启迪

同舟共济的友情

在人生的长河中，我们总会遇到各种各样的风浪，而友情，就如同那坚固的船桨，帮助我们在波涛中奋勇前行，实现同舟共济的美好。

同舟共济的友情，是在困难时刻相互扶持的坚定力量。当我们面临挫折与困境，真正的朋友不会转身离去，而是会伸出援手，与我们并肩作战。刘备、关羽、张飞，桃园结义后，生死与共，患难相随。在乱世中，他们相互扶持，共同创业。无论是面对曹操的大军压境，还是东吴的权谋算计，三人始终不离不弃，坚守着彼此的誓言。关羽千里走单骑，只为寻兄归汉；张飞长坂坡当阳桥头一声吼，吓退曹军百万兵，为刘备争取了喘息之机；刘备更是以兄弟情义为重，不惜一切代价为关羽报仇。他们的友情在战火纷飞中经受住了考验，成为后世传颂的典范。

在现代社会，也有许多这样感人至深的友情故事。马克思和恩格斯，他们在追求共产主义理想的道路上，遭遇了无数的困难和反对势力的打压。马克思生活贫困，常常陷入经济困境，但恩格斯毫不犹豫地伸出援助之手，在物质上给予支持，在精神上给予鼓励。他们共同研究、写作，为无产阶级革命事业奉献了毕生的精力。他们的友情超越了物质的匮乏和外界的压力，成为推动历史前进的强大动力。

在当今时代，"中国合伙人"的故事也令人钦佩。俞敏洪、徐小平和王强，他们在创业的道路上携手共进。面对激烈的市场竞争和种种困难，他们凭借着各自的优势和共同的信念，共同打造了"新东方"这一教育品牌。他们在教学理念上相互交流，在管理决策上共同商讨，在困难面前彼此鼓励。他们的友情在创业的征程中不断升华，为实现教育梦想同向努力，最终取得了令人瞩目的成就。

然而，要实现同舟共济的友情，并非易事。它需要我们付出真心，学会理解、包容和信任。在朋友遇到困难时，我们要主动关心，而不是冷漠旁观；在与朋友有分歧时，我们要学会换位思考，理解对方的立场和想法；在面对利益诱惑时，我们要坚守信任，不背叛友情。只有这样，我们才能建立起深厚而坚固的友情纽带，在人生的风浪中真正做到同舟共济。

微课：寄黄
几复

诵读：寄黄
几复

寄黄几复①

黄庭坚

✎ 学习指南

一、学习目标

1. 了解黄庭坚的生平经历和创作特点。

2. 了解《寄黄几复》的创作背景及黄庭坚和黄几复的友情。

3. 理解诗歌意义，体会黄庭坚对黄几复的思念之情以及对友人怀才不遇的不平和愤慨。

二、学习建议

1. 课前自主查阅资料，了解黄庭坚和黄几复的友谊。

2. 课前自主欣赏《寄黄几复》诵读视频，梳理《寄黄几复》诗歌大意。

3. 课中扫码检测自主学习成果，分享交流诗歌主题和艺术特点。

4. 课后拓展欣赏电视节目《经典咏流传》中陈楚生、王铮亮演唱的作品《岁月如歌》，并完成思考与练习作业。

《寄黄几复》
课前习题

① 黄几复：名介，南昌人，是黄庭坚少年时的好友，时为广州四会（今广东四会县）县令。

📖 诗词漫润

　　我居北海君南海①，寄雁传书谢不能②。

　　桃李春风一杯酒，江湖夜雨十年灯。

　　持家但有四立壁③，治病不蕲三折肱④。

　　想见读书头已白，隔溪猿哭瘴溪藤⑤。

（选自《黄庭坚诗集注》，［宋］任渊、史容、史季温注，刘尚温点校，中华书局2003年版）

📖 参考译文

　　我住在北方海滨，而你住在南方海滨，欲托鸿雁传书，它却飞不过衡阳。

　　当年春风下观赏桃李共饮美酒，后来江湖落魄，一别就是十年，我常对着孤灯听着秋雨思念着你。

　　你的生活清贫也只有四堵空墙，古人说三折肱后便久病成医，你却不需要如此便能掌握诀窍。

　　想你守着清贫发奋读书，头发已斑白了罢，隔着充满瘴气的山溪，猿猴哀鸣攀援着深林里的青藤，我在远方思念着你。

鸿雁长下图

---

① "我居"句：引自《左传·僖公四年》："君处北海，寡人处南海，惟是风马牛不相及也。"
② 谢：自责、自咎、自惭的意思，谦辞。
③ 四立壁：出自《史记·司马相如传》："文君夜奔相如，相如驰归成都，家徒四壁立。"
④ 蕲（qí）：祈求。肱：上臂，手臂由肘到肩的部分，古代有三折肱而为良医的说法。
⑤ 瘴（zhàng）溪：旧传岭南边远之地多瘴气。溪：文集、明大全本作"烟"。

知人论世

黄庭坚（1045—1105），字鲁直，别号山谷道人、涪翁。出生于洪州分宁（今江西修水）。宋英宗治平四年（1067）考中进士。先后担任过著作佐郎、秘书丞等职。绍圣初年，因校书郎一职负责修撰《神宗实录》出现失实情况而被贬为涪州别驾，在黔州安置。徽宗即位后，被征召担任太平州知州，然而仅九日就被罢官，接着又被除名，编管宜州。三年后迁徙至永州，还未接到任命就去世了，享年六十一岁。他与秦观、张耒、晁补之并称为"苏门四学士"，其诗作与苏轼齐名，世人称"苏黄"；他的词与秦观齐名，号称"秦七、黄九"。著有《豫章集》《山谷词》。

该诗作于宋神宗元丰八年（1085），彼时黄庭坚在德州（今属山东）德平镇任职监官。黄几复，名为介，是南昌（今江西南昌市）人，他与黄庭坚在年少时就有交往，彼此情谊深厚，黄庭坚曾为黄几复创作了诸多诗作，像《留几复饮》《再留几复饮》《赠别几复》等。此时黄几复任职四会县（今广东四会）知县。当时两人分别处于天南地北，相隔极为遥远，就连书信都难以传递。广东地区在当时算是较为偏远之地，众多官员都是因被贬谪才前往那里，苏轼就曾被贬至广东惠州。黄庭坚得知好友被贬，深感惋惜，创作此诗不仅源于思念之情，还表达了对友人怀才不遇的愤懑与不平。

文学鉴赏

首联两句直抒胸臆，点明两人所处的位置，表露了自己对友人的思念。"北海"和"南海"既形象地表达出二人天南海北的地理位置，这也为大雁传书飞不过衡阳这一典故作了铺垫。相传湖南衡阳旧城有回雁峰。据说每年秋天，大雁南飞，但它们飞到衡阳回雁峰的时候就不再往南飞了。故而古人经常用衡阳雁去来表达自己内心的情感。

颔联两句不仅追忆了以前两人欢聚欢笑的美好时光，还续写了分别之后的各种思念。过去的日子，作者用"一杯酒"概括得很好，因为无论是离别还是重逢，酒在文人间是少不了的，这"一杯酒"一出来，再结合"桃李""春风"，瞬间就把读者拉到了当时相聚的快乐场景。相比两人相聚时的短暂欢乐，离别后的思念才是如今的常态，那诗人怎么表达呢？这里的下句"江湖""夜雨""灯"三个意向，在传统诗歌中很容易让人想到漂泊和孤冷，作者用来表达离别之后的场景非常恰当，让读者联想到离别后各自的生活状态。最后再加上个时间"十年"，一夕的相聚对比十年的离别，十分鲜明，更能表达聚少离多的苦楚辛酸。此联中"桃李""春风""酒"，构筑成的是灿烂的阳春烟景，"江湖""夜雨""十年""灯"，渲染出的却是萧条冷落的画面，是意境绝美的千古名句。

颈联两句是从持家、治病两个方面来论述黄几复的为人和处境，也从侧面赞美黄几复是位甘守清贫、廉洁奉公、有操守、有品行的人，同时透露出对友人怀才不遇的不平。这里化用司马相如"家居徒四壁立"的典故和《左传》中"三折肱，知为良医"的典故。"家居徒四壁立"比较好理解，即说黄几复为官一方，家中却只有四堵空墙，表达他是一个廉洁清贫之人。"三折肱，知为良医"这个典故是说一个人如果三次跌断胳膊，就可以断定他是个好医生，因为他必然积累了丰富的医疗经验，也就是我们常说的"久病成医"。这里说黄几复善"治病"，但并不需要"三折肱"，言外之意是他善于理政治国，很有才干，却不得重用。

　　尾联紧承上面而来，因为和友人十年未见了，所以这里只能想象。他想依照友人的性格和为人，即使身处充满瘴气的山溪间，整日面对攀援青藤的哀鸣猿猴这样的环境，即使白发萧萧还在孜孜不倦地读书吧。表达了友人不忘初心、砥砺前行、刻苦好学的优秀品质，同时也蕴含了作者对友人的不平之鸣，怜才之意。

　　这首诗，前半部分追昔抚今，后半部分盛赞黄几复为人，字里行间寄寓了二人情真意厚，感人肺腑的深厚友谊，深受世人好评。

📖 人文启迪

《寄黄几复》
课后习题

中国古人的朋友观

　　"有朋自远方来，不亦乐乎？"人们常将其挂在嘴边，用以表达与朋友相逢时的愉悦之情。在《论语》中，此句里的"朋"之本义与当下我们所说的"朋友"有所差异，它指的是"同门生徒"。而"朋友"一词最早见于《周易·兑卦》卦辞之"朋友讲习"句，其意为朋友之间相互探讨不明之理，研习不熟之道，由此双方在学识、品格等方面皆能有所增进。此外，古人以"有"释"友"，"有""友""佑"三词在古代音近意通，因而，"朋友"最初应是同门生徒间相互保有、佑助之意。研究《诗经》的著作《毛诗故训传》用一句话极为生动地展现出了朋友间情谊的美好——"风雨相感，朋友相须"，意即朋友相处友善互助，如同和风细雨，润泽万物生长。

　　友情美妙，朋友互助意义非凡，故而人们皆渴望拥有朋友。《诗经·小雅·伐木》因对友情的歌颂给后世留下了极为深远的影响。"嘤其鸣矣，求其友声。相彼鸟矣，犹求友声。矧伊人矣，不求友生？"这几句诗以鸟儿间的啼鸣唱和起兴，反问人怎会不需要朋友。全诗主旨倡导人们友好相爱，亲密和睦，真诚平等，相互切磋，彼此勉励向上，共同修养善德，从而使民德淳厚，社会和谐。

　　"烹羊宰牛且为乐，会须一饮三百杯。""一生大笑能几回，斗酒相逢须醉倒。"诗人李白在《将进酒》和岑参在《凉州馆中与诸判官夜集》里的这些诗句，很能体现出朋友们相聚时的欢乐场景。为何朋友们相聚时喜爱饮酒呢？因为饮酒的快乐只与朋友相关。所以我们看到，在《诗经·小雅·瓠叶》中，是朋友的热忱让单调且粗陋的食物原料化作诱人的佳肴，友爱使薄酒依然能够烘托出觥筹交错时的深厚情意。

　　相聚往往短暂，离别总在眼前。汉诗《李少卿与苏武诗三首其一》云："良时不再至，离别在须臾。屏营衢路侧，执手野踟蹰。仰视浮云驰，奄忽互相逾。风波一失所，各在天一隅。"而朋友之间，恰恰又常常无需朝夕相伴，因为彼此已然铭刻在对方的岁月之中。那么，陶渊明《停云》诗中"安得促席，说彼平生"写的应是在历经漫长岁月后的重逢时，彼此将自己的故事讲与对方听，把自己珍藏的生命历程交付给对方。杜荀鹤《与友人对酒》诗，便是这样一首与友人重逢后倾诉岁月经历和人生感悟的诗：

　　　　凭君满酌酒，听我醉中吟。
　　　　客路如天远，侯门似海深。

新坟侵古道，白发恋黄金。

共有人间事，须怀济物心。

　　《论语·学而》篇中，曾子将"与朋友交而不信乎"作为他每日"三省吾身"的一项内容。《孟子·万章下》说："不挟长，不挟贵，不挟兄弟而友。友也者，友其德也，不可以有挟也。"所以儒家不但倡导交友要讲究诚信，而且提倡要以平等为原则。俞伯牙与钟子期的故事告知我们挚友如同异体同心，祖逖和刘琨闻鸡起舞的故事表明友谊不仅自身是美德还能增进美德，历代文人的诗句，让我们在隽永的文字和真挚的诗意情怀中品味友谊甘霖的美妙。让我们认真研习古典文化留给我们的关于友谊的珍贵作品，树立正确的朋友观，都拥有自己的好朋友，都成为他人的好朋友。

微课：金缕
曲·赠梁汾

诵读：金缕
曲·赠梁汾

金缕曲·赠梁汾 ①

纳兰性德

《金缕曲·
赠梁汾》
课前习题

✎ 学习指南

一、学习目标

1. 了解纳兰性德的生平经历和创作特点。

2. 了解《金缕曲·赠梁汾》的创作背景及纳兰性德和顾贞观的友情。

3. 理解诗歌意义，体会纳兰性德对顾贞观的深厚情谊。

二、学习建议

1. 课前自主查阅资料，了解纳兰性德和顾贞观的友谊。

2. 课前自主欣赏《金缕曲·赠梁汾》诵读视频，梳理《金缕曲·赠梁汾》诗歌大意。

3. 课中扫码检测自主学习成果，分享交流诗歌主题和艺术特点。

4. 课后拓展欣赏《百家讲坛》《纳兰心事有谁知》（二），并完成思考与练习作业。

📖 诗词浸润

　　德也狂生耳②。偶然间，缁尘京国③，乌衣门第④。有酒惟浇赵州土⑤，

---

① 梁汾：顾贞观（1637—1714），字华峰，号梁汾。江苏无锡人，纳兰性德的朋友。清康熙五年（1666）顺天举人。著有《积书岩集》及《弹指词》。清康熙十五年（1676）与纳兰性德相识，从此交契，直至纳兰性德病殁。

② 德：作者自称。

③ 缁尘：缁，通"缁"，黑色，喻污垢。此处作动词用，指混迹。京国，京城。缁尘京国，表居北京之无奈。

④ 乌衣门第：东晋王、谢大族多居金陵乌衣巷，后世遂以该巷名指称世家大族。

⑤ "有酒"句：用李贺《浩歌》"买丝绣作平原君，有酒唯浇赵州土"句意，是说希望有战国时赵国平原君那样招贤纳士的人来善待天下贤德才士。浇，浇酒祭祀。赵州土，平原君墓土。

谁会成生此意①。不信道、遂成知己。青眼高歌俱未老②，向樽前、拭尽英雄泪③。君不见，月如水。

共君此夜须沉醉。且由他，蛾眉谣诼，古今同忌④。身世悠悠何足问⑤，冷笑置之而已。寻思起、从头翻悔。一日心期千劫在⑥，后身缘、恐结他生里⑦。然诺重，君须记⑧。

（选自《饮水词笺校》，［清］纳兰性德撰，赵秀亭、冯统一笺校，中华书局 2005 年版）

参考译文

我原本也是个狂放不羁的人罢了！偶然地，出生于京城的富贵人家，门第高贵。我只想用酒浇祭赵州的泥土，谁能理解我这样的心意呢？没想到，却与你成为知己。我们正当盛年，青眼相看，纵情高歌，在酒樽前拭去英雄的泪水。你没看见吗，月色如水般清澈。

今夜与你定要一醉方休。暂且由那些小人去造谣中伤吧，自古以来人们就忌讳遭人嫉妒。人生漫长，身世之事何必去追问，只需冷笑一声将其置之不理。回想起来，真是后悔从前种种。一日心期相许，即使历经千劫万难情谊也在，来生恐怕也要延续这段缘分。重诺守信，你一定要记住！

知人论世

纳兰性德（1655—1685），原名成德，因避讳太子保成，改名性德，字容若，号楞伽山人，满族正黄旗人，大学士明珠长子康熙十五年（1676）进士，曾为康熙帝身边的一等侍卫。他是我国清代著名诗人，词作先后结集为《侧帽集》《饮水词》，后人多称"纳兰词"。

纳兰性德和顾贞观的相遇，是一场才情碰撞引发的缘分。纳兰性德出身豪门，是康熙权臣纳兰明珠之子，然而他生性淡泊名利，醉心于诗词。顾贞观，号梁汾，受人举荐，成为纳兰性德的家塾教师，二人最初为师生关系，后来互相欣赏，成为忘年交。顾贞观也是才华横溢，其诗词风格深沉、情感真挚。他们在诗词的世界里找到了共同的语言。顾贞观当时的社会地位远不及纳兰性德，但纳兰性德从未以门第观念对待他，经常

---

① 会：理解。成生：作者自称。作者原名成德，后避太子讳改性德。
② 青眼：契重之眼光，此指青春年少。
③ 向樽前、拭尽英雄泪：姑且面对酒杯，擦去英雄才有的眼泪。为二人均不得志而感伤。
④ 娥眉：亦作"蛾眉"，喻才能。谣诼：造谣毁谤。忌：语助词，无实义。
⑤ 悠悠：遥远而不定貌。
⑥ 心期：以心相许，情投意合。
⑦ 后身缘：来生情缘。
⑧ 然诺重：指守信誉，不食言。

纳兰性德画像

在一起谈论诗词、人生和理想。他们在交往中互相理解对方的心境，纳兰性德理解顾贞观仕途不顺的郁闷，顾贞观也深知纳兰性德内心深处的孤独和对自由的向往。

他们友谊的一个重要体现是营救吴兆骞。吴兆骞是顾贞观的好友，因科场案被流放宁古塔。顾贞观一心想营救吴兆骞，纳兰性德知道后，被顾贞观的重情重义所感动，决定帮助他。当时宁古塔地处偏远，环境恶劣，要营救吴兆骞困难重重。但纳兰性德凭借自己的家族势力和社会关系，经过多年努力，最终帮助吴兆骞得以赦还。

纳兰性德于康熙二十四年（1685）溘然长逝，年仅三十一岁。他的英年早逝对于当时的文坛是巨大的损失，对于他的好友顾贞观来说更是沉重的打击。纳兰性德短暂的一生留下了众多优秀的词作，顾贞观出于对好友的深厚情谊，为他整理词集，使得纳兰词得以广泛流传，并对清代词坛产生了深远的影响。

文学鉴赏

纳兰性德的《金缕曲·赠梁汾》是一首情感真挚、慷慨激昂的词作，展现了他对友情的珍视以及对人生的独特感悟。

词的开篇"德也狂生耳！偶然间、淄尘京国，乌衣门第"，纳兰性德以一种自嘲又略带傲岸的口吻介绍自己。他虽生于富贵之家，有着显赫的门第，但他却不以此为傲，反而视之为"偶然"。这里体现了他对世俗门第观念的超脱，暗示了他内心的孤独与对真性情的追求。"有酒惟浇赵州土，谁会成生此意？"借用战国时期赵国平原君的典故，表达了自己渴望像平原君那样结交天下贤士的豪情壮志，然而这种心意却少有人理解，流露出一种知音难觅的孤独感。

"不信道、遂成知己"，笔锋一转，写出了与顾贞观相遇相知的惊喜。他们在茫茫人海中意外地成为知己，这份情谊显得尤为珍贵。"青眼高歌俱未老，向樽前、拭尽英雄泪"，描绘了两人相见时的情景，他们正值青春年少，青眼相看，纵情高歌，同时又为彼此的遭遇和人生的坎坷而感慨落泪。这里的"英雄泪"并非软弱的表现，而是他们对

316

人生理想的执着追求以及在现实中遭遇挫折后的情感宣泄，展现了他们内心的豪情与悲愤。"君不见，月如水"，以如水的月色为背景，营造出一种清幽而又略带惆怅的氛围，衬托出他们真挚的友情在这纷繁复杂的世界中的纯净与美好。

"共君此夜须沉醉。且由他、蛾眉谣诼，古今同忌"，面对外界的流言蜚语和嫉妒中伤，纳兰性德表现出了一种豁达与不屑。他劝顾贞观与自己在这个夜晚尽情沉醉，不要去理会那些无端的诋毁。这里体现了他们对友情的坚定信念，不为外界的干扰所动摇。"身世悠悠何足问，冷笑置之而已！"进一步表达了他们对身世坎坷的超脱态度，认为人生漫长，不必过分纠结于身世的浮沉，只需以冷笑对待那些世俗的纷扰。这种豁达的心态，既是对现实的一种反抗，也是他们在困境中相互慰藉、相互鼓励的表现。

"寻思起、从头翻悔"，纳兰性德回顾自己的人生，或许对过去的某些选择或经历有了新的认识和反思，但这种反思并非消极的懊悔，而是一种对人生的深刻思考。"一日心期千劫在，后身缘恐结他生里"，则是对他们友情的高度升华，表达了即使历经千难万险，这份友情也将永恒不变，甚至希望在来生还能延续这份缘分。这种对友情的执着和坚定，超越了生死和时空的界限，令人动容。"然诺重，君须记"，最后强调了承诺的重要性，让顾贞观记住他们之间的情谊和承诺，体现了纳兰性德对友情的认真和珍视。

整首词以其真挚的情感、豪放的风格和深刻的人生感悟，展现了纳兰性德独特的人格魅力和文学才华。他在词中不仅表达了对友情的赞美和珍视，也抒发了对人生困境的无奈和对理想友情的向往。同时，通过运用典故、对比等手法，增强了词作的表现力和艺术感染力。这首词不仅是纳兰性德与顾贞观友谊的见证，也是清代词坛上的一颗璀璨明珠，至今仍能引起人们对友情和人生的深刻思考和共鸣。

人文启迪

《金缕曲·赠梁汾》课后习题

跨越差距的友情

在人类情感的广袤天空中，友情如同一颗璀璨的星辰，闪耀着独特而温暖的光芒。它常常以一种神奇的力量跨越年龄、身份等诸多差距，绽放出绚丽多彩的花朵。这种跨越差距的友情，不仅是心灵之间的美妙契合，更是人生旅程中宝贵的财富，为我们带来无尽的启示和力量。

年龄，这一在生活中似乎常常划分人群的因素，在真正的友情面前却显得微不足道。就如孔融与祢衡，孔融年辈较长，是当时的名士，而祢衡则是年轻气盛、才华横溢的后生。孔融赏识祢衡的才华和个性，祢衡也敬重孔融的学问和品德。尽管他们年龄有差，但共同的理想和对文学、对真理的追求让他们走到了一起。他们相互切磋、交流，不顾世俗眼光，建立了深厚的友谊。在那个时代，他们的友情如同一股清流，冲破了年龄的束缚，为后人展现了友情可以跨越岁月鸿沟的美好画卷。

身份，这个在社会中常常给人贴上不同标签的因素，同样无法阻挡友情的脚步。马克思与恩格斯的友谊便是跨越身份差距的典范。马克思是一位伟大的思想家，致力于为无产阶级寻找解放的道路；恩格斯则出身于富裕的家庭。然而，身份的悬殊并没有成为他们友谊的障碍。他们在共同的事业中并肩作战，恩格斯为了支持马克思的研究和创

作，在经济上给予了无私的帮助，在理论上也与马克思进行了深入的探讨和合作。他们共同撰写了《共产党宣言》等杰出著作，为世界无产阶级革命事业做出了卓越贡献。他们的友情证明了，在崇高的理想和伟大的事业面前，身份的差异不过是浮云，真正的友情能够超越一切外在的条件，将两颗伟大的心灵紧紧相连。

在现代社会，我们也能看到许多跨越差距的友情故事。比如，一位知名企业家和一位普通的年轻创业者可能因为一次偶然的交流而成为挚友。企业家丰富的经验和广阔的人脉为年轻创业者提供了宝贵的指导和支持，而年轻创业者的创新思维和活力也为企业家带来了新的灵感和启发。他们在不同的身份背景下，相互学习、共同成长，友情在这种互补中不断深化。

那么，是什么让这种跨越差距的友情成为可能呢？首先，是共同的兴趣和价值观。当两个人对某一事物有着同样的热爱或秉持相似的价值观念时，年龄和身份的差异就会逐渐淡化。他们可以在共同的兴趣领域中尽情交流，分享彼此的见解和感受，从而建立起深厚的情感连接。其次，是相互的尊重和理解。跨越差距的友情需要双方能够尊重对方的不同，理解彼此的处境。无论是年龄带来的阅历差异，还是身份导致的生活方式不同，都能在尊重和理解中得到包容和接纳。最后，是真诚和善良的品质。只有以真诚的心对待他人，以善良的意愿去关心和帮助朋友，才能打破差距带来的隔阂，让友情之花在不同的土壤中生根发芽。

单元实践
"一路相伴，有你真好"
介绍挚友活动

一、任务书

授课日期：		活动班级：	
学习团队：		团队成员：	

（一）任务描述

通过介绍自己的挚友，锻炼语言表达能力，深入理解友谊的真谛，树立正确的友谊观。学生将在活动中分享与挚友的故事，描述挚友的特点和优点，以及阐述友谊对自己的重要意义。

（二）任务实施

1. 课前准备阶段

教师准备：收集关于友谊的名言警句、诗歌、故事等资料，制作成 PPT 或文档，用于课堂导入和总结。

学生准备：提前思考自己要介绍的挚友，回忆与挚友相处的点滴。准备一张挚友的照片或与挚友相关的纪念品。

2. 课中实施阶段

（1）导入。教师播放一段关于友谊的温馨视频或展示一些描绘友谊的图片，引起学生的兴趣和情感共鸣。教师分享一些关于友谊的名言警句，如"海内存知己，天涯若比邻""真正的朋友，是一个灵魂孕育在两个躯体里"等，引导学生思考友谊的含义。

（2）分享与交流。①学生依次上台，展示挚友的照片或纪念品，并开始介绍自己的挚友。②描述挚友的外貌、性格特点。③分享与挚友之间难忘的经历或故事。④阐述挚友对自己的影响和重要性。

其他学生认真倾听，在每位同学介绍结束后，可以提问或发表自己的感受。

（3）小组讨论。①将学生分成若干小组，每组 4~6 人。②每个小组围绕"什么是真正的友谊""如何维系友谊"等问题展开讨论。③小组讨论结束后，每组推选一名代表进行总结发言。

（4）总结与升华。教师对学生的介绍和讨论进行总结和点评，肯定学生的表现和观点，同时指出存在的不足和需要改进的地方。教师再次展示关于友谊的 PPT 或文档，引导学生深入理解友谊的内涵和价值。教师鼓励学生在今后的生活中珍惜友谊，用心去经营和维护与朋友之间的关系。

3. 课后总结阶段

总结评价：对活动过程中个人表现进行团队和个人评分。

评选与展示：优秀短文展示在班级文化墙上，或者组织一次友谊主题的展览，进一步强化对友谊的认识和感受。

活动延伸：学生写一篇关于友谊的短文，表达自己对友谊的理解和感悟。课后为自己的挚友做一件有意义的事情，进一步加深彼此之间的友谊。

二、评价表

（一）团队评分表					
项　目	情感抒发	语言表达	仪容仪表	课堂展示	累　计
分值（分）	20	30	20	30	100
自评（50%）					
师评（50%）					
总分					

（二）组内互评表							
评价标准		姓　名					
团队贡献	20						
沟通能力	15						
配合程度	15						
学习态度	30						
整体表现	20						
总分							

（三）挚友照片或纪念品及说明

第十五单元

比翼双飞 白头不离

爱情是人类永恒的主题，无数人不断追求、渴望拥有并为之痴迷。不同时间、不同地域、不同年龄、不同阅历的人对爱情有着不同的诠释，每个人对待爱情的态度也不一样。我国历史上留下了许多不朽的爱情传奇和绝唱，它们在古诗词里穿越千年时光仍能击中我们心中最柔软的地方。让我们走进古诗词，去感受古人的浪漫与深情，探索隐藏在字句间的爱情真谛。

　　《邶风·击鼓》中"执子之手，与子偕老"是久戍思归的士兵对家乡妻子的思念和自我心灵的慰藉；《白头吟》中"愿得一心人，白头不相离"是勇敢而热烈的卓文君对爱情的坚守与承诺；《鹊桥仙》中"两情若是久长时，又岂在朝朝暮暮"是秦观对爱情真谛的领悟；《钗头凤》中"山盟虽在，锦书难托"是陆游对爱而不能得的痛心与无奈；《木兰花令·拟古决绝词谏友》中"人生若只如初见，何事秋风悲画扇"是纳兰性德对爱情最初美好的无限怀念。

　　古诗词中的爱情深沉而美丽，记录着古人对爱情的向往与追求。虽然时代在变迁，但爱情的价值不变，它始终是人生最珍贵的财富。树立正确的爱情观，真心对待和付出，最终会收获属于自己的美好爱情。

击 鼓

《诗经·邶风①》

微课：击鼓

诵读：击鼓

✏ 学习指南

一、学习目标

1. 了解《国风》和《邶风》的诗歌风格和特点。

2. 结合注释理解《击鼓》文义，体会士兵思乡思亲之情。

3. 学习并掌握《击鼓》的表达方式，提升文学鉴赏能力。

4. 树立正确的爱情观。

二、学习建议

1. 课前自主学习《诗经》相关文学、文化知识，网上查阅资料了解春秋时期的战争历史背景。

2. 课前自主欣赏《击鼓》诵读视频，梳理诗歌大意，初步感知"赋"写作手法在诗歌中的运用。

3. 课中扫码检测自主学习成果，分享交流诗歌主题和艺术特点。

4. 课后观看电视节目《诗说先秦：执子之手共袍泽》，并完成思考与练习作业。

《击鼓》课前习题

📖 诗词浸润

> 击鼓其镗②，踊跃用兵③。土国城漕④，我独南行。
>
> 从孙子仲⑤，平陈与宋⑥。不我以归⑦，忧心有忡⑧。
>
> 爰居爰处，爰丧其马⑨？于以求之⑩？于林之下。
>
> 死生契阔⑪，与子成说⑫。执子之手，与子偕老。

---

① 邶（bèi）风：《诗经》"十五国风"之一，今存十九首。邶，周代诸侯国名，地在今河南汤阴东南。

② 镗（tāng）：击鼓声。其镗，即"镗镗"。古代敲鼓以召集民众。

③ 踊跃：双声联绵词，犹言鼓舞。一说跳跃，奋起，此为喜好的意思，是穷兵黩武的疯狂模样。兵：武器，刀枪之类。

④ 土：挖土筑城。国：城郭。城：修城。漕（cáo）：城墙外的护城河。一说卫国城邑，在今河南滑县境。

⑤ 孙子仲：即公孙文仲，字子仲，邶国将领。

⑥ 平：平定两国纠纷。谓救陈以调和陈宋关系。陈、宋：诸侯国名。

⑦ 不我以归：是不以我归的倒装，有家不让回。

⑧ 有忡（chōng）：忡忡，忧虑不安的样子。

⑨ 爰（yuán）：哪里。丧：丧失，此处言跑失。本句义为：哪里可以住，我的马丢在那里。

⑩ 于以：在哪里。

⑪ 契阔：聚散、离合的意思。契，合。阔，离。

⑫ 子：指其妻。成说（shuō）：约定、成议、盟约。

于嗟阔兮①，不我活兮②。于嗟洵兮③，不我信兮④。

（选自《诗经》，王秀梅译注，中华书局 2015 年版）

参考译文

击起战鼓咚咚响，士兵踊跃练武忙。
有的修路筑城墙，我独从军到南方。
跟随统领孙子仲，联合盟国陈与宋。
不愿让我回卫国，致使我忧心忡忡。
何处可歇何处停？跑了战马何处寻？
一路追踪何处找？不料它已入森林。
一同生死不分离，我们早已立誓言。
让我握住你的手，同你到老不松脱。
只怕你我此分离，没有缘分相会和。
只怕你我此分离，无法坚定守信约。

古代车马壁画

知人论世

《击鼓》选自于《诗经》，关于它的创作历来说法不一。

《毛诗序》中首次提出："《击鼓》，怨州吁也。""卫州吁用兵暴乱，使公孙文仲将

---

① 于（xū）嗟：叹词，于，同"吁"。
② 不我活：不和我相聚。活，通"佸"，相会，聚会。
③ 洵：久远。
④ 信：同伸。

而平陈与宋，国人怨其勇而无礼也。"意思是这首诗表达了对州吁的怨恨。鲁隐公四年（前719），卫国公子州吁联合宋、陈、蔡三国伐郑。州吁在做公子时就喜好用兵，骄奢淫逸，不为国人所爱，卫桓公上台后将他免职，他逃出国后一直图谋造反，后来弑兄篡位。为了转移国内矛盾、抢夺资源以及为朋友报仇等原因，他发动了对郑国的战争。诗中的主人公就是参与了这场战争并被滞留在陈、宋的卫国士兵。

清代学者姚际恒在《诗经通论》中提出不同观点："此乃卫穆公北清北之盟，求陈为宋所伐，平陈、宋之难，数兴军旅，其下怨之而作此诗也。"认为是卫穆公出兵救陈。鲁宣公十二年（前597），宋师伐陈，卫穆公违背"清丘之盟"救陈，结果被晋、宋所伐。但根据"邶风""鄘风"的历史连续性和卫国"三风"所记录的历史阶段来看，这种说法的可能性较小。

清代学者方玉润的《诗经原始》认为："戍卒思归不得之诗也。"即这首诗是久戍在外的士兵思念家乡却不能归家的情况下创作的。

由以上可以看出，分歧只在于是哪一次战役，因何而战，共识却是久戍不归的征夫的怨战思归。另有观点认为这首诗歌的思想主旨是抒发战友同生共死之情。

🏵 文学鉴赏

全诗共五章，每章四句，诗歌的内容层次分明，逐步展开。

开篇"击鼓其镗，踊跃用兵"，描写了击鼓练兵、众人服役筑城的场面，通过击鼓声营造出一种紧张、激烈的战争氛围。"土国城漕，我独南行"，与留在国内做着繁重的防御工事的战友相比，"我"却独自南行，前往战场。南行意味着远离家乡和亲人，面临着未知的危险和艰难。此处对比突出了主人公的孤独与哀怨，奠定了全诗的情感基调。后续各章围绕着主人公南行的经历、心境的变化以及对家乡和爱人的思念展开，逻辑清晰。

第二章"从孙子仲，平陈与宋"，"孙子仲"是这次出征的将领，主人公跟随他出征去调停陈国和宋国之间的矛盾。这反映了当时诸侯国之间的复杂关系和纷争，以及卫国在其中所扮演的角色。然而，对于主人公来说，这场战争的意义可能并不在于国家之间的政治纷争，而是他个人所面临的痛苦和分离。"不我以归，忧心有忡"，意思是不让我回家，内心充满了忧愁不安。此句直接表达了主人公对归期的担忧和无法回家的痛苦，也包含着对战争的恐惧、对亲人的思念以及对自己命运的担忧。

第三章"爰居爰处？爰丧其马？"意思是在哪里居住？在哪里停留？到哪里去寻找跑丢的战马？这两句描写了主人公在战争中的迷茫和困惑。"于以求之？于林之下，"寻找丢失的战马，最终在树林之下找到了它。这一细节描写生动地展现了战争的混乱和艰苦，以及主人公在战争中的艰难处境。树林在古代文化中常常与死亡和埋葬联系在一起，所以"于林之下"也可能暗示着战争的残酷和生命的脆弱。

第四章"死生契阔，与子成说"，"契阔"指聚散离合，这里表示生死之间的距离和变化。主人公回忆起曾经与爱人立下的誓言，无论生死，都要在一起。这誓言是他们之间爱情的象征，也是主人公在战争中坚持下去的精神支柱。"执子之手，与子偕老"，这是千古传颂的名句，描绘了主人公与爱人手牵手，一起慢慢变老的美好画面。在战争的

残酷背景下，这样的爱情誓言显得格外珍贵和动人。它不仅表达了主人公对爱人的深深眷恋和忠诚，也反映了人们对和平、幸福生活的向往。

第五章"于嗟阔兮，不我活兮"，"于嗟"是叹息的意思，"阔"指分离、遥远。主人公感叹与爱人分离得太久，甚至担心自己无法活着回到爱人身边。这表达了主人公对未来的绝望和对命运的无奈，也进一步加深了诗歌的悲剧色彩。"于嗟洵兮，不我信兮"，"洵"表示遥远，"信"指信用、誓言。主人公感叹距离的遥远使他无法实现曾经的誓言，表达了他对自己无法履行爱情承诺的痛苦和自责。这两句与前面的"死生契阔，与子成说。执子之手，与子偕老"形成了鲜明的对比，更加突出了战争对人们生活的破坏和对爱情的摧残。

整首诗歌语言简洁质朴，运用了起兴、对比的手法，注重细节描写，结构上体现出《诗经》重章叠句的艺术特色，准确表达了主人公对家乡的思念以及与爱人之间深厚的感情和坚定的承诺，成为《诗经》中的经典之作，对后世文学产生了深远的影响。

《击鼓》课后习题

📖 人文启迪

执子之手，与子偕老

"执子之手，与子偕老"，这一古老而经典的爱情诗句，穿越千年的时空，依旧散发着动人心弦的光芒，深深触动着人们内心最柔软的角落。它不仅仅是一句简单的爱情誓言，更是一种对承诺的矢志坚守，对相伴的执着追求，蕴含着深邃的人生哲理和无尽的情感价值。

在爱情的世界里，"执子之手"象征着那份最初的怦然心动与勇敢无畏的抉择。当两个人的目光在茫茫人海中偶然交汇，心灵深处产生奇妙的共鸣，那一刻，他们毅然伸出手，紧紧握住彼此，就此踏上一段充满未知与挑战的旅程。这一握，不仅仅是身体的接触，更是灵魂的交融，是对彼此的认同与接纳，是渴望走进对方世界、共同分享生活中喜怒哀乐的坚定决心。它宛如爱情的萌芽，带着纯真与热烈，让两个原本陌生的灵魂紧密相连，开启了一段美好的情感之旅。

然而，"与子偕老"才是这句誓言的核心要义与精髓所在。它意味着在漫长的岁月长河中，无论遭遇多少狂风骤雨，面对何等艰难险阻，都要坚定不移地陪伴在对方身旁，携手走过人生的每一个阶段。这是一种对爱情的崇高承诺，需要双方付出无尽的耐心、深刻的理解、耐心的包容以及无私的牺牲。

在现实生活中，"与子偕老"的道路绝非一马平川。岁月如流，它会悄然改变人们的容颜，带来生活的重重压力，制造外界的种种诱惑，以及无数意想不到的困难和挫折。但恰恰是在这些严峻的考验面前，"执子之手，与子偕老"的珍贵价值才得以淋漓尽致地展现。当生活的重担如泰山压顶，夫妻双方相互扶持、并肩承担，用彼此的力量为对方撑起一片希望的天空；当面对外界的诱惑如繁花迷眼，他们坚守对彼此的忠诚，铭记当初的誓言，不为一时的冲动而舍弃长久的陪伴；当岁月的流逝渐渐冲淡激情的火焰，他们学会在平淡如水的日子里发现点滴的美好，用理解和包容去精心维系那份深厚的情感纽带。

　　"执子之手，与子偕老"亦是一种对人生态度的深刻诠释。它告诫我们，人生真正的幸福并非源自短暂的激情享乐，而在于长久的相依相伴和共同成长。在这个快节奏、瞬息万变的现代社会，人们常常追逐速成之果和表面的繁华，却极易忽视那些真正弥足珍贵的东西。这句誓言如同一盏明灯，照亮我们前行的道路，提醒我们珍惜身边的人，用心去经营和守护那份真挚的感情。它让我们领悟到，爱情不仅仅是花前月下的浪漫缠绵，更是在平凡日子里的相互扶持、相互成就。

微课：
白头吟

诵读：
白头吟

白头吟

卓文君

✎ **学习指南**

一、学习目标

1. 了解卓文君与司马相如的爱情故事。

2. 结合注释理解《白头吟》文义，体会诗中女主人公对待爱情真挚专一的态度。

3. 学习以比喻说理的表达方式，提升诗歌鉴赏水平。

4. 树立专一的爱情观，正确认识爱情与金钱的关系。

二、学习建议

1. 课前自主学习汉乐府相关文学、文化知识，网上查阅资料了解卓文君与司马相如的爱情故事。

2. 课前自主欣赏《白头吟》诵读视频，梳理诗歌大意，深入体会诗中女主人公对爱情专一的态度以及对男子半途而弃的谴责。

3. 课中扫码检测自主学习成果，分享交流诗歌主题和艺术特点。

4. 以"爱情要专一"和"爱情与金钱的关系"为主题与同学们展开讨论。

5. 课后拓展阅读司马相如的诗歌《凤求凰》，欣赏艺术歌曲《白头吟》，并完成思考与练习作业。

《白头吟》
课前习题

📖 **诗词漫润**

皑如山上雪[①]，皎若云间月[②]。

闻君有两意[③]，故来相决绝。

---

① 皑（ái）：白。
② 皎（jiǎo）：洁白光明。
③ 两意：就是二心（和下文"一心"相对），指情变。

今日斗酒会^①，明旦沟水头。

蹀躞御沟上^②，沟水东西流。

凄凄复凄凄，嫁娶不须啼。

愿得一心人，白头不相离。

竹竿何袅袅^③，鱼尾何簁簁^④！

男儿重意气^⑤，何用钱刀为？

（选自《先秦汉魏晋南北朝诗》，逯钦立辑校，中华书局1983年版）

参考译文

爱情应当像山上的雪一般纯洁，像云间月亮一样皎洁。
听说你怀有二心，所以来与你决裂。
今日犹如最后的聚会，明日便将在沟边分手。
缓缓行走在御沟岸边，沟水向东流淌一去不返。
悲伤啊悲伤，女子出嫁不必啼哭。
只愿嫁得一个一心一意的人，白头到老永不分离。
男女情投意合就像钓竿那样轻细柔长，鱼儿那样活泼可爱。
男子应当以情义为重，失去了真诚的爱情是任何钱财珍宝都无法补偿的。

知人论世

　　卓文君生卒年不详，原名文后，西汉临邛（今四川邛崃）人，祖籍邯郸，秦始皇灭赵时被强迁至临邛，是汉代才女，也是中国古代四大才女之一、蜀中四大才女之一。出生于四川临邛的巨商卓家，父亲卓王孙是当地的大富商。卓家传到卓王孙这一代，家境十分富裕。卓文君从小生活优渥，接受了良好的教育，精通音律，擅长弹琴，且有文名。卓文君的第一段婚姻不幸，出嫁没多久丈夫就去世了，她便搬回娘家居住。后来，西汉著名文学家司马相如应好友临邛令王吉之邀做客临邛，在一次宴会上，司马相如弹奏了《凤求凰》，以琴传情，卓文君早慕司马相如之名，两人互表衷肠，卓文君乘夜逃出家门，与司马相如私奔至成都。到了司马相如家后，发现家中一贫如洗，二人又返回临邛开设酒肆，"文君当垆、相如涤器"，成为千古佳话。司马相如后来得到汉武帝赏

---

① 斗：古代盛酒的器具。
② 蹀（xiè）躞（dié）：徘徊。御沟：环绕皇城的护城河。
③ 袅袅：柔长而轻摆的样子。
④ 簁簁（shāi）：形容鱼尾像濡湿的羽毛。在中国歌谣里，钓鱼是男女求偶的象征隐语。这里用隐语表示男女相爱的幸福。
⑤ 意气：这里指感情、恩义。刀钱：古时的钱有铸成马刀形的，叫作刀钱。此处泛指金钱。

识，被拜为"中郎将"。随着他地位和名声的提升，久居京城，开始接触到更多的人和事，心态也逐渐发生了变化。在这个过程中，他产生了纳妾的想法。根据《西京杂记》记载："司马相如将聘茂陵人女为妾，卓文君作《白头吟》以自绝，相如乃止。"诗中"愿得一心人，白头不相离"为千古名句。

文学鉴赏

《白头吟》作为一首颇具影响力的汉乐府民歌，其作者虽一般被认为是卓文君，但学界对此尚存争议。这首诗以独特的方式塑造了一位个性鲜明、情感浓烈的女性形象，深刻地传达了多种情感与观念。

诗的开篇"皑如山上雪，皎若云间月"，以山上雪的纯洁和云间月的光亮来比喻爱情，这不仅展现了爱情美好的理想状态，更是人们对爱情至真至纯的向往象

卓文君与司马相如

征，同时也是男女双方曾经海誓山盟的见证。然而，当听闻对方有了二心，女主人公毅然决定与之"决绝"，这种态度的转变极为果断，前后形成鲜明对比，突出了女主人公对爱情忠诚的坚守，也对负心行为予以了强烈谴责。接着，"今日斗酒会，明旦沟水头。躞蹀御沟上，沟水东西流"这四句，描绘了一个决绝的场景。今日的聚会如同最后的诀别酒，散席后便如同御沟中的流水，各奔东西，再无交集。这里的"今日""明旦"并非实指具体的时间，而是为了增强诗歌表述的生动性。此段将爱情的消逝类比为沟水的分流，形象地表现了爱情的一去不返，暗示了两人关系的破裂已无法挽回。

"凄凄复凄凄，嫁娶不须啼。愿得一心人，白头不相离"这几句，情感表达更为细腻且意味深长。通常女子出嫁时多会悲伤啼哭，但女主人公认为，只要能嫁给一个情意专一、相伴到老的人，便是幸福。这是她最初嫁给司马相如时的美好期许。当感情受到伤害时，女子的凄伤哀怨是常见的心理反应，此时诗的语调也变得婉转温情，体现了女主人公内心复杂的情感起伏。她渴望爱情能从有二心回归到一心一意，希望能与爱人白头相守，这种对纯真爱情的执着追求令人动容。

末四句再次运用比喻，深入探讨了爱情的基础。以鱼竿的轻盈摆动和鱼尾的鲜活滋润比喻男女求偶时的两情相悦，这与《诗经》中诸多比兴手法相似，如《卫风·竹竿》中"籊籊竹竿，以钓于淇；岂不尔思，远莫致之"。但在此处，结合下文可知，若爱情仅靠金钱来维系，就如同仅用香饵诱鱼上钩，是难以长久的。这也点明了男子"有两意"的原因可能在于金钱关系。从男子角度看，真正重情义的男子汉不应被金钱左右；

从女子角度而言，择偶时不能将金钱置于首位，男人的情意才是关键。

整首诗在艺术表现上独具特色，大量运用比兴和对偶手法。雪、月、沟水、竹竿、鱼尾等喻象生动形象且富有韵味，使诗歌更具感染力。如"皑如山上雪，皎若云间月""竹竿何袅袅，鱼尾何簁簁"等，不仅在视觉和情感上给人以强烈冲击，还让读者更易理解诗歌所传达的情感和意义。同时，诗中一、二，五、六，十三、十四等句对仗工整又自然流畅，四句一解，每解换韵，使得声情与辞情完美融合，诗歌的韵律感和节奏感极强，更好地烘托了情感的起伏变化，将女主人公的情感历程展现得淋漓尽致。

《白头吟》
课后习题

📑 人文启迪

"我们"的爱情

戴维·赫伯特·劳伦斯曾以独特的笔触描绘爱情：从前，你是一条潺潺流淌的河，我亦是一条奔腾不息的河，当我们彼此相识，两条河便交汇融合，自此，再难分清哪条是你，哪条是我，因为我们已汇聚成一条全新的河，名曰"我们"。这般表述，质朴中蕴含着无尽的动人力量。

在一段真挚而美好的爱情里，最为关键的并非单纯的"我"，亦非孤立的"你"，而是"我们"这个整体。于爱之中，你与我相互交融，你的幸福如同我的幸福，你的痛苦亦如我的痛苦。他人对你的友善，便是对我的关爱，是对"我们"的呵护；他人对你的欺侮，就如同欺负我，是对"我们"的冒犯。美好的爱情，乃是属于"我们"的爱情。

当你深深爱恋一个人时，你的"小我"会悄然发生转变，然而这并非是自我的迷失，更不意味着独立性的丧失。爱至深处，"小我"渐渐消融，融入了你我共同构成的"大我"之中，但"小我"并未消逝，它以"我们"这一崭新的形式获得了重生。倘若你幻化成一个灵动的精灵，去聆听爱人间的喃喃细语——"我们的生活，我们的未来，我们的家""等我们年老时""将来我们的孩子"……人在爱情中"忘却自我"，通过这种"忘我"的体验学会了深沉的爱，这是一个自然而然的过程，更是生命的一次重大成长。当你深情爱着一个人，无论你如何规划人生，无论你怎样对未来展开绚丽的想象，你所勾勒的蓝图中总会有那个他的身影。在你的幻想世界里，场景变幻无穷，时而在繁华的纽约，时而在浪漫的巴黎，时而在充满活力的上海，时而又回到亲切的家乡，可无论场景如何变换，他始终存在于那个场景之中，"我们"始终紧紧相依。

西方流传着一个奇妙的传说，据说造物主造人时，用同一种材料仅仅创造了两个人，自此每个人终其一生都在寻觅与自己同种材质的那一个。有趣的是，我们常常将爱人称作自己的"另一半"，这无疑暗示着相爱的人并非彼此孤立的个体，而是不可分割的统一体。单独的你或单独的他，尽管各自独立且强大，能够自给自足，但内心深处总会萦绕着一丝淡淡的遗憾、一抹浓浓的缺失感，依然隐秘地渴望着能找到自己另外的"那一半"，从而相互拥抱、相伴同行，在爱中终结心灵的寻觅与漂泊，达成共同的完整。

幸福的爱人们就如同两块拼图，单独审视其中任何一块，似乎都不够完美，各自都有欠缺之处，然而一旦二者相遇、契合，便能取长补短、相得益彰，变得完美无缺。

所以，不要怀揣着与一个完美之人相爱的期待——期望他兼具诸多条件，既要如此，又要那般。世间本无完美之人，即便真有，完美者自身已然圆满，无需他人便已完备，因而在一个完美的人身边，你或许会感到自己是多余的。

美好的爱情，并非是与一个完美的人相爱，而是因为你们相爱了，彼此都变得更加完美。爱情，归根结底，是两个并不完美的人携手共同缔造一种完美的关系。

鹊桥仙①

秦　观

微课：鹊桥仙（纤云弄巧）

诵读：鹊桥仙（纤云弄巧）

✏ **学习指南**

一、学习目标

1. 了解牛郎与织女鹊桥相会的传说故事和传统节日七夕习俗。

2. 了解秦观的生平思想及诗词创作特点。

3. 结合注释理解《鹊桥仙》文义，把握词中的爱情观。分析意境，理解情、景、理交融的特点。

4. 正确看待爱情中的分离与相守，树立正确的爱情观。

二、学习建议

1. 课前网上查阅资料了解秦观生平及诗词创作。

2. 课前网上查阅资料了解牛郎与织女的爱情传说以及传统节日七夕。

3. 课前自主欣赏《鹊桥仙》诵读视频，梳理诗歌大意，体会作者的思念之情。

4. 课中扫码检测自主学习成果，分享交流诗歌主题和艺术特点。

5. 课后结合《鹊桥仙》，就现实生活中的"异地恋"展开讨论。

《鹊桥仙（纤云弄巧）》课前习题

📖 **诗词漫润**

纤云弄巧②，飞星传恨③，银汉迢迢暗度④。金风玉露一相逢⑤，便胜却、人间无数。

———————

① 鹊桥仙：词牌名，又名"鹊桥仙令""金风玉露相逢曲"等。双调五十六字，上下片各两仄韵，一韵到底。上下片首两句要求对仗。

② 纤云：轻盈的云彩。弄巧：指云彩在空中幻化成各种巧妙的花样。

③ 飞星：流星。一说指牵牛、织女二星。

④ 银汉：银河。迢迢：遥远的样子。

⑤ 金风玉露：指秋风白露。

柔情似水，佳期如梦，忍顾鹊桥归路①。两情若是久长时，又岂在、朝朝暮暮②。

（选自《秦观词笺注》，杨世明笺注，中华书局 2021 年版）

参考译文

纤薄的云彩在天空中变幻出巧妙的图案，流星传递着相思的愁苦，遥远的银河悄悄渡过。在秋风白露的七夕相会，就胜过尘世间那些长相厮守却貌合神离的夫妻无数次的相聚。

温柔的情意像水一样绵绵不断，相聚的美好时光就如梦幻般短暂，怎忍心回头看那鹊桥的归路。只要两个人的感情是长久不变的，又何必一定要每一天都厮守在一起呢。

知人论世

秦观（1049—1100），字少游，一字太虚，高邮人。他是北宋时期著名的文学家，被尊为"苏门四学士"之一。

秦观年少时便胸怀壮志，一心想要在仕途上有所作为。他勤奋好学，博览群书，尤其擅长诗词。其词清新自然、情感细腻、音律和谐，善于将身世之感融入艳情之中。秦观的一生坎坷不平，他的仕途之路颇为不顺，曾多次被贬谪。在政治上，他属于旧党阵营，随着新党和旧党之间的政治斗争，他的命运也随之沉浮。

秦观的诗词风格受到柳永和苏轼的双重影响。一方面，他的词有着柳永词的那种深情绵邈、婉转含蓄的特点，善于描绘男女之间的爱情和离别的愁绪；另一方面，在苏轼的引导下，他也尝试在词中融入自己的身世之感和人生思考，拓宽了词的意境和表现

---

① 忍顾：怎忍回头看。
② 朝朝暮暮：指朝夕相聚。语出宋玉《高唐赋》。

力。他的作品题材广泛，包括爱情、身世、自然风光等诸多主题，代表作有《淮海集》《淮海居士长短句》等。

秦观一生坎坷，多次经历仕途挫折和人生的悲欢离合。在他的情感世界里，也有诸多的无奈和伤感。这首词可能是他在经历了一些感情上的挫折或者对人生聚散离合的深刻思考后创作的。

📖 文学鉴赏

这首词巧妙地运用了牛郎织女的典故，但突破了以往七夕诗词只注重哀怨离别的局限，赋予了这个古老传说新的爱情观念，让传统的题材焕发出新的生机。

词的上阕开篇便描绘出一幅奇幻的天空画卷。"纤云弄巧"勾勒出纤细的云彩如同织女精巧的双手在天空中摆弄着各种巧妙的形状，营造出一种空灵、美妙的氛围。"飞星传恨"则让流星带着牛郎织女的离愁别恨穿梭于天幕之间，使静态的星空有了动态的情感流动。"银汉迢迢暗度"更是将视野拓展到浩瀚的银河，牛郎织女在遥远的银河之上悄悄渡河相会，展现出一种宏大而又神秘的意境，也暗示了他们相见的艰难，长久的分离使得相聚显得弥足珍贵，而在这珍贵之中又饱含着对过去分离时光的思念。这种将自然景观与神话传说相融合的写法，让整个画面充满了奇幻浪漫的色彩，仿佛将读者带入了一个梦幻般的仙境。在诗句"金风玉露一相逢，便胜却人间无数"中，"金风"指秋风，秋天在五行中属金；"玉露"指白露。这两个词组合在一起，营造出一种清新、高洁的氛围。秋风白露的时节，不仅点明了七夕的时令，也象征着牛郎织女爱情的纯洁和珍贵。牛郎织女一年只有一次的相会，但是作者认为这一次的相逢，就胜过人间无数夫妻的长相厮守。这是因为他们的爱情经历了重重考验，距离和分离并没有冲淡他们的感情，反而让他们的相聚更加珍贵。这种对比，突出了牛郎织女爱情的坚贞和美好，也体现了作者对这种纯粹爱情的赞美。

下阕"柔情似水，佳期如梦，忍顾鹊桥归路"则从仙境转入人间情境。将柔情比作流水，细腻地描绘出牛郎织女相见时情感的绵绵不绝。"佳期如梦"把短暂的相聚时光比作梦幻，体现出相聚的美好却又虚幻的感觉。"忍顾鹊桥归路"则生动地刻画了他们不忍分别的复杂心情，让读者能够真切地感受到这份爱情的深沉和无奈。从奇幻的天空到细腻的人间情感，词的意境由宏大转向细微，层次丰富，引人入胜。"两情若是久长时，又岂在朝朝暮暮"是全词情感的升华。在表达了离别的哀怨、相聚的甜蜜之后，作者展现出一种超脱于世俗观念的爱情观。他认为真正的爱情不在于朝夕相伴，只要两人的感情能够长久，暂时的分离又算得了什么。这种豁达的爱情观体现了对爱情坚贞不渝的信念，使整首词的情感在深沉哀怨与甜蜜珍惜之中，又增添了一份高远的境界。

词中大量运用了生动的比喻和象征手法，丰富的想象和虚实结合的写法，营造出浪漫的神话氛围，使读者在感受神话浪漫的同时，也能体会到人间爱情的真实滋味。秦观通过这首词也表达了自己对理想爱情的追求。

《鹊桥仙（纤云弄巧）》课后习题

人文启迪

怎样看待异地恋

"两情若是久长时，又岂在朝朝暮暮"，秦观的这句千古名句，照亮了无数恋人的心路，尤其是那些身处异地恋中的情侣们。在这个快节奏、物质化的时代，异地恋成了许多情侣面临的挑战，但这句诗所蕴含的深刻哲理，为异地恋赋予了独特的意义和价值。

异地恋，顾名思义，是相爱的两人分隔两地，无法像普通情侣那样时刻相伴、耳鬓厮磨。距离成了他们爱情路上的一道障碍，带来了诸多不便与考验。不能在对方生病时及时送上温暖的照顾，不能在孤独的夜晚相拥而眠，不能一起漫步在熟悉的街头分享生活的点滴。然而，正是这种距离，也让异地恋中的情侣们更加深刻地体会到爱情的真谛。

异地恋让情侣们学会了信任。在无法时刻监督对方的情况下，信任成了维系感情的基石。他们相信对方的忠诚，相信彼此对爱情的承诺。没有了朝夕相处的束缚，双方都有了更多独立的空间去发展自己，但心中始终牵挂着远方的那个人。这种信任不是盲目，而是建立在深厚的感情基础上。每一次的电话沟通，每一条短信的问候，都是信任的传递。他们在信任中成长，让爱情更加坚定。

异地恋培养了情侣们的耐心和坚持。面对长时间的分离，等待相聚的日子变得漫长而煎熬。但正是在这种等待中，他们学会了耐心，懂得了珍惜相聚的每一刻。每一次重逢都如同久旱逢甘霖，让爱情的火焰燃烧得更加猛烈。他们在困难中坚持，不被距离所打败。因为他们深知，真正的爱情是经得起时间和空间考验的。就像牛郎织女，虽隔着银河，却依然坚守着对彼此的爱，一年一度的鹊桥相会成了他们爱情的见证。异地恋的情侣们也在各自的城市里努力奋斗，为了未来的相聚，为了共同的梦想，他们用耐心和坚持书写着属于自己的爱情故事。

异地恋并非一帆风顺，其中也会有矛盾和挫折。长时间的分离可能会导致孤独感和不安全感的滋生，有时会因为沟通不畅而产生误会。但这些困难并非无法克服。关键在于双方要有坚定的信念，相信"两情若是久长时"，就一定能够战胜暂时的困难。当矛盾出现时，要学会换位思考，多一些理解和包容。通过积极的沟通解决问题，而不是让距离和误会拉大彼此的距离。

异地恋是一场考验爱情的长跑，虽然过程充满艰辛，但它也有着独特的美好。那些在异地恋中坚持下来的情侣们，往往会拥有更加坚固的感情。他们在分离中学会了独立，在等待中懂得了珍惜，在困难中培养了信任和坚持。当最终跨越距离走到一起时，他们的爱情将更加深厚、更加珍贵。

钗头凤[①]

陆 游

微课:钗头凤(红酥手)

诵读:钗头凤(红酥手)

✏ 学习指南

一、学习目标

1. 熟悉陆游生平经历、思想及诗词创作特点。

2. 了解《钗头凤》的创作背景和陆游与唐琬的爱情故事。

3. 结合注释理解《钗头凤》文义,体会作者深切的情感。

4. 分析意境,理解情、景、理交融的特点。

5. 正确看待爱情中的爱而不得,树立正确的爱情观、人生观。

二、学习建议

1. 课前网上查阅资料,熟悉陆游生平经历及诗词创作特点,了解陆游和唐琬的爱情故事以及绍兴沈园对于二人的意义;自主欣赏《钗头凤》诵读视频,梳理诗歌大意,体会作者的真挚情感。

《钗头凤(红酥手)》课前习题

2. 课中扫码检测自主学习成果,分享交流诗歌主题和艺术特点。

3. 课后拓展阅读唐琬和词《钗头凤》(世情薄),就现实生活中的"爱而不得"展开讨论。

📖 诗词漫润

红酥手,黄縢酒[②],满城春色宫墙柳[③]。东风恶[④],欢情薄。一怀愁绪,几年离索[⑤]。错、错、错。

春如旧,人空瘦,泪痕红浥鲛绡透[⑥]。桃花落,闲池阁[⑦]。山盟虽在[⑧],

---

① 钗头凤:词牌名。原名"撷芳词",相传取自北宋政和间宫苑撷芳园之名。后因有"可怜孤似钗头凤"词句,故名。又名"折红英"。双调六十字,上下片各七仄韵,两叠韵,两部递换。

② 黄縢(téng):一作黄藤,此处指美酒。宋代官酒以黄纸为封,故以黄封代指美酒。

③ 宫墙:南宋以绍兴为陪都,绍兴的某一段围墙,故有宫墙之说。

④ 东风:喻指陆游的母亲。

⑤ 离索:离群索居的简括。

⑥ 浥(yì):湿润。鲛(jiāo)绡(xiāo):神话传说鲛人所织的绡,极薄,后用以泛指薄纱,这里指手帕。绡,生丝,生丝织物。

⑦ 池阁:池上的楼阁。

⑧ 山盟:旧时常用山盟海誓,指对山立盟,指海起誓。

锦书难托①。莫、莫、莫②！

（选自《陆游全集校注》，钱仲联、马亚中主编，浙江古籍出版社2015年版）

参考译文

　　红润酥腻的手里，捧着盛上黄滕酒的杯子。满城荡漾着春天的景色，你却早已像宫墙中的绿柳那般遥不可及。春风多么可恶，欢情被吹得那样稀薄。满杯酒像是一杯忧愁的情绪，离别几年来的生活十分萧索。错，错，错！

　　美丽的春景依然如旧，只是人却白白相思消瘦。泪水洗尽脸上的胭脂红，又把薄绸的手帕全都湿透。满春的桃花凋落在寂静空旷的池塘楼阁上。永远相爱的誓言还在，可是锦文书信再也难以交付。莫，莫，莫！

知人论世

　　陆游出生于一个书香门第，自幼聪慧好学。唐琬是陆游的表妹，她文静灵秀，才华横溢，能诗善词。两人自幼青梅竹马，情投意合。在成年后，他们结为夫妻。婚后的生活非常甜蜜，夫妻二人有着相同的兴趣爱好，都对诗词有着浓厚的兴趣。他们常常一起吟诗作词，互相唱和，在花前月下倾诉衷肠，过着神仙眷侣般的生活。

　　然而，陆游的母亲，即唐琬的姑姑，逐渐对唐琬产生了不满。陆母认为陆游婚后沉浸在夫妻的恩爱中，耽误了科举前程，陆母的不满也可能存在唐琬没能生育子嗣之类的原因。在这种情况下，陆母强迫陆游休妻。陆游对母亲的决定十分痛苦，他和唐琬之间感情深厚，但在封建礼教的压力下，他又不得不听从母亲的命令。

陆游唐琬塑像

---

①　锦书：写在锦上的书信。
②　莫：相当于今"罢了"意。

最终，陆游忍痛写下休书，与唐琬分离。唐琬离开陆家后，嫁给了同郡的赵士程。赵士程是一个宽厚重情的人，他知道唐琬的过去，但依然对她很好。别后七年，陆游回乡重游沈园，与唐琬邂逅。唐琬偕夫赵士程同游。曾经的爱侣再次相见，心中五味杂陈。唐琬征得赵士程的同意后，派人给陆游送去了酒肴。陆游看着眼前的唐琬，回忆起曾经的美好时光，感慨万千，在沈园的墙壁上题下了那首著名的《钗头凤》（红酥手）。

唐琬看到这首词后，触动心弦，也和了一首《钗头凤》（世情薄）。此后，唐琬一直沉浸在痛苦之中，不久便郁郁而终。而陆游对唐琬的思念却从未停止，他一生多次重游沈园，每一次都留下深情的诗篇来悼念这段逝去的爱情。沈园也因此成为了他们爱情悲剧的见证地。这些诗词不仅展现了陆游对唐琬深沉的爱恋，也反映了封建礼教对人性和爱情的压抑。

文学鉴赏

《钗头凤》描写了陆游与原配唐琬的爱情悲剧，记述了词人与唐氏被迫分开后，在禹迹寺南沈园的一次偶然相遇的情景，表达了他们眷恋之深和相思之切，抒发了作者怨恨愁苦而又难以言状的凄楚痴情，是一首别开生面、催人泪下的作品。这首词写的是陆游自己的爱情悲剧。全词情感真挚，多用对比，节奏急促，声韵凄紧。

词的上阕开头三句，通过描绘唐琬红润酥腻的双手和手中捧着的黄滕酒，以及满城的春色和宫墙边的垂柳，营造出一幅色彩鲜明、充满生机的画面。"红酥手"是对唐琬手部的细节描写，细腻而生动，体现出作者对唐琬的熟悉和眷恋。"黄滕酒"可能是他们过去共同品尝过的酒，在这里成为回忆的触发点。"满城春色宫墙柳"则以广阔的春色为背景，柳色青青象征着生机与希望，同时也暗示了他们爱情的美好和曾经的欢乐时光。"东风恶，欢情薄。一怀愁绪，几年离索。错、错、错。"从美好的回忆陡然转向对现实的悲叹。"东风恶"用东风的凛冽无情来比喻封建礼教的残酷和母亲的逼迫，正是这种外力因素导致他们的欢情淡薄。"一怀愁绪，几年离索"具体描述了陆游多年来内心的忧愁和与唐琬分离后的孤独生活。"错、错、错"三字连用，是陆游对自己无奈听从母亲之命休妻的悔恨自责，情感强烈而深沉，表达出他对这段破碎爱情的痛心疾首。

词的下阕首先是再次点明时间是春天，春色依旧如往昔，但人却因为相思之苦而变得消瘦。"空瘦"二字，既写出了唐琬的憔悴，也透露出陆游的心疼。"泪痕红浥鲛绡透"描绘唐琬泪水浸湿了手帕，可见她内心的痛苦，也从侧面反映出这次重逢给两人带来的巨大情感冲击。"桃花落，闲池阁。山盟虽在，锦书难托。莫、莫、莫！""桃花落，闲池阁"以景衬情，桃花飘落象征着美好事物的消逝，闲置的池阁也暗示着人事的变迁。"山盟虽在，锦书难托"是全词的关键所在，尽管他们曾经的山盟海誓还在心头，但如今已经各自成家，书信也难以传递。"莫、莫、莫"是陆游对自己的告诫，也是一种无奈的叹息，想要忘却却又无法忘却，将那种矛盾、痛苦的心情表现得淋漓尽致。

从艺术表现手法上来看，词中多处运用对比。上阕将往昔的美好与如今的凄凉相对比，鲜明地突出了爱情的消逝带来的痛苦。下阕把春景依旧和人物的憔悴进行对比，更加深刻地刻画了重逢时的心酸。这种对比手法使情感表达更加深沉，让读者能够深切地感受到陆游内心的痛苦和无奈。

前人评论陆游《钗头凤》词说"无一字不天成"。所谓"天成"是指自然流露毫不矫饰。陆游本人就说过："文章本天成，妙手偶得之。"正因为词人亲身经历了这千古伤心之事，所以才有这千古绝唱之词。这段辛酸的往事，成为陆游终生的隐痛，直到晚年他还屡次来到沈园泫然凭吊这位人间知己，写下了《沈园》诸诗。

《钗头凤（红酥手）》课后习题

人文启迪

深情为爱情加分

现实里有许多恋人，曾经爱得热烈如火，不顾一切，爱得那般轰轰烈烈，甚至许下生死承诺。然而，在时光的流转中，他们却逐渐疏远，曾经的爱不知何时悄然消逝，最终分道扬镳，人生之路再无交集。或许你会心生困惑：这两人分明曾那样相爱，为何爱会由浓转淡直至消失不见？那爱究竟去了哪里？明明心怀热忱，为何却在不知不觉中中途离散，未能携手白头？

一片痴心，并不等同于一片深情。

长久的爱情，仅有痴心远远不够，还需源自内心深处的深情厚意。古人云"情至痴时方始真"，但需明确，情至痴时并非就是真情的全部——真情虽始于痴情，可二者绝非同一回事。痴情仅仅是爱情的开端，却难以支撑长久的爱情。长久的爱情，需以痴情为基础，同时又必须超越痴情，需要某些特定的因素促使痴情转化为深情。那究竟是什么呢？有什么能够将最初的心动与激情，转化为一生的紧密交织、难以割舍呢？

答案是爱情中的第二个关键元素——理解。

人与人之间的喜欢分为两类。第一类是因为不了解而喜欢，一旦了解便不再喜欢。第二类则是因为了解而喜欢，并且越了解越喜欢，越懂对方就越爱对方。只有第二类，在了解中不断加深喜欢，在懂得中持续增进爱意，知之愈深，爱之愈切，这才是深情。由此可见，能够将痴情转化为深情的，正是理解与懂得——理解之后依旧钟情，懂了之后痴心依旧。那么，什么是深情呢？当你了解了对方是怎样的一个人，你在内心确认：没错，你爱的正是这样的他。当你看清了他的真实模样，你深知自己爱的是他的真实，爱这个真实的他，如此方为深沉的爱意。你见过他最光彩照人的时刻，也见过他最糟糕、最不堪的模样；你见过他最能干、最得意的瞬间，也见过他最失落、最狼狈的时候。而当你看到最失落、最狼狈的他，你依然渴望拥抱他、亲吻他，牵着他的手陪伴在他身旁，心中满是心疼与怜惜，这才是深情。你见识过他明亮与灰暗的不同状态，看到了灰头土脸的他，却依然愿意接纳这样的他并继续爱着他，竭尽全力为他在黑暗中点亮一盏灯，这便是深情。

深情源自深刻的了解，深知之后才有坚定的信任，才有深沉的爱意。这里所说的"懂"与"理解"，绝非盲目的认知或自我的臆想，而必须是对一个人的品质有客观的认识、深刻的领悟以及实事求是的了解。

木兰花令·拟古决绝词谏友

纳兰性德

微课：木兰
花令·拟古
决绝词谏友

诵读：木兰
花令·拟古
决绝词谏友

学习指南

一、学习目标

1. 了解《木兰花令》的创作背景，掌握唐玄宗与杨玉环的历史典故。

2. 结合注释理解《木兰花令》文义，体会被抛弃女子的幽怨之情。

3. 树立正确的爱情观。

二、学习建议

1. 课前复习纳兰性德生平，了解纳兰词中的名篇。

2. 课前网上查阅资料了解唐玄宗与杨玉环的爱情故事，熟悉马嵬坡事件。

3. 课前自主欣赏《木兰花令》诵读视频，梳理诗歌大意，体会被抛弃女子的幽怨之情。

4. 课中扫码检测自主学习成果，分享交流诗歌主题和艺术特点。

5. 课后观看百家讲坛《纳兰心事有谁知》。

《木兰花
令·拟古决
绝词谏友》
课前习题

诗词漫润

人生若只如初见，何事秋风悲画扇①。等闲变却故人心，却道故心人易变②。

骊山语罢清宵半，泪雨零铃终不怨③。何如薄幸锦衣郎，比翼连枝当日愿④。

（选自《饮水词笺校》，[清] 纳兰性德撰，赵秀亭、冯统一笺校，中华书局 2005 年版）

---

① "何事"句：用汉朝班婕妤被弃的典故。班婕妤为汉成帝妃，被赵飞燕谗害，退居冷宫，后有《怨歌行》，以秋扇闲置为喻抒发被弃之怨情。南北朝梁刘孝绰《班婕妤怨》诗又点明"妾身似秋扇"，后遂以秋扇见捐喻女子被弃。这里是说本应当相亲相爱，但却成了相离相弃。

② 故人：指情人。却道故人心易变（出自娱园本），一作"却道故心人易变"。

③ "骊山"二句：用唐明皇与杨玉环的爱情典故。《太真外传》载，唐明皇与杨玉环曾于七月七日夜，在骊山华清宫长生殿里盟誓，愿世世为夫妻。白居易《长恨歌》："在天愿作比翼鸟，在地愿作连理枝。"对此作了生动的描写。后安史之乱起，明皇入蜀，于马嵬坡赐死杨玉环。杨死前云："妾诚负国恩，死无恨矣。"又，明皇此后于途中闻雨声、铃声而悲伤，遂作《雨霖铃》曲以寄哀思。这里借用此典说即使是最后作决绝之别，也不生怨。

④ "何如"二句：化用唐李商隐《马嵬》诗中"如何四纪为天子，不及卢家有莫愁"之句意。薄幸：薄情。锦衣郎：指唐明皇。

参考译文

人生如果都像初次相遇那般美好，又怎么会有在秋风中悲叹画扇被弃的事情呢。

轻易地变了心，却反而说情人间就是容易变心的。

当年在骊山华清宫长生殿里，夜半无人私语时的海誓山盟犹在耳边，即使后来阴阳相隔，在雨中闻铃而触发情思，也始终不生怨怼。

你又怎比得上当年的唐明皇呢，他总还是与杨玉环有过比翼鸟、连理枝的誓愿。

知人论世

这首词是纳兰性德模仿古乐府的决绝词，写给一位朋友的信，通常认为这位友人是纳兰的知己——清代文学家顾贞观。词牌为"木兰花令"，题为"拟古决绝词柬友"。这首词以一个女子的口吻，抒写了被丈夫抛弃的幽怨之情，词情哀怨凄婉，缠绵悱恻。然而，"闺怨"的背后似乎有着更深的隐情，有人认为这是纳兰性德用男女间的爱情为喻，说明与朋友应始终如一，生死不渝。纳兰性德在创作这首词时，正值清朝康熙二十年（1681）秋天，好友顾贞观因母丧南归，纳兰性德在他还乡奔丧时写下了这首词送他。

文学鉴赏

纳兰性德的这首《木兰花令》，以其深情的笔触和深刻的人生感悟，触动了无数人的心弦。

词的开篇"人生若只如初见"，如同一道闪电，瞬间照亮了人们内心深处对美好爱情的向往。初见之时，一切都是那么新鲜、那么美好，没有争吵，没有背叛，只有满心的欢喜和期待。然而，现实往往是残酷的，随着时间的推移，感情会发生变化，曾经的美好也可能被秋风中的画扇所象征的被弃命运所取代。这句词以一种极其简洁而有力的方式，表达了对爱情易逝的感慨，让人不禁为之心痛。

"等闲变却故人心，却道故心人易变。"这里，纳兰性德深刻地揭示了人性的弱点。人们总是在不经意间改变了自己的心，却又常常以"人心易变"为借口来为自己开脱。这种无奈和悲哀，在这句词中被表现得淋漓尽致。它让我们反思，在爱情中，我们是否真的能够坚守初心，是否能够抵挡住时间和外界的考验。

"骊山语罢清宵半，泪雨零铃终不怨。"这句词引用了唐玄宗和杨贵妃在骊山华清宫长生殿里的盟誓以及后来的悲剧。他们曾经的海誓山盟是那么的动人，但最终却无法逃脱命运的捉弄。纳兰性德用这个典故，既表达了对古人深情的敬佩，也暗示了自己对爱情的执着。即使面对分离和痛苦，也始终不生怨怼，这种深情让人感动。

"何如薄幸锦衣郎，比翼连枝当日愿。"在这里，纳兰性德将自己与唐玄宗进行对比，认为唐玄宗虽然薄情，但至少曾经有过"比翼连枝"的誓愿。而自己呢？或许连这样的誓愿都未曾有过，或者即使有过，也已经被现实所打破。这句词充满了自嘲和无

奈，也让我们看到了纳兰性德内心深处的孤独和痛苦。

从整体上看，这首词意境深远，情感真挚。纳兰性德以细腻的笔触，将爱情的美好与无奈、人性的弱点与执着、历史的悲剧与现实的困境巧妙地融合在一起，让人在欣赏诗词之美的同时，也能深刻地感受到人生的无常和爱情的珍贵。

在艺术手法上，这首词运用了典故、对比等手法，增强了作品的表现力和感染力。用班婕妤被弃和唐玄宗与杨贵妃的爱情悲剧这两个典故，不仅丰富了词的内涵，也使读者更容易产生共鸣。同时，通过将自己与唐玄宗进行对比，突出了自己在爱情中的无奈和悲哀，使情感更加深沉。

此外，词的语言简洁明快，却又蕴含着深刻的哲理。每一句词都如同一个精致的画面，让人回味无穷。尤其是"人生若只如初见"这句，已经成为经典名句，被广泛引用和传颂。

唐玄宗与杨贵妃故事壁画

《木兰花令·拟古决绝词谏友》课后习题

📖 人文启迪

人生若只如初见

在这世间，或许难有比一见钟情更为美妙的爱情起始方式了。无论是在华夏大地，还是西方世界，对一见钟情的描绘皆充满了浪漫与唯美气息——仅一眼望去，便被对方深深吸引；一次偶然的邂逅，就会无可自拔地陷入爱河。人类的天性使然，使得绝大多数年轻人热衷于追求浪漫的爱情，甚至在潜意识中，将爱情与浪漫直接对等。于是，当遇到给自己留下初次深刻印象的异性时，心中便会不禁思忖：这莫非就是传说中的一见钟情？此后，一次愉悦的交流互动，一场志趣相投的谈话，皆会不断刺激爱情激素的分泌，自然而然地催生心跳加速、意乱情迷之感。心理专家指出，在与陌生人交往时，第一印象至关重要，它会极大程度地影响双方后续的交往进程——正是因为第一眼就被对

方的容貌、气质或行为举止所吸引，瞬间便会产生那种心动的感觉。

那么，一见钟情是否毫无缘由呢？又或者一个人是否可能对众多人都产生一见钟情之感呢？答案显然并非如此。心理学家认为，人之所以会对异性一见钟情，很大程度上是因为大脑中早已存在一幅想象构建好的"爱之图"。

不论男性还是女性，他们都会在大脑中储存理想爱人的形象，这一形象涵盖了特定的身高、体型、眼神、发型、风度以及服饰等诸多信息。当首次遇见与之一致匹配的异性时，眼睛会迅速将这些信息传递给大脑，促使大脑产生大量的爱情激素，进而引发心跳加快、面色泛红等生理反应。而且，这个异性与大脑中的形象契合度越高，爱情激素分泌就越旺盛，也就越容易催生一见钟情的感觉。

至于那个形象的形成，有可能是父母早期勾勒的。比如，父母在我们年少时便有意无意地灌输这样的观念：成熟稳重之人更值得依靠；性格开朗，笑起来有颗小虎牙的人，十分讨人喜欢。同时，部分男性存在恋母情结，大脑中的那个形象通常与母亲的某些特质相符；部分女性有恋父情结，大脑中的那个形象或多或少与父亲的形象相似，甚至完全一致。例如，拿破仑钟情于约瑟芬，是因为约瑟芬与他的母亲极为相像；麦当娜爱上肖恩·潘，也是因为肖恩·潘和她父亲的形象高度吻合。

此外，人们还可能会将情感转移到童年、少年时期对自己影响重大的某个关键人物身上，比如自己喜爱的一位老师、曾经救助过自己的陌生人、对自己格外友好的邻居等，将他们作为理想的恋爱对象存储在大脑之中。当遇到与这些形象相似或匹配的异性后，便会即刻产生好感，并且有一种众里寻他千百度，终于得见的感觉。

单元实践
"树恋爱正观，扬青春思辨"
爱情主题辩论赛

一、任务书

授课日期：	活动班级：
学习团队：	团队成员：

（一）任务描述

通过正反双方的激烈辩论，激发学生深入思考爱情的本质、意义和价值，锻炼学生的逻辑思维、语言表达和团队协作能力，同时帮助学生树立正确的爱情观。

（二）任务实施

1. 课前准备阶段

教师准备：（1）教师提供若干"爱情"相关主题的辩题，通过学习通平台投票，确定辩题，例如"爱情中，物质基础重要还是精神契合重要"等。（2）制定详细的活动规则和流程，包括辩论的环节、时间限制、评分标准等。（3）准备相关的资料和案例，以便在活动中引导学生思考和讨论。（4）对学生进行分组，通过抽签确定正反方队伍，并选出队长。（5）邀请评委，可包括其他教师或有辩论经验的同学。

学生准备：（1）各组选择队员组成辩论小组。（2）正反方队伍分别收集和整理支持自己观点的资料和论据。（3）队员之间进行讨论和分工，确定每位队员的辩论角色和任务。

2. 课中实施阶段

（1）开场（5分钟）。① 教师介绍活动的目的、辩题、规则和评委。② 正反方队员依次自我介绍。

（2）开篇立论（10分钟）。① 正方一辩进行开篇立论，阐述正方观点，时间为3分钟。② 反方一辩进行开篇立论，阐述反方观点，时间为3分钟。③ 观众提问，正反方一辩各回答2个问题，每个问题回答时间1分钟。

（3）攻辩环节（15分钟）。① 正方二辩选择反方二辩或三辩进行攻辩，提问时间1分钟，回答时间2分钟。② 反方二辩选择正方二辩或三辩进行攻辩，提问时间1分钟，回答时间2分钟。③ 正方三辩选择反方二辩或三辩进行攻辩，提问时间1分钟，回答时间2分钟。④ 反方三辩选择正方二辩或三辩进行攻辩，提问时间1分钟，回答时间2分钟。

（4）自由辩论（20分钟）。① 正反方自由发言，交替进行，每位队员发言时间不超过2分钟。② 教师适当控制时间和节奏，提醒队员注意语言文明和逻辑清晰。

（5）总结陈词（10分钟）。① 反方四辩进行总结陈词，时间为4分钟。② 正方四辩进行总结陈词，时间为4分钟。

（6）评委点评与观众投票（10分钟）。① 评委对正反方的表现进行点评，指出优点和不足之处。② 观众进行投票，选出自己心目中的获胜方和最佳辩手。

（7）颁奖与闭幕（5分钟）。教师宣布比赛结果，颁发获胜团队奖和最佳辩手奖。教师对活动进行总结，强调正确爱情观的重要性。

（续表）

授课日期：		活动班级：	
学习团队：		团队成员：	

3. 课后总结阶段

教师组织学生进行活动反思，让学生分享自己在辩论赛中的收获和体会。

鼓励学生在课后继续思考爱情相关的话题，将正确的爱情观融入到日常生活中。

（三）参考辩题

1. 爱情中，物质基础重要还是精神契合重要
2. 门当户对是否为过时的婚姻价值观
3. 喜欢与合适哪个更重要
4. 选择爱你的人还是选择你爱的人
5. 父母反对的爱情是坚持还是放弃

二、辩论赛评分标准

评价项目	评价环节	评价要点
团体部分（100分）	审题立论（20分）	1. 准确把握辩题内涵和外延，论点鲜明（10分） 2. 对所持立场能从逻辑、理论、事实等多角度进行理解（10分）
	论证展开（30分）	1. 材料准备充分，论据典型翔实，引用恰当（15分） 2. 论证层次清楚，具有说服力，推理过程合乎逻辑（15分）
	攻防问答（30分）	1. 提问能够抓住对方要害，问题简单明了（15分） 2. 能够正面回答对方提问，从容应对，有理有据（15分）
	团队配合（20分）	1. 具有团队精神，队员间相互支持配合，发言错落有致（10分） 2. 团队论辩衔接顺畅、方向统一，回答形成有机整体（10分）
个人部分（100分）	语言表达（30分）	1. 咬字清晰，语言流畅，用词准确，表达严谨（15分） 2. 具有一定的文采性，能够体现汉语的优美（15分）
	辩驳思路（30分）	1. 论点明晰，论据充足，引证恰当，分析透彻（15分） 2. 能迅速抓住对方漏洞，驳论精道，切中要害（15分）
	整体辩风（20分）	1. 尊重对手，尊重主持人、评委和观众，举止得体（10分） 2. 敢于创新、勇于表现，具有本队特有的风格并贯穿全局（10分）
	综合印象（20分）	1. 着装整齐，仪表大方，体现出良好的气质和风度（10分） 2. 反应敏捷，机智幽默，能恰当把握现场的节奏和气氛（10分）
扣分事项		如出现不遵守发言规则，发言超时，发言带有人身攻击性、反动性和不健康性，不遵守比赛主持人的主持等情况，酌情扣分。

三、评委打分表

团体评分表

辩论队	审题立论（20分）	论证展开（30分）	攻防问答（30分）	团队配合（20分）	合计（100分）
正方					
反方					

个人评分表

	姓名编号	语言表达（30分）	辩驳思路（30分）	整体辩风（20分）	综合印象（20分）	合计（100分）
正方辩手						
	姓名编号	语言表达（30分）	辩驳思路（30分）	整体辩风（20分）	综合印象（20分）	合计（100分）
反方辩手						

四、评价表

团队名称				组长		
评价项目		成员姓名				
完成分工任务	30					
能力目标达成	30					
团队协作	10					
成果评价	10					
团队贡献	20					

精彩辩词摘录

主要参考文献

1. 林家骊译注.楚辞［M］.北京：中华书局，2016.

2. 陈熙晋笺注.骆临海集笺注［M］.北京：中华书局，2016.

3. 吴小如，王运熙，章培恒等.汉魏六朝诗鉴赏辞典 新1版［M］.上海：上海辞书出版社，2016.

4. 张傲飞.唐诗宋词鉴赏辞典［M］.北京：高等教育出版社，2011.

5. 俞平伯，萧涤非，周汝昌，施蛰存，程千帆等作.唐诗鉴赏辞典 新1版［M］.上海：上海辞书出版社，2013.

6. 上海古籍出版社编.唐五代诗鉴赏（全四册）［M］.上海：上海古籍出版社，2022.

7. 上海辞书出版社文学鉴赏辞典编纂中心编.王安石诗文鉴赏辞典［M］.上海：上海辞书出版社，2014.

8. 上海古籍出版社编.先秦汉魏六朝诗鉴赏（全三册）［M］.上海：上海古籍出版社，2023.

9. 上海古籍出版社编.宋辽金诗鉴赏（全三册）［M］.上海：上海古籍出版社，2023.

10. 逯钦立.先秦汉魏晋南北朝诗［M］.北京：中华书局，1983.

11. 宛敏灏.张孝祥词校笺［M］.北京：中华书局，2016.

12. 夏承焘，俞平伯，周汝昌.唐诗鉴赏辞典［M］.上海：上海辞书出版社，2013.

13. 齐文榜.贾岛集校注［M］.北京：中华书局，2020.

14. 龚斌.陶渊明集校笺［M］.上海：上海古籍出版社，2019.

15. 蒋维崧等.刘禹锡诗集编年笺注［M］.山东：山东大学出版社，1997.

16. 刘学锴，李翰.李商隐诗选评［M］.上海：上海古籍出版社，2003.

17. 刘石评.苏轼词选［M］.北京：人民文学出版社，2021.

18. 张璟.欧阳修词集［M］.上海：上海古籍出版社，2010.

19. 逯钦立.陶渊明集［M］.北京：中华书局，2018.

20. 钟哲.陆九渊集［M］.北京：中华书局，1980.

21. 彭定求.全唐诗［M］.北京：中华书局，1960.

感谢您使用本书。为方便教学，我社为教师提供资源下载、样书申请等服务，如贵校已选用本书，您只要关注微信公众号"高职素质教育教学研究"，或加入下列教师交流QQ群即可免费获得相关服务。

"高职素质教育教学研究"公众号

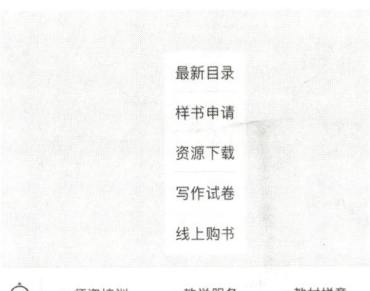

资源下载：点击"**教学服务**"—"**资源下载**"，或直接在浏览器中输入网址（http://101.35.126.6/），注册登录后可搜索下载相关资源。（建议用电脑浏览器操作）

样书申请：点击"**教学服务**"—"**样书申请**"，填写相关信息即可申请样书。

样章下载：点击"**教材样章**"，可下载在供教材的前言、目录和样章。

师资培训：点击"**师资培训**"，获取最新直播信息、直播回放和往期师资培训视频。

🎯 联系方式

高职人文素质教师交流QQ群：167361230

联系电话：（021）56961310　电子邮箱：3076198581@qq.com